INTRODUCTION

This book has been revised extensively again. It is divided into four parts.

Part One contains thirty short warm-up tests intended for classroom use or homework as review to prepare for the next French Regents examination. The tests cover essential points in grammar, vocabulary, and idiomatic expressions. The answers to these tests begin on page 61, right after Test 30.

Part Two contains Tests 31 to 40. They consist of ten pictures to study and about which to write brief compositions. Instructions as to what to write in French are found at the beginning of Part Two. This new feature has been added in order to place emphasis on composition because students are expected to write more French on the Regents examinations. I have, therefore, included more practice in writing French, not only through picture studies in Part Two, but also in many of the short tests in Part One.

Part Three is another new feature. It contains a thorough review of basic vocabulary and idioms, including verbal, idiomatic, common, and useful expressions. The content of this part meets the standards set by the Foreign Language Section of the Bureau of Secondary Curriculum Development of the New York State Education Department. At the beginning of Part Three there is a section on how to study and tips on how to take the Regents exam.

Part Four contains past and current French Regents examinations and answers.

The purposes of this book—in particular, Parts One, Two, and Three—are to ease the work of the teacher and to help the students review intensively either in the classroom or at home. I believe that the best way to review for final examinations in French is to take a battery of short tests about two or three weeks before examination time.

It is hoped that the extensive revision of Parts One, Two, and Three in this book, with a new emphasis on French composition, will serve as an additional teaching tool in the classroom in preparation for the next Regents exam in French.

If I have inadvertently omitted any points in French grammar, vocabulary, and idiomatic expressions you think are important, and if you have any suggestions as to the improvement of Parts One, Two, and Three in this book, please write to me, care of the publisher so that I may include them in the next edition.

Christopher Kendris, Ph.D.

Barron's Regents Exams and Answers

French Level 3 (Comprehensive French)

CHRISTOPHER KENDRIS, Ph.D.
Former Chairman, Department of Foreign Languages
Farmingdale High School, Farmingdale, New York

Barron's Educational Series, Inc.

French Level 3

All inquiries should be addressed to:
Barron's Educational Series, Inc.
250 Wireless Boulevard
Hauppauge, New York 11788

ISBN 0-8120-3147-4
ISSN 0146-6895

PRINTED IN THE UNITED STATES OF AMERICA

456   100   98765432

Contents

PART ONE

Tests 1 to 30

Short warm-up tests to practice for the next French
Regents Exam with answers after the last test in
this part

Nom du professeur _____

Date _____

A. Ecrivez trois phrases—en français, bien sûr! Dites à quelle heure vous vous êtes levé(e) ce matin, que vous avez pris une douche, et que vous vous êtes habillé(e).

_____

_____

_____

B. Groupez les mots suivants. Ce sont des synonymes.

1. lorsque   _____ penser
2. aussitôt que   _____ contente
3. réfléchir   _____ le sud
4. le Midi   _____ dès que
5. heureuse   _____ quand

C. Ecrivez le participe passé de chaque verbe entre parenthèses.

1. Elles sont (aller) au cinéma. _____
2. Elle s'est (laver) ce matin. _____
3. Elle s'est (laver) les mains. _____
4. Aimez-vous les fleurs que je vous ai (envoyer)? _____

_____

5. Où avez-vous mis l'assiette? Je l'ai (mettre) _____ là.

D. Ecrivez trois phrases—en français, bien sûr! Dites que vous n'êtes pas allé(e) au cinéma hier soir avec vos amis, que vous êtes resté(e) chez vous pour lire un livre, et que vous ne regrettez rien. _____

_____

_____

_____

_____

_____

E. Groupez les mots suivants. Ce sont des antonymes.

1. laide	____ contente
2. faible	____ plein (pleine)
3. triste	____ jolie
4. sale	____ fort (forte)
5. vide	____ propre

F. Ecrivez la forme convenable du verbe entre parenthèses.

1. Si j'étais riche, je (voyager) _____.
2. Quand j'(être) _____ jeune, j'(aller) _____ souvent à la plage.
3. Ils (vendre) _____ la maison la semaine dernière.
4. Je vous dirai tout quand je vous (voir) _____.
5. Je doute fort qu'il (être) _____ coupable.

A. Groupez les mots suivants. Ce sont des synonymes.

1. de crainte que   ____ tout d'un coup
2. car   ____ parce que
3. soudain   ____ d'ordinaire
4. d'habitude   ____ de peur que
5. se mettre debout   ____ se lever

B. Ecrivez les mots suivants au pluriel.

1. le chef-d'oeuvre _____
2. l'oeil _____
3. le journal _____
4. le gratte-ciel _____
5. le gâteau _____

C. Ecrivez la forme convenable du verbe entre parenthèses.

1. Quand nous étions en Angleterre, il (pleuvoir) ____ souvent.
2. Après (arriver) _____, elle s'est mise à travailler.
3. Elle veut que je lui (dire) _____ un mot.
4. Mes parents (revenir) _____ hier.
5. S'il m'avait parlé, je lui (dire) _____ la vérité.

D. Ecrivez trois phrases—en français, bien sûr! Dites que vous êtes allé(e) au cinéma samedi dernier, que vous avez vu un film français, et qu'il vous a beaucoup plu. _____

_____

_____

_____

E. Ecrivez la préposition convenable s'il est nécessaire.

1. J'ai oublié _____ vous dire quelque chose.

2. Mon petit frère a peur _____ chiens.

3. L'étudiant n'a pas besoin _____ papier.

4. Il a pardonné _____ tous les hommes.

5. J'ai une chose _____ vous dire.

F. Ecrivez le participe passé de chaque verbe entre parenthèses.

1. Avez-vous écrit la lettre? Oui, je l'ai (écrire) _____.

2. J'ai déjà (prendre) _____ mon dîner.

3. A-t-il (pleuvoir) _____ cette nuit?

4. J'ai (boire) _____ une tasse de café.

5. Il n'a pas (croire) _____ l'histoire.

A. Ecrivez la forme convenable d'*avoir* ou *être*.

1. Si elle m'avait parlé, je lui _____ répondu.
2. Je ne vous _____ pas vu depuis longtemps.
3. Vous _____ dû venir plus tôt!
4. Elle _____ allée au théâtre si elle _____ eu assez d'argent.
5. Après _____ fini de parler, ils _____ partis.

B. Ecrivez dix verbes qui sont conjugués avec *être* aux temps composés.

1. _____   6. _____
2. _____   7. _____
3. _____   8. _____
4. _____   9. _____
5. _____   10. _____

C. Groupez les mots suivants. Ce sont des synonymes.

1. à jamais   _____ craindre
2. de bonne heure   _____ auparavant
3. autrefois   _____ toujours
4. maintes fois   _____ tôt
5. avoir peur   _____ souvent

D. Complétez ces phrases en choisissant l'expression convenable parmi les suivantes.

venir de   tandis que

avant que   à moins que

1. Cette étudiante travaille bien, _____ celle-là est paresseuse.

2. Je _____ recevoir une invitation au bal à l'instant.

3. On se verra samedi, _____ je n'oublie.

4. Ne quittez pas la salle _____ je ne revienne.

5. Je _____ entrer dans la maison quand le téléphone a sonné.

E. Ecrivez la préposition convenable s'il est nécessaire.

1. J'ai _____ pain.

2. Je n'ai pas _____ argent aujourd'hui.

3. Il faut répondre _____ la question.

4. Faites attention _____ marches!

5. Je cherche _____ mon parapluie.

F. Ecrivez trois phrases. Dites que vous venez d'écrire une lettre, que vous avez écrit à un de vos amis, et que maintenant vous avez besoin d'un timbre pour mettre la lettre à la poste. _____

_____

_____

_____

_____

A. Groupez les mots suivants. Ce sont des synonymes.

1. une tempête   ____ commencer à
2. à la fois   ____ sauf
3. se taire   ____ en même temps
4. excepté   ____ un orage
5. se mettre à   ____ rester silencieux

B. Groupez les mots suivants. Ce sont des antonymes.

1. s'éveiller   ____ suivant
2. haut   ____ prodigue
3. précédant   ____ s'endormir
4. dernière   ____ bas
5. avare   ____ première

C. Traduisez les phrases suivantes en français.

1. I think so. _____
2. I am busy now. _____
3. My house is very large. _____
4. Paul's house is very small. _____
5. There is a swimming pool near the garage. ____
   _____

D. Ecrivez le participe passé de chaque verbe entre parenthèses.

    1. Elles se sont (couper) les cheveux ——————.

    2. Elle s'est (coucher) ——————————.

    3. Elles se sont (lever) ——————————.

    4. Elle s'est (couper) —————————— le doigt.

    5. Elles s'en sont (aller) ——————————.

E. Ecrivez trois phrases. Dites que votre père a acheté une nouvelle voiture, dites la couleur, et dites que toute votre famille va faire une promenade en voiture cette fin de semaine. ——————————————————

————————————————————————

————————————————————————

————————————————————————

————————————————————————

————————————————————————

F. Ecrivez la forme convenable d'*être*.

    1. Nous —————————— ici depuis vingt minutes.

    2. Nous avons ———————— à la campagne trois fois cet été.

    3. Nous ———————— fatigués quand nous sommes rentrés chez nous.

    4. Nous —————————— à Paris dans une demi-heure.

    5. Si nous y allions à pied, nous —————————— épuisés.

8

A. Ecrivez la forme convenable de *faire*.

1. Elle s'est coupé le doigt en _____ la cuisine.
2. Il est parti sans _____ ses adieux.
3. Après avoir _____ le travail, il s'en est allé.
4. Bien qu'il _____ beau, je reste chez moi.
5. Il _____ beau demain, je le sais.

B. Write three sentences in French. Tell at what time you got up this morning, that you took a shower, and that you got dressed. _____

_____

_____

_____

C. Traduisez les phrases suivantes en français.

1. I would like very much to go to the movies with you. _____

_____

2. I can't go to the movies tonight because I'm busy.

_____

3. I thank you very much. _____

D. Groupez les mots suivants. Ce sont des synonymes.

1. la fierté   _____ la brume
2. bref   _____ l'orgueil
3. le brouillard   _____ la peur
4. par conséquent   _____ court
5. l'effroi   _____ donc

E. Complétez chaque phrase en vous servant d'un seul mot.

1. On vend du pain dans une _____.
2. On achète des livres dans une _____.
3. On emprunte des livres dans une _____.
4. On vend du beurre, des oeufs, et du fromage dans une _____.
5. On lave et repasse le linge dans une _____.

F. Traduisez les expressions suivantes en français.

1. to have a good time _____
2. to take place _____
3. to go shopping _____
4. to order a meal _____
5. to intend to + verb _____

A. Complétez ces phrases en choisissant l'expression convenable parmi les suivantes.

> qui est-ce qui   est-ce que
>
> qui est-ce que   à qui est-ce que
>
> qu'est-ce qui

1. _____ va venir aujourd'hui?
2. _____ vous voyez?
3. _____ fait ce bruit?
4. Quel livre _____ vous désirez?
5. _____ vous écrivez?

B. Groupez les mots suivants. Ce sont des synonymes.

1. embêter   _____ la route
2. les étrennes   _____ songer
3. le chemin   _____ agacer
4. se souvenir de   _____ se rappeler
5. rêver   _____ cadeaux

C. Ecrivez l'article défini s'il est nécessaire.

1. Cet homme est _____ plus intelligent de tous.

2. J'aime_____ café, _____ glace et _____ noix.

3. Il y a de _____ beauté dans _____ nature.

4. Ce soir _____ lune est magnifique.

5. Parlez-vous _____ français?

D. Choisissez la réponse convenable pour compléter chaque phrase.

1. Tout le monde s'est bien _____ (a) amusée (b) amusé (c) amusés (d) amusées

2. Savez-vous _____ est ce cahier? (a) à quoi (b) à qui (c) dont (d) laquelle

3. Je viens d'acheter du beurre, du pain et _____ viande.

(a) du (b) de la (c) des (d) de l'

E. Traduisez les termes suivants en français.

1. to wonder _____

2. to succeed _____

3. to enjoy oneself _____

4. to attend a lecture _____

5. to make fun of _____

F. Write three sentences in French. Say that you did not go to the movies last night with your friends, that you stayed at home to read a book, and that you do not regret anything. _____

_____

_____

_____

Nom de l'élève _____

Nom du professeur _____

Date _____

A. Choisissez la réponse convenable pour compléter chaque phrase.

1. En général, on _____ froid en hiver.
   (a) fait (b) est (c) a (d) tient

2. L'année dernière nous sommes allés _____ France.
   (a) à la (b) en (c) à (d) au

3. Paul désire _____ présenter.
   (a) me les (b) les me (c) les moi (d) moi les

B. Complétez chaque phrase en employant un des adjectifs suivants.

quel   quelle
quels   quelles

1. Dans _____ restaurant veux-tu dîner?
2. _____ journaux vas-tu acheter?
3. _____ heure est-il?
4. _____ fleurs aimez-vous le mieux?

C. Groupez les expressions suivantes. Ce sont des synonymes.

1. avoir l'air   _____ il faut que
2. tâcher de   _____ aller
3. il est nécessaire que _____ essayer de
4. se rendre à   _____ d'ailleurs
5. en outre   _____ sembler

D. Groupez les mots suivants. Ce sont des synonymes.

1. actuellement   _____ étrange
2. drôle   _____ à présent
3. bizarre   _____ combattre
4. auguste   _____ majestueux
5. lutter   _____ amusant

E. Complétez chaque phrase en employant une des expressions suivantes.

afin de   autant que

afin que   au fur et à mesure que

quoique

1. Personne ne l'écoute, _____ il dise la vérité.
2. Je me dépêche _____ être à l'heure.
3. J'écris à mon ami _____ je reçois ses lettres.
4. Vous avez des soucis! Moi, j'en ai _____ vous.
5. On vous l'explique _____ vous puissiez comprendre.

F. Ecrivez trois phrases. Dites quelle ville vous avez visitée récemment, donnez son nom, dites où elle se trouve, et dites ce que vous y avez fait. _____

_____

_____

_____

_____

_____

A. Complétez chaque phrase en employant un des mots suivants.

à	de
à la	du
au	de la
aux	des

1. _____ quoi pensez-vous?

2. Je pense _____ chagrins de mes parents.

3. Il pense _____ difficulté du problème.

4. Que pensez-vous _____ style de Proust?

5. Que pensez-vous _____ conduite de cet homme?

B. Choisissez la réponse convenable pour compléter chaque phrase.

1. Est-ce que vous allez visiter leur école et _____?

   (a) le mien   (b) les miens   (c) la mienne
   (d) mienne

2. C'est moi qui _____ acheté ces fleurs.

   (a) a   (b) ai   (c) est   (d) suis

3. C'est nous qui _____ fait cela.

   (a) avons   (b) a   (c) ayons   (d) vont

C. Groupez les mots suivants. Ce sont des synonymes.

1. las   ____ un souhait

2. agacer   ____ fatigué

3. un voeu   ____ lorsque

4. achever   ____ embêter

5. quand   ____ terminer

15

D. Ecrivez la forme convenable du verbe entre parenthèses.

1. Je suis certain que mon ami (partir) _____ ce soir, mais je doute qu'il (partir) _____ avant six heures.

2. Je voudrais que vous (prendre) _____ le métro pour arriver ici avant midi.

3. Je sais qu'il commencera la leçon dès qu'il (venir) _____.

4. Je pense que vous (avoir) _____ tort et que votre frère (avoir) _____ raison.

5. Si vous travaillez sérieusement, vous (obtenir) _____ de meilleures notes.

E. Ecrivez trois ou quatre phrases. Dites quel livre vous avez lu récemment, donnez le titre du livre et dites qui en est l'auteur. Dites aussi de quoi il s'agit dans le livre. _____

_____

_____

_____

_____

_____

F. Choisissez la réponse convenable pour compléter chaque phrase.

1. Pourquoi ne voulez-vous pas _____?
   (a) allez-y   (b) y aller   (c) y allez   (d) aller y

2. Voici deux pommes; _____ préférez-vous?
   (a) laquelle   (b) lequel   (c) lesquels   (d) lesquelles

3. Elle m'a salué _____ entrant dans la pièce.
   (a) à   (b) en   (c) par   (d) d'

9

A. Choisissez la réponse convenable pour compléter chaque phrase.

   1. Voyez-vous _____ homme là-bas? C'est mon père.
     (a) ce (b) cet (c) ces (d) cette

   2. Aimez-vous ces pommes-ci ou _____?
     (a) ces là (b) ceux-là (c) celles-là (d) ceux

   3. Je désire _____ longtemps avoir un petit chien.
     (a) pour (b) depuis (c) puisque (d) dès

B. Traduisez les phrases suivantes en français.

   1. There is a very beautiful cathedral not far from the museum. _____

    _____

   2. Excuse me. Do you have any change? _____

    _____

   3. May I leave the classroom please? _____

    _____

C. Ecrivez sur la ligne *avoir* ou *être* pour indiquer si le verbe est conjugué avec l'un ou l'autre.

   1. venir _____

   2. dîner _____

   3. partir _____

   4. courir _____

   5. finir _____

D. Ecrivez trois phrases. Dites où vous passerez l'été, qui sera avec vous, et ce que vous ferez. _____

_____

_____

_____

E. Complétez ces phrases en employant les mots suivants.

que   quelle

quoi   qu'est-ce que

1. De_____ s'agit-il?

2. _____ voulez-vous?

3. _____ est votre opinion?

4. _____ c'est que cela?

5. _____ est la différence entre ces deux choses?

F. Choisissez la réponse convenable pour compléter chaque phrase.

1. Ma mère _____ malade depuis mardi.
   (a) est   (b) sera   (c) serait   (d) a

2. Robert, que faisais-tu ce matin au coin de la rue quand _____?
   (a) je te voyais   (b) je vous ai vu   (c) je t'ai vue
   (d) je t'ai vu

3. Je ne le ferais pas si _____ vous.
   (a) j'étais   (b) je serais   (c) j'ai été   (d) je suis

4. Madame Deauville est bavarde; elle _____ constamment.
   (a) parle   (b) pleure   (c) crie   (d) vole

5. Le criminel refuse d' _____ son crime devant le juge.
   (a) acheter   (b) avouer   (c) user   (d) éteindre

A. Ecrivez trois phrases sur le sujet suivant: *Mon acteur favori.* _____

_____

_____

_____

B. Ecrivez la forme convenable de *partir, quitter* ou *sortir*.

1. D'ordinaire je _____ la maison à huit heures.

2. Madame n'est pas à la maison. Elle _____ il y a une heure.

3. Mon père _____ pour la France hier.

4. Je vous _____ maintenant. J'ai rendez-vous chez le dentiste.

5. Quand vous _____, je vous demanderai un service.

C. Groupez les mots suivants.

1. la bûche _____ la peinture
2. la dalle _____ Noël
3. le cadre _____ le chemin
4. le caillou _____ le prisonnier
5. la cellule _____ le jardin

D. Ecrivez l'infinitif de chaque forme et identifiez la forme du verbe.

1. fut _____
2. eurent _____
3. été _____
4. su _____
5. pu _____

E. Groupez les mots suivants.

1. un nuage	_____ la plage
2. une boisson	_____ la mer
3. le feuillage	_____ la forêt
4. l'écume	_____ le vin
5. le sable	_____ le ciel

F. Ecrivez cinq phrases sur le sujet suivant: *Mon premier jour à l'école.* _____

_____

_____

_____

_____

_____

_____

_____

A. Ecrivez trois phrases. Dites si vous avez fait un voyage récemment, où vous êtes allé(e), et combien de temps vous y êtes resté(e). _____

_____

_____

_____

B. Mettez les pronoms nécessaires où il faut.

le	la	les
me	lui	leur

1. Avez-vous donné l'argent à la vendeuse? Oui, je ____ ai donné.
2. Est-ce que Robert vous a rendu le devoir? Oui, il ____ a rendu.
3. Dites à Jean d'envoyer la lettre à ses amis: Jean, envoyez- _____ .
4. Qui vous a donné cette cravate? C'est ma mère qui _____ a donnée.
5. Obéissez-vous à vos parents? Oui, je _____ obéis.

C. Traduisez les mots suivants en anglais.

1. rajeunir _____
2. soupçonner _____

3. l'ascenseur _____

4. rester _____

5. se reposer _____

D. Traduisez les verbes suivants en français.

1. to go up _____

2. to cure _____

3. to break _____

4. to rest _____

5. to remain, stay _____

E. Ecrivez la forme convenable du verbe entre parenthèses.

1. Je vous ai vu (entrer) _____ tard.

2. Voyez-vous l'homme qui (courir) _____?

3. Je l'entends (chanter) _____.

4. Elle (être) ___ fâchée si on ne lui disait pas la vérité.

5. C'est dommage qu'elle ne (être) _____ pas là.

F. Traduisez les phrases suivantes en français.

1. I am very happy to see you. _____

2. What's the weather like today? _____

3. I think it will be beautiful weather tomorrow. _____

_____

4. This suitcase is very heavy. _____

5. I haven't eaten since this morning. _____

_____

A. Groupez les mots suivants. Ce sont des synonymes.

1. deviner   ____ préférer
2. propice   ____ supposer
3. chimérique   ____ défendu
4. aimer mieux   ____ favorable
5. interdit   ____ imaginaire

B. Ecrivez l'infinitif de chaque forme et identifiez la forme du verbe.

1. eu _____
2. dû _____
3. tu _____
4. né _____
5. surent _____

C. Traduisez les expressions suivantes en anglais.

1. en vouloir à quelqu'un _____
2. aller au-devant de _____
3. en plein air _____
4. par hasard _____
5. se douter de _____

D. Ecrivez trois phrases. Dites qui vous a envoyé une lettre, d'où la lettre est venue, et si vous y avez répondu. ____

_____

_____

_____

_____

_____

E. Mettez *y* ou *en* où il faut.

1. Vous venez de l'école? Oui, j' _____ viens.
2. Vous buvez trop de café. Moi, je n' _____ bois pas.
3. Avez-vous mis le livre sur la table? Oui, je l' _____ ai mis.
4. As-tu mis l'argent dans le tiroir? Oui, je l' _____ ai mis.
5. Je voudrais des crayons. Combien _____ voulez-vous?

F. Choisissez la réponse convenable pour compléter chaque phrase.

1. Je me suis lavé _____ mains.
   (a) mes   (b) les   (c) aux   (d) des
2. Je ne comprends pas du tout _____ vous arrive.
   (a) ce que   (b) ce qui   (c) de   (d) ce
3. Je comprends très bien _____ vous dites.
   (a) ce que   (b) ce qui   (c) celle   (d) celui
4. Dis-moi, Robert, de _____ as-tu besoin?
   (a) que   (b) quoi   (c) ce   (d) dont
5. Pensez-vous à ce que je vous ai dit? Oui, _____ pense.
   (a) j'y   (b) j'en   (c) je le   (d) je les

A. Ecrivez trois phrases sur le sujet suivant: *Un voyage que je voudrais faire.* _____

_____

_____

_____

_____

B. Groupez les mots suivants.

1. scier   _____ cheval
2. sécher   _____ bouteille
3. miel   _____ bois
4. avoine   _____ abeille
5. bouchon   _____ linge

C. Ecrivez trois phrases. Dites où vous avez passé les vacances de Noël, à qui vous avez envoyé des cartes, et quels cadeaux vous avez reçus. _____

_____

_____

_____

_____

D. Traduisez les mots suivants en anglais.

1. accabler _____
2. l'écriture _____
3. se demander _____
4. faire exprès _____
5. vouloir dire _____

E. Groupez les mots suivants.

1. lancer _____ le bébé
2. le poing _____ le soldat
3. remuer _____ jeter
4. le berceau _____ la main
5. la caserne _____ agiter

F. Mettez *y* ou *en* où il faut.

1. Répondez à la question. Répondez- _____ .
2. Donnez-moi du pain. Donnez-m' _____ .
3. Avez-vous pensé à cela? Oui, j' _____ ai pensé.
4. Etes-vous venu de l'église? Oui, j' _____ viens.
5. Avez-vous acheté des pommes? Oui, j' _____ ai acheté six.

A. Groupez les mots suivants.

    1. le pouce   _____ sot

    2. la cendre   _____ le doigt

    3. le coude   _____ le feu

    4. le sentier   _____ le bras

    5. bête   _____ la piste

B. Traduisez les termes suivants en anglais.

    1. avoir de la chance _____

    2. être en train de _____

    3. Cela ne vous regarde pas. _____

    4. prendre un billet _____

    5. jouir de _____

C. Ecrivez trois phrases. Dites ce que vous portez quand il pleut, si vous aimez faire une promenade quand il pleut, et pourquoi la pluie est nécessaire. _____

_____

_____

_____

_____

D. Traduisez les mots suivants en français.

    1. the chalk _____

    2. proud _____

    3. outside _____

    4. tail _____

    5. to light _____

E. Groupez les termes suivants.

    1. chemin faisant   ____ so-so

    2. fermer à clef   ____ what's the use

    3. tête-à-tête   ____ on the way

    4. tant bien que mal   ____ private conversation

    5. à quoi bon   ____ to lock

F. Ecrivez l'infinitif de chaque forme et identifiez la forme du verbe.

    1. naquit _____

    2. fallut _____

    3. vécurent _____

    4. iraient _____

    5. plu _____

A. Write three sentences in French. Tell where you recently ate a meal, name two kinds of food that you ate, and tell what persons were present. _____

_____

_____

_____

B. Ecrivez l'infinitif de chaque forme et identifiez la forme du verbe.

1. dû _____
2. put _____
3. bu _____
4. eul _____
5. doit _____

C. Groupez les mots suivants. Ce sont des antonymes.

1. aîné   _____ cadet
2. trouver   _____ monter
3. descendre   _____ dehors
4. éteindre   _____ perdre
5. dedans   _____ allumer

D. Ecrivez le participe passé du verbe entre parenthèses:

1. La nature que Dieu a (créer) _____ est belle.
2. Jeanne et sa soeur se sont (coucher) _____.
3. Après s'être (asseoir) _____, elle a commencé à parler.
4. Ils ont (boire) _____ beaucoup d'eau.
5. Je ne pense pas qu'elle soit (partir) _____.

E. Ecrivez trois phrases. Dites le nom de votre meilleur(e) ami(e), dites depuis combien de temps vous le (la) connaissez, et expliquez votre première rencontre. _____

_____

_____

_____

_____

F. Groupez les termes suivants.

1. le veuf   _____ le visage
2. en face   _____ être évident
3. la poupée   _____ dont la femme est morte
4. sauter aux yeux _____ vis-à-vis
5. la barbe   _____ l'enfant joue avec cette chose

A. Traduisez les phrases suivantes en français.

1. No, it's not the first time. _____
2. I will return Saturday. _____
3. I don't think so. _____
4. I enjoyed myself very much. _____
5. Give me time to think about it. _____
6. I saw your photo in the newspaper yesterday. _____
7. I would like to buy a record player. _____
8. My brother has many records. _____
9. What happened? _____

B. Traduisez les termes suivants en français.

1. along the Seine _____
2. upstairs _____
3. so much the better _____
4. such a person _____
5. next to _____

C. Traduisez en anglais.

1. complètement _____
2. se douter de _____
3. un miroir _____
4. nuire _____
5. le gazon _____

D. Traduisez les termes suivants en anglais.

1. gagner la vie _____
2. se débarrasser de _____
3. une goutte d'eau _____
4. le nid d'un oiseau _____
5. bien des fois _____

E. Write a paragraph in French stating where you would like to go on a trip, how long it would take to get there, why you would like to go there, with whom you would go, what places you would visit, and how you would return.

_____
_____
_____
_____
_____
_____
_____
_____
_____

A. Groupez les mots suivants.

1. la poêle   ____ le corps
2. le poumon   ____ l'eau
3. le pré   ____ la cuisine
4. le puits   ____ la lame
5. se raser   ____ la campagne

B. Traduisez les phrases suivantes en français.

1. What's the matter with you? _____
2. I have a headache. _____
3. Do you want an aspirin? _____
4. I have some, thank you. _____
5. Is it better now? _____

C. Traduisez les mots suivants en anglais.

1. le mur _____   5. la vieille maison _____
2. mûr _____   _____
3. le sang _____   6. la veille de Noël _____
4. le sanglot _____   _____

D. Groupez les mots suivants. Ce sont des synonymes.

1. rapidement   _____ utiliser
2. grimper   _____ milieu
3. employer   _____ vite
4. le centre   _____ parfois
5. quelquefois   _____ gravir

E. Ecrivez une préposition s'il est nécessaire.

1. J'attends _____ une lettre depuis longtemps.
2. Il a répondu _____ la question.
3. Il a payé _____ l'addition.
4. Il regarda _____ la statue.
5. _____ quoi s'agit-il?

F. Traduisez en français.

1. My name is René Clair. I am sixteen years old.

   _____

2. I was born in France. I go to a lycée where I learn
   many subjects. _____

   _____

   _____

3. Some day I would like to go to the United States.

   _____

   _____

34

A. Traduisez en français.

Yesterday I took a walk in the park with Anne.

_____

We sat under a tree and had a picnic._____

_____

B. Traduisez les phrases suivantes en français.

1. Why are you looking for a job? _____
2. I need some money. _____
3. What can you do? _____
4. I can typewrite. _____
5. Did you work last summer? _____

C. Groupez les mots suivants. Ce sont des synonymes.

1. une femme   ____ le médecin
2. un mari   ____ abîmer
3. gâter   ____ un avis
4. un conseil   ____ une épouse
5. le docteur   ____ un époux

D. Groupez les mots suivants. Ce sont des antonymes.

1. jeunesse   _____ refuser
2. courte   _____ après
3. accepter   _____ derrière
4. avant   _____ vieillesse
5. devant   _____ longue

E. Traduisez les mots suivants en anglais.

1. soigner _____
2. accueillir _____
3. angoisse _____
4. revêtir _____
5. la peau _____

F. Groupez les mots suivants. Ce sont des synonymes.

1. le pouvoir   _____ spécialement
2. surtout   _____ la puissance
3. bizarre   _____ l'édifice
4. un bâtiment   _____ célèbre
5. illustre   _____ étrange

A. Traduisez les phrases suivantes en français.

1. What did you do last night? _____
2. I watched television. _____
3. Did you see anything interesting on TV? _____
_____
4. I saw a good French film. _____
5. I liked it a lot. _____

B. Write a short letter to a friend in French and invite the person to a party; give the reason or occasion for the party, when and where it will be held, and who the guests will be. _____
_____
_____
_____
_____
_____
_____
_____
_____

C. Write three sentences in French. State your name, your age, and your nationality.

1. _____

    _____

2. _____

    _____

3. _____

    _____

D. Groupez les mots suivants.

1. un navire	_____ bien sûr
2. certes	_____ une montre
3. geler	_____ fête religieuse
4. une horloge	_____ l'hiver
5. Pâques	_____ un bâtiment de mer

E. Ecrivez un antonyme.

1. facile _____

2. le silence _____

3. la paix _____

4. l'ami _____

5. assis _____

F. Traduisez les phrases suivantes en français.

1. I would like to go to the tennis match today. _____

    _____

2. My favorite sport is tennis. _____

3. I like to ice skate, too. _____

4. Winter is my favorite season. _____

5. I can make snowballs and throw them. _____

38

A. Write two sentences in French. State how happy you are to meet a new student from France and mention something about your school. _____

_____

_____

_____

_____

B. Groupez les mots suivants. Ce sont des synonymes.

1. la lueur   ____ donner un baiser
2. un logis   ____ conduire
3. mener   ____ une faute
4. une erreur   ____ la lumière
5. embrasser   ____ une habitation

C. Ecrivez la forme convenable du verbe entre parenthèses.

1. Il n'est pas certain qu'elle (aller) ____ au bal demain.
2. Les enfants (se coucher) _____ il y a une heure.
3. En (rentrer) ____ chez lui, il a rencontré son ami.

4. Quand ils (voir) _____ l'enfant, ils lui ont donné le cadeau.

5. Quand ils (voir) _____ l'enfant, ils lui donneront le cadeau.

D. Traduisez en français.

1. I will need some money to buy a pair of shoes. ____

_____

2. There will be a dance at school this Saturday. _____

_____

3. All my friends will be there. _____

_____

E. Choisissez la réponse convenable pour compléter chaque phrase.

1. Dis-moi _____ tu as fait, je te prie.
   (a) ce que (b) ce qui (c) quoi (d) que

2. Avez-vous pris vos gants? Moi, j'ai oublié _____
   (a) les miennes (b) les miens (c) le mien
   (d) la mienne.

3. C'est la plus belle voiture que j'aie jamais _____
   (a) vu (b) vue (c) vus (d) vues

4. Notre maison se trouve _____ bibliothèque.
   (a) près (b) près de la (c) près du (d) auprès

5. Je voudrais savoir _____ vous avez acheté.
   (a) ce qui (b) ce que (c) que (d) quoi

A. Groupez les mots suivants.

1. quotidien _____ l'ombre
2. hebdomadaire _____ endurer
3. mensuel _____ de chaque jour
4. supporter _____ de chaque semaine
5. les ténèbres _____ de chaque mois

B. Write a paragraph in French. Write about your parents who gave you some money for your birthday and tell how you plan to spend it or if you plan to save it. _____

_____ __

_____

_____

_____

C. Traduisez les expressions suivantes en anglais.

1. Quant à moi . . . _____
2. assister à l'église _____
3. au lieu de _____
4. à peine _____
5. avoir envie de _____

D. Ecrivez la forme convenable du verbe entre parenthèses.

1. Etes-vous sûr que j'(avoir) _____ tort?

2. Quand la petite fille est entrée dans la cuisine, sa mère (être) _____ en train de laver la vaisselle.

3. Nous sommes allés dans les montagnes et nous y (rester) _____ deux semaines.

4. Marcel Proust naquit en 1871 et il (mourir) _____ en 1922.

5. Le vieillard (faillir) _____ tomber.

E. Traduisez en français les termes suivants.

1. once more _____

2. to pay attention _____

3. to take a trip _____

4. to ask a question _____

5. to congratulate someone _____

F. Groupez les mots suivants.

1. le métier   _____ la chandelle
2. parler   _____ la tête
3. la flamme   _____ la profession
4. la gamine   _____ causer
5. la coiffure   _____ une petite fille

Date _____

A. Traduisez les expressions suivantes en anglais.

1. faire venir _____
2. se tirer d'affaire _____
3. se rendre compte de _____
4. s'attendre à _____
5. être de retour _____

B. Groupez les termes suivants.

1. la moisson   _____ ne faire aucun mal
2. désormais   _____ mettre en colère
3. partager   _____ action de couper
4. irriter   le blé
5. épargner   _____ diviser en plusieurs parts

_____ à partir du moment actuel

C. Ecrivez la forme convenable du verbe entre parenthèses.

1. Il vaut mieux qu'elle (sortir) _____.
2. Les enfants (se coucher) _____ de bonne heure hier soir.
3. Mon père et moi (rentrer) _____ tard hier soir.
4. J'(être) _____ en train de manger quand le téléphone a sonné.
5. J'(être) _____ à Paris plusieurs fois.

D. Groupez les mots suivants.

1. étonnant   _____ en un autre lieu
2. ailleurs   _____ la peau
3. le seuil   _____ la langue
4. le poil   _____ surprenant
5. le goût   _____ la porte

E. Ecrivez un antonyme de chaque mot.

1. fermer _____
2. prêter _____
3. bas _____
4. étroit _____
5. utile _____

F. Write five sentences in French about a dinner that was given at your house. State the reason for the dinner, who the dinner guests were, tell what everyone ate, something about the conversation during dinner, and what you did after dinner. _____

_____

_____

_____

_____

_____

_____

23

A. Ecrivez trois phrases. Dites que si vous aviez assez d'argent vous iriez en France, dites quels monuments célèbres vous visiteriez, et combien de temps vous aimeriez y rester. _____

_____

_____

_____

B. Traduisez les phrases suivantes en français.

1. Did the trip seem long to you? _____

_____

2. Yes, the trip seemed long to me. _____

_____

3. Did you have a good time on the boat? _____

_____

4. Yes, I had a very good time on the boat. _____

_____

5. What did you do? _____

C. Choisissez la réponse convenable pour compléter chaque phrase.

1. J'aimerais avoir du chocolat. Donnez- _____, s'il vous plaît.
   (a) m'en   (b) m'y   (c) moi   (d) le-moi

2. Ce pauvre homme n'a pas _____ amis.
   (a) des   (b) de   (c) d'   (d) les

3. Voulez-vous _____ ?
   (a) les me donner   (b) me les donner
   (c) donner les moi   (d) donnez-les-moi

D. Traduisez les phrases suivantes en français.

1. Last night I went to visit my friend Paul.

   _____

2. I arrived at his house at 7:30.

   _____

3. We did our French homework together.

   _____

4. Then we listened to some French records.

   _____

5. His mother served us some milk, cake and vanilla ice
   cream. _____

   _____

E. Choisissez la réponse convenable pour compléter
chaque phrase.

1. J'ai deux pommes; est-ce que vous préférez _____?
   (a) celui-ci ou celui-là   (b) celle-ci ou celle-là
   (c) celles-ci ou celles-là   (d) ceux-ci ou ceux-là

2. Vous avez trois frères; _____ est le plus intelligent?
   (a) laquelle   (b) lesquels   (c) lequel
   (d) lesquelles

3. Ma soeur est la plus intelligente _____ la classe.
   (a) de   (b) dans   (c) à   (d) en

4. Monique et ses amies _____ au cinéma hier soir.
   (a) sont allé   (b) sont allés   (c) sont allées
   (d) sommes allées

5. Paulette _____ ce matin avant d'aller à l'école.
   (a) s'est lavé   (b) s'est lavée   (c) s'est levé
   (d) s'est couché

A. Traduisez en anglais.

   1. s'égarer _____

   2. quiconque _____

   3. tremper _____

   4. chauffer _____

   5. la messe _____

B. Ecrivez un petit paragraphe. Dites que vous aimeriez faire un voyage à la ville de Québec, que vous voudriez faire la connaissance des Québécois, et ce que vous y feriez. _____

_____

_____

_____

_____

C. Groupez les mots suivants.

   1. témoin   ____ chaleur

   2. eau bénite   ____ accident

   3. bon marché   ____ besogne

   4. sueur   ____ achat

   5. tâche   ____ église

D. Groupez les verbes suivants.

1. fut   _____ voir
2. eu   _____ vivre
3. vît   _____ devoir
4. dû   _____ être
5. vécu   _____ avoir

E. Ecrivez trois phrases. Dites que vous étudiez le français depuis trois ans, dites si vous avez l'intention de continuer à étudier le français l'année prochaine, et dites pourquoi l'étude d'une langue étrangère est importante. _____

_____

_____

_____

_____

_____

F. Groupez les mots suivants.

1. l'odorat   _____ les yeux
2. le toucher   _____ la langue
3. l'ouïe   _____ les oreilles
4. le goût   _____ la main
5. la vue   _____ le nez

A. Traduisez en anglais.

    1. de nouveau _____

    2. le repos _____

    3. affamé _____

    4. déesse _____

    5. trahir _____

B. Ecrivez un synonyme de chaque mot.

    1. fatigué _____

    2. accoster _____

    3. aimer mieux _____

    4. gâter _____

    5. aussitôt que _____

C. Traduisez les phrases suivantes en français.

    1. That would please me a lot. _____

    2. That doesn't matter. _____

    3. Around six thirty in the evening. _____

    4. No, it's not worth the trouble. _____

    5. I'm going to stay home! _____

D. Ecrivez la forme convenable du verbe entre parenthèses.

1. Nous savons qu'il (devoir) ⎯⎯⎯⎯⎯⎯⎯ partir dans une heure.

2. Je sais bien qu'il (être) ⎯⎯⎯⎯⎯⎯⎯ venu.

3. Nous (être) ⎯⎯⎯⎯⎯ à Paris dans une demi-heure.

4. Si vous travaillez sérieusement, vous (obtenir) ⎯⎯⎯ de bonnes notes.

5. Les roses que vous m'avez (donner) ⎯⎯⎯⎯⎯⎯⎯ sont jolies.

E. Write three sentences in French. Give the title and author of a French story you have read this year, tell what it was about, and state why you liked or did not like it. ⎯⎯⎯⎯

⎯⎯⎯⎯⎯⎯⎯⎯⎯⎯⎯⎯⎯⎯⎯⎯⎯⎯⎯⎯⎯⎯⎯⎯⎯⎯⎯⎯⎯⎯⎯⎯

⎯⎯⎯⎯⎯⎯⎯⎯⎯⎯⎯⎯⎯⎯⎯⎯⎯⎯⎯⎯⎯⎯⎯⎯⎯⎯⎯⎯⎯⎯⎯⎯

⎯⎯⎯⎯⎯⎯⎯⎯⎯⎯⎯⎯⎯⎯⎯⎯⎯⎯⎯⎯⎯⎯⎯⎯⎯⎯⎯⎯⎯⎯⎯⎯

⎯⎯⎯⎯⎯⎯⎯⎯⎯⎯⎯⎯⎯⎯⎯⎯⎯⎯⎯⎯⎯⎯⎯⎯⎯⎯⎯⎯⎯⎯⎯⎯

⎯⎯⎯⎯⎯⎯⎯⎯⎯⎯⎯⎯⎯⎯⎯⎯⎯⎯⎯⎯⎯⎯⎯⎯⎯⎯⎯⎯⎯⎯⎯⎯

⎯⎯⎯⎯⎯⎯⎯⎯⎯⎯⎯⎯⎯⎯⎯⎯⎯⎯⎯⎯⎯⎯⎯⎯⎯⎯⎯⎯⎯⎯⎯⎯

F. Traduisez les phrases suivantes en français.

1. I like to swim in a lake. ⎯⎯⎯⎯⎯⎯⎯⎯⎯⎯

2. At what time does the train leave? ⎯⎯⎯⎯⎯⎯⎯

3. My brother and I are sick. ⎯⎯⎯⎯⎯⎯⎯⎯⎯⎯

4. We had a good time last night. ⎯⎯⎯⎯⎯⎯⎯⎯

5. Do you have a letter for me? ⎯⎯⎯⎯⎯⎯⎯⎯⎯

A. Ecrivez la forme convenable du verbe entre parenthèses.

1. Je vous conseille de (faire) _____ le travail.
2. Après s'être (asseoir) _____, les jeunes filles se sont (mettre) _____ à causer.
3. Je ne pense pas qu'elle (être) _____ partie.
4. Marie et sa soeur se sont (coucher) _____.
5. La nature que Dieu a (créer) _____ est belle.

B. Traduisez les phrases suivantes en français.

1. There isn't any bathroom here. _____
2. Paul bought the blue shirt. _____
3. He bought the green shirt and left the white one.

   _____

4. That does not interest me at all. _____

   _____

5. I would like to take a trip. _____

C. Write five sentences in French. Tell the first time you earned some money, what you did to earn it, how much it was, what you did with the money, and tell why. ___

_____

_____

_____

_____

D. Traduisez les mots suivants en anglais.

1. casser _____
2. le chagrin _____
3. le chemin _____
4. le conseil _____
5. mourir _____

E. Groupez les mots suivants.

1. croître   _____ faire une cavité
2. le cuir   _____ rendre libre
3. creuser   _____ rassembler
4. cueillir   _____ peau tannée
5. dégager   _____ augmenter

F. Traduisez les phrases suivantes en français.

1. This summer I will go to Paris. _____

_____

2. When I arrive, I will telephone my friend who is living at the Cité Universitaire. _____

_____

_____

3. I will send you a long letter as soon as I am settled.

_____

_____

4. There are many things I would like to do during my stay. _____

_____

5. I know I will enjoy myself. _____

_____

A. Write three sentences in French. Tell what languages are taught in your school, which you have studied, and which one you like the best. _____

_____

_____

_____

_____

B. Groupez les mots suivants.

1. aveugle   _____ prêtre
2. revolver   _____ sourd
3. bâtiment   _____ bec
4. oiseau   _____ fusil
5. bénir   _____ édifice

C. Ecrivez la forme convenable du verbe entre parenthèses.

1. Partons parce qu'il (aller) _____ pleuvoir.
2. Elle veut que je lui (dire) _____ tout.
3. Mon frère et moi (être) _____ allés au cinéma hier.
4. Depuis combien de temps attendez-vous l'autobus ici? Je l' (attendre) _____ depuis dix minutes.
5. Marie ne peut pas (sortir) _____; elle restera à la maison.

D. Traduisez les phrases suivantes en français.

1. Last night I went to see a French movie. _____
   _____
   _____

2. It was a love story. Nothing extraordinary. _____
   _____
   _____

3. I ate candy, chocolate and ice cream during the whole
   performance. _____
   _____

4. When I left the theater I wasn't feeling well. _____
   _____

5. I certainly felt like going home to bed. _____
   _____
   _____

A. Ecrivez la forme convenable du verbe entre parenthèses.

1. Qui que vous (être) _____, vous êtes obligé de le faire.
2. Il faut que nous (faire) _____ ce devoir.
3. (Etre) _____ sages, mes petits.
4. Je ne crois pas qu'elle (pouvoir) _____ venir aujourd'hui parce qu'il fait mauvais.
5. Il se peut qu'elle (avoir) _____ vendu la maison.

B. Write three sentences in French about this past weekend. Tell where you went, with whom, and what you did. ___

_____

_____

_____

_____

C. Traduisez les phrases suivantes en français.

1. I don't like the color very much. _____

_____

2. Robert always arrives a little late. _____

_____

3. One moment, please, I am going to see if she is in her room. _____

_____

D. Traduisez les phrases suivantes en français.

1. This morning I woke up at 7 A.M.

   _____

2. I washed myself, dressed, and combed my hair.

   _____

   _____

3. Then I went down for breakfast.

   _____

   _____

E. Ici le professeur vous lira une dictée. _____

_____

_____

_____

_____

_____

_____

_____

_____

A. Traduisez les phrses suivantes en français.

1. I will return the money to you on Friday. _____
_____

2. Most of the students have lunch in school. _____
_____

3. We are going to have dinner at my uncle's house.
_____

B. Write three sentences in French about next weekend.
Tell where you will go, with whom, and two things that
you will do. _____

_____

_____

_____

_____

C. Ecrivez la forme convenable du verbe entre parenthèses.

1. Quelque bien qu'on nous (dire) _____ de nous, on
ne nous apprend rien de nouveau. (La Rochefoucauld)

2. Dès qu'elle le (faire) _____, je vous le dirai.

3. Si elle (comprendre) _____ la question, elle
y répondrait.

4. Si elle (comprendre) _____ la question, elle y
aurait répondu.

5. Colette (naître) _____ en 1873 et elle mourut
en 1954.

D. Traduisez les phrases suivantes en français.

1. After breakfast, I put on my raincoat because it was raining and I left the house. _____

   _____

   _____

   _____

   _____

2. I waited for the bus on the street corner. _____

   _____

3. After waiting about five minutes it came. I took a seat near the window. _____

   _____

   _____

   _____

   _____

E. Ici le professeur vous lira une dictée. _____

   _____

   _____

   _____

   _____

   _____

   _____

A. Traduisez les phrases suivantes en français.

1. I don't have any money. _____
2. I studied French in school. _____
3. Take the bus because it's raining. _____
4. The bookstore is next to the library. _____
_____
5. Do you know what time it is? _____

B. Ecrivez une phrase en employant chaque terme.

1. à bicyclette: _____
_____

2. à cause de: _____
_____

3. à cette heure: _____
_____

C. Traduisez les termes suivants en anglais.

1. à côté de _____
2. à droite _____
3. à gauche _____
4. à demain _____
5. à bientôt _____

ANSWERS TO SHORT WARM-UP TESTS 1 TO 30

Note: In the short guided composition questions, for example in A and D in Test 1, what you write may not always be phrased exactly in the same order as the sample answers given here. However, you must pay special attention to the spelling of the words, the proper verb forms, agreement on past participles where necessary, masculine or feminine agreements in the singular or plural in nouns, pronouns, adjectives, and other grammatical structures as given in these answers. Also note that when (e) appears tacked on to a past participle, it means that if you are a woman writing the verb form and it refers to you, add the feminine agreement; if you are a man, you will not add the feminine agreement. All French words in these tests are used in the Regents exams. If you don't know your verb forms in all the tenses, consult Barron's book, *501 French Verbs*.

Test 1

A. Ce matin je me suis levé(e) à six heures et demie. J'ai pris une douche. Je me suis habillé(e).

B. 3, 5, 4, 2, 1 (Sections on synonyms and antonyms are in Part Three for study.)

C. 1. allées
2. lavée
3. lavé (There is no feminine e added to the past participle of a reflexive verb when there is a direct object *after* it.)
4. envoyées (The past participle is feminine plural because it refers to **les fleurs**, which is a direct object that *precedes* the verb form.)
5. mise (Same here. The past participle in this sentence is feminine singular because it refers to the *preceding* direct object **l'** which is **l'assiette**.)

D. Je ne suis pas allé(e) au cinéma hier soir avec mes amis. Je suis resté(e) chez moi pour lire un livre. Je ne regrette rien.

E. 3, 5, 1, 2, 4

F. 1. voyagerais
2. étais, allais
3. ont vendu
4. verrai
5. soit

60

Test 2

A. 3, 2, 4, 1, 5

B.
1. les chefs-d'oeuvre
2. les yeux
3. les journaux
4. les gratte-ciel
5. les gâteaux

C.
1. pleuvait
2. être arrivée
3. dise
4. sont revenus
5. aurais dit

D. Je suis allé(e) au cinéma samedi dernier. J'ai vu un film français. Il m'a beaucoup plu (*or* Je l'ai beaucoup aimé).

E.
1. de
2. des
3. de
4. à
5. à

F.
1. écrite
2. pris
3. plu
4. bu
5. cru

Test 3

A.
1. aurais
2. ai
3. auriez
4. serait, avait
5. avoir, sont

B. Actually, all reflexive verbs, such as **se laver**, are conjugated with **être** to form the compound tenses. There are 17 non-reflexive verbs that are conjugated with **être**. Refer to the verb section in Part Three if you need any help and if you want to know what the other seven are.
1. aller
2. arriver
3. venir
4. revenir
5. devenir
6. entrer
7. partir
8. rester
9. tomber
10. naître

C. 5, 3, 1, 2, 4

D.
1. tandis que
2. viens de
3. à moins que
4. avant que
5. venais d'

E. 1. du   4. aux
     2. d'   5. no preposition needed
     3. à

F. Je viens d'écrire une lettre. J'ai écrit à un de mes amis. Maintenant j'ai besoin d'un timbre pour mettre la lettre à la poste.

Test 4

A. 5, 4, 2, 1, 3

B. 3, 5, 1, 2, 4

C. 1. Je pense que oui.   4. La maison de Paul est très petite.
     2. Je suis occupé(e) maintenant.   5. Il y a une piscine près du garage.
     3. Ma maison est très grande.

D. 1. coupé   4. coupé
     2. couchée   5. allées
     3. levées

E. Mon père a acheté une nouvelle voiture. Elle est rouge. Toute ma famille va faire une promenade en voiture cette fin de semaine.

F. 1. sommes   4. serons
     2. été   5. serions
     3. étions

Test 5

A. 1. faisant   4. fasse
     2. faire   5. fera
     3. fait

B. Ce matin je me suis levé(e) à sept heures. J'ai pris une douche. Je me suis habillé(e).

C. 1. J'aimerais bien aller au cinéma avec vous (*or* toi).
     2. Je ne peux pas aller au cinéma ce soir parce que je suis occupé(e).
     3. Je vous (*or* te) remercie beaucoup.

D. 3, 1, 5, 2, 4

E. 1. boulangerie   4. laiterie
     2. librairie   5. blanchisserie (*or* laverie)
     3. bibliothèque

F. 1. s'amuser
2. avoir lieu
3. faire des courses (emplettes)

4. commander un repas
5. avoir l'intention de + infinitive

Test 6

A. 1. Qui est-ce qui (Who)
2. Qui est-ce que (Whom)
3. Qu'est-ce qui (What) *or*
Qui est-ce qui (Who)

4. est-ce que
5. À qui (to whom) est-ce que

B. 3, 5, 1, 4, 2

C. 1. le
2. le, la, les
3. la, la

4. la
5. no definite article needed

D. 1. (b) 2. (b) 3. (b)

E. 1. se demander
2. réussir
3. s'amuser

4. assister à une conférence
5. se moquer de

F. Je ne suis pas allé(e) au cinéma hier soir avec mes amis. Je suis resté(e) chez moi pour lire un livre. Je ne regrette rien.

Test 7

A. 1. (c) 2. (b) 3. (a)

B. 1. quel
2. Quels

3. Quelle
4. Quelles

C. 3, 4, 2, 5, 1

D. 3, 1, 5, 4, 2

E. 1. quoiqu'
2. afin d'
3. au fur et à mesure que

4. autant que
5. afin que

F. Récemment j'ai visité la ville de Marseille. Marseille se trouve au sud de la France. Là, j'ai visité le grand port sur la Méditerranée.

Test 8

A. 1. à

    2. aux

    3. à la

    4. du

    5. de la

B. 1. (c)   2. (b)   3. (a)

C. 3, 1, 5, 2, 4

D. 1. partira, parte

    2. preniez

    3. viendra

    4. avez, a

    5. obtiendrez

E. Récemment j'ai lu *Madame Bovary*. L'auteur du roman est Gustave Flaubert. C'est une histoire d'amour.

F. 1. (b)   2. (a)   3. (b)

Test 9

A. 1. (b)   2. (c)   3. (b)

B. 1. Il y a une très belle cathédrale pas loin du musée.

    2. Excusez-moi. Avez-vous (*or* Est-ce que vous avez) de la monnaie?

    3. Puis-je (*or* Est-ce que je peux) quitter la salle de classe, s'il vous plaît?

C. 1. *être*

    2. *avoir*

    3. *être*

    4. *avoir*

    5. *avoir*

D. Je passerai l'été en France. Ma famille sera avec moi. Nous visiterons les endroits intéressants.

E. 1. quoi

    2. Que

    3. Quelle

    4. Qu'est-ce que

    5. Quelle

F. 1. (a)

    2. (d)

    3. (a)

    4. (a)

    5. (b)

Test 10

A. Mon acteur favori est Gérard Depardieu. Il joue dans beaucoup de films français. Il joue bien. Il joue aussi dans beaucoup de films américains, par exemple, *Green Card*.

B. 1. quitte   4. quitte
     2. est sortie   5. partirez *or* sortirez
     3. est parti

C. 3, 1, 4, 5, 2

D. 1. être (passé simple, 3ème personne, singulier)
     2. avoir (passé simple, 3ème personne, pluriel)
     3. être (participe passé)
     4. savoir (participe passé)
     5. pouvoir (participe passé)

E. 5, 4, 3, 2, 1

F. Mon premier jour à l'école a été magnifique. J'ai fait la connaissance de beaucoup d'élèves. Maintenant j'ai beaucoup d'amis. Nous avons appris des choses intéressantes. Nous avons chanté en français.

Test 11

A. J'ai fait un voyage récemment. Je suis allé(e) en France. J'ai passé trois semaines à Paris.

B. 1. le lui   4. me l'
     2. me l'   5. leur
     3. la leur

C. 1. to rejuvenate,   3. the elevator
        to become young again   4. to remain, to stay
     2. to suspect   5. to rest

D. 1. monter   4. se reposer
     2. guérir   5. rester
     3. casser, rompre, briser

E. 1. entrer   4. serait
     2. court   5. soit
     3. chanter

F. 1. Je suis très heureux (heureuse) de vous (te) voir.
2. Quel temps fait-il aujourd'hui?
3. Je pense qu'il fera beau demain.
4. Cette valise est très lourde.
5. Je n'ai pas mangé depuis ce matin.

Test 12

A. 4, 1, 5, 2, 3

B. 1. avoir (participe passé)
2. devoir (participe passé)
3. taire (participe passé)
4. naître (participe passé)
5. savoir (passé simple, 3ème personne, pluriel)

C. 1. to have a grudge against someone
2. to go to meet (someone)
3. outdoors
4. by chance
5. to suspect

D. Mon meilleur ami (Ma meilleure amie) m'a envoyé une lettre. La lettre est venue de Paris. J'ai répondu à mon ami (amie) immédiatement.

E. 1. en   2. en   3. y   4. y   5. en

F. 1. (b)   2. (b)   3. (a)   4. (b)   5. (a)

Test 13

A. Je voudrais faire un voyage au Canada. J'aimerais voir la ville de Québec. On dit que les cathédrales et les chapelles sont belles. Je voudrais, aussi, acheter des souvenirs dans les boutiques.

B. 4, 5, 1, 3, 2

C. J'ai passé les vacances de Noël dans les Alpes en Suisse. J'ai fait du ski avec mes amis. Nous avons fait, aussi, du patin à glace. J'ai envoyé des cartes postales à mes parents. Pour Noël j'ai offert des cadeaux aux enfants pauvres d'une petite ville et j'ai reçu quelques cadeaux de mes amis, par exemple, des gants, des chaussettes, et une boîte de chocolats.

D. 1. to overwhelm
2. handwriting
3. to wonder
4. to do on purpose
5. to mean

E. 4, 5, 1, 2, 3

F. 1. y   2. en   3. y   4. en   5. en

Test 14

A. 5, 1, 2, 3, 4

B. 1. to be lucky
2. to be in the act (process) of
3. That's none of your business.
4. to buy a ticket
5. to enjoy

C. Je porte un imperméable quand il pleut. J'aime beaucoup faire une promenade quand il pleut. La pluie est nécessaire pour les plantes, les arbres, et l'herbe.

D. 1. la craie
2. fier (fière, *fem.*)
3. dehors
4. la queue
5. allumer

E. 4, 5, 1, 3, 2

F. 1. naître (passé simple, 3ème personne, singulier)
2. falloir (passé simple, 3ème personne, singulier)
3. vivre (passé simple, 3ème personne, pluriel)
4. aller (conditionnel présent, 3ème personne, pluriel)
5. plaire *and* pleuvoir (participe passé)

Test 15

A. Hier soir j'ai dîné dans le restaurant célèbre *Chez Louis*. J'ai mangé du poisson, des pommes frites et des carottes. Mes parents ont été avec moi.

B. 1. devoir (participe passé)
2. pouvoir (passé simple, 3ème personne, singulier)
3. boire (participe passé)
4. avoir (passé simple, 3ème personne, singulier)
5. devoir (présent indicatif, 3ème personne, singulier)

C. 1, 3, 5, 2, 4

D. 1. créée (**Note:** The infinitive given is **créer**. The past participle is **créé**. Add **e** for feminine agreement because it refers to **la nature**, which precedes the verb form)
2. couchées
3. assise
4. bu
5. partie

E. Mon meilleur ami s'appelle Jean (Ma meilleure amie s'appelle Jeanne).
Je le (la) connais depuis dix ans. Notre première rencontre était à l'école.

F. 5, 4, 1, 2, 3

Test 16

A. 1. Non, ce n'est pas la première fois.
2. Je retournerai samedi.
3. Je ne pense pas.
4. Je me suis bien amusé(e).
5. Donnez-moi (*or* Donne-moi) le temps d'y penser.
6. J'ai vu votre (*or* ta) photo dans le journal hier.
7. J'aimerais acheter un tourne-disque.
8. Mon frère a beaucoup de disques.
9. Qu'est-ce qui est arrivé?

B. 1. le long de la Seine   4. une telle personne
2. en haut   5. à côté de
3. tant mieux

C. 1. completely   4. to harm
2. to suspect   5. lawn
3. mirror

D. 1. to earn one's living   4. the bird's nest
2. to get rid of   5. many times
3. a drop of water

E. J'aimerais faire un voyage en France en bateau. De New York, il faut
cinq jours pour traverser l'Atlantique. Je voudrais y aller pour parler
français avec les Français. J'irais avec mes parents et deux amis.
J'aimerais visiter les endroits intéressants à Paris et les beaux châteaux
de la Loire. Je retournerais aux États-Unis en avion.

Test 17

A. 2, 4, 1, 5, 3

B. 1. Qu'est-ce que vous avez? (*or* Qu'est-ce que tu as?)
2. J'ai mal à la tête.
3. Voulez-vous (*or* Veux-tu) une aspirine?

4. J'en ai, merci.

5. Ça va mieux maintenant?

C. 1. wall

2. ripe

3. blood

4. sob, tear

5. the old house

6. Christmas eve

D. 3, 4, 1, 5, 2

E. 1. —

2. à

3. —

4. —

5. De

F. 1. Je m'appelle (*or* Mon nom est) René Clair. J'ai seize ans.

2. Je suis né en France. Je vais au lycée où j'apprends beaucoup de disciplines (*or* matières).

3. Un jour, j'aimerais aller aux États-Unis.

Test 18

A. Hier j'ai fait une promenade dans le parc avec Anne. Nous nous sommes assis (*or, if two girls,* nous nous sommes assises) sous un arbre et nous avons fait un pique-nique.

B. 1. Pourquoi cherchez-vous (*or* cherches-tu) un emploi?

2. J'ai besoin d'argent.

3. Qu'est-ce que vous pouvez (*or* tu peux) faire?

4. Je peux taper à la machine.

5. Avez-vous (*or* as-tu) travaillé l'été passé? (**Reminder:** If you don't know your verb forms in the various tenses, consult Barron's book, *501 French Verbs*. It contains verbs fully conjugated in all the tenses in a new easy to learn format alphabetically arranged.)

C. 5, 3, 4, 1, 2

D. 3, 4, 5, 1, 2

E. 1. to take care of, to care for

2. to welcome

3. anguish

4. to clothe

5. skin

F. 2, 1, 4, 5, 3

Test 19

A. 1. Qu'as-tu fait (*or* Qu'avez-vous fait, *or* Qu'est-ce que tu as fait, *or* Qu'est-ce que vous avez fait) hier soir?
   2. J'ai regardé la télévision.
   3. As-tu vu (*or* Avez-vous vu, *or* Est-ce que tu as vu, *or* Est-ce que vous avez vu) quelque chose d'intéressant à la télé?
   4. J'ai vu un bon film français.
   5. Il m'a beaucoup plu (*or* Je l'ai beaucoup aimé).

B. Cher Robert,
   Je t'invite à une surprise-partie. C'est l'anniversaire de mes parents. Ils sont mariés depuis vingt ans. La surprise-partie sera chez nous samedi soir, le 20 avril, à huit heures. Tous nos amis seront là.

Bien à toi,
Charles

Note: The Regents exams contain PART FOUR—Compositions (16 credits). One of the choices is usually a short letter of invitation to write to someone. It would be a good idea to memorize a few of the sample letters in the Answers sections of the Regents exams in this book. You surely will have a chance to use some of the sentences you memorize in the letter you write.

C. 1. Je m'appelle (*or* Mon nom est) ... .
   2. J'ai quinze ans.
   3. Je suis américain (américaine).

D. 2, 4, 5, 3, 1

E. 1. difficile
   2. le bruit
   3. la guerre
   4. l'ennemi
   5. debout

F. 1. J'aimerais aller au match de tennis aujourd'hui.
   2. Mon sport favori est le tennis.
   3. J'aime faire du patin à glace, aussi.
   4. L'hiver est ma saison favorite.
   5. Je peux faire des boules de neige et je peux les lancer.

Test 20

A. Je suis très heureux (heureuse) de faire la connaissance d'Annie Dupont, une étudiante française qui est arrivée de Paris depuis peu de temps. Elle est dans mes classes à l'école. Elle m'aide à faire mes devoirs de français et je l'aide dans ses devoirs d'anglais.

B. 5, 3, 4, 1, 2

C.
1. aille
2. se sont couchés
3. rentrant
4. ont vu
5. verront

D.
1. J'aurai besoin d'argent pour acheter une paire de chaussures.
2. Il y aura un bal à l'école ce samedi.
3. Tous mes amis seront là (*or* Tous mes amis y seront).

E.
1. (a)
2. (b)
3. (b)
4. (b)
5. (b)

Test 21

A. 5, 4, 1, 2, 3

B. La semaine dernière j'ai célébré mon seizième anniversaire. Mes parents m'ont donné de l'argent. Avec l'argent je vais acheter un vélo rouge.

C.
1. As for me...
2. to attend church
3. instead of
4. hardly, scarcely
5. to have a longing for, to feel like doing (something)

D.
1. aie (*or* aie eu)
2. était
3. sommes restés
4. mourut
5. a failli

E.
1. encore une fois
2. faire attention
3. faire un voyage
4. poser une question
5. féliciter quelqu'un

F. 3, 5, 1, 2, 4

Test 22

A. 1. to summon   4. to expect
     2. to get oneself out of a situation   5. to be back
     3. to realize, to take into account

B. 5, 4, 1, 3, 2

C. 1. sorte   4. étais
     2. se sont couchés   5. ai été
     3. nous sommes rentrés

D. 2, 4, 5, 1, 3

E. 1. ouvrir   4. large
     2. emprunter   5. inutile
     3. haut

F. Hier soir j'ai donné un grand dîner chez moi. C'était pour féliciter Jacqueline Tessier parce qu'elle avait remporté le prix d'excellence à l'école. Les parents de Jacqueline sont venus avec elle. J'ai invité aussi dix de mes amis. Mes parents étaient là aussi, naturellement. Nous avons mangé de la soupe à l'oignon, du poulet au riz, une salade de tomates, et un grand gâteau au chocolat que j'avais acheté dans la pâtisserie de mon quartier. Pendant le dîner nous avons parlé de nos projets pour les grandes vacances. Après le dîner nous avons chanté et dansé.

Test 23

A. Si j'avais assez d'argent, j'irais en France. À Paris, je visiterais l'Arc de Triomphe, la Tour Eiffel, l'Obélisque, et d'autres monuments célèbres. J'aimerais rester deux semaines en France parce que je voudrais aller aussi à Nîmes au sud-est de Paris pour voir les beaux monuments romains, par exemple, les arènes.

B. 1. Est-ce que le voyage vous a semblé long?
     2. Oui, le voyage m'a semblé long.
     3. Est-ce que vous vous êtes bien amusé(e) dans le bateau?
     4. Oui, je me suis bien amusé(e) dans le bateau.

C. 1. (a)   2. (c)   3. (b)

D. 1. Hier soir je suis allé(e) faire une visite chez mon ami Paul.
     2. Je suis arrivé(e) chez lui à sept heures et demie.

3. Nous avons fait nos devoirs de français ensemble.

4. Puis, nous avons écouté quelques (*or* des) disques français.

5. Sa mère nous a servi du lait, du gâteau, et de la glace à la vanille.

E. 1. (b)   2. (c)   3. (a)   4. (c)   5. (b)

Test 24

A. 1. to go astray, to lose one's way   4. to heat, to warm up
2. whoever   5. church mass
3. to drench, to soak

B. J'aimerais faire un voyage au Canada. Je voudrais visiter la vieille ville de Québec et faire la connaissance des Québécois. Je ferais des promenades dans les rues et dans les parcs.

C. 4, 1, 5, 3, 2

D. 3, 5, 4, 1, 2

E. J'étudie le français depuis trois ans. J'ai l'intention de continuer à étudier le français l'année prochaine. Je pense que l'étude d'une langue étrangère est importante parce que je peux apprécier la culture et la civilisation du pays, je peux voyager aux pays étrangers et communiquer avec les habitants.

F. 5, 4, 3, 2, 1

Test 25

A. 1. again   4. goddess
2. rest   5. to betray
3. starving, famished

B. 1. épuisé
2. aborder, aller près de quelqu'un
3. préférer
4. abîmer
5. dès que (**Reminder:** Sections on synonyms and antonyms are found in Part Three.)

C. 1. Cela me ferait grand plaisir.   4. Non, ce n'est pas la peine.
2. Cela ne fait rien.   5. Je vais rester chez moi!
3. Environ six heures et demie
le soir.

D. 1. doit
   2. est
   3. serons

4. obtiendrez
5. données

E. Dans mon cours de français cette année j'ai lu *Un Coeur simple*. C'est un conte de Gustave Flaubert dans lequel l'auteur exprime ses sentiments d'humanité. Le personnage principal est Félicité, une servante dans la famille de Madame Aubain. C'est l'histoire de la vie obscure de Félicité.

F. 1. J'aime nager dans un lac.
   2. À quelle heure part le train?
   3. Mon frère et moi sommes malades.
   4. Nous nous sommes bien amusés hier soir.
   5. Avez-vous (*or* As-tu) une lettre pour moi?

Test 26

A. 1. faire
   2. assises - mises
   3. soit
   4. couchées
   5. créée (The infinitive is **créer**, to create; the past participle is **créé**; it refers to **la nature**, which is feminine, so the correct form is **créée**.)

B. 1. Il n'y a pas de salle de bains ici.
   2. Paul a acheté la chemise bleue.
   3. Il a acheté la chemise verte et a laissé la blanche.
   4. Cela ne m'intéresse pas du tout.
   5. J'aimerais faire un voyage.

C. J'avais quinze ans quand j'ai gagné de l'argent pour la première fois. J'ai lavé la voiture de mon père. Il m'a donné dix francs. Avec l'argent j'ai acheté un livre de science-fiction parce que j'aime lire.

D. 1. to break
   2. sorrow
   3. road

4. advice
5. to die

E. 3, 5, 4, 2, 1

F. 1. Cet été j'irai à Paris.
   2. Quand j'y arriverai, je téléphonerai à mon ami(e) qui habite la Maison Française à la Cité Universitaire.

3. Je vous (*or* t') enverrai une longue lettre dès que (*or* aussitôt que) je serai installé(e).

4. Il y a beaucoup de choses que je voudrais faire pendant mon séjour.

5. Je sais que je m'amuserai.

Test 27

A. Dans mon école on enseigne le français, l'espagnol, l'italien, et le russe. J'ai étudié le français et l'espagnol. J'aime mieux le français.

B. 5, 1, 4, 2, 3

C. 1. va
2. dise
3. sommes
4. attends
5. sortir

D. 1. Hier soir je suis allé(e) voir un film français.

2. C'était une histoire d'amour. Rien d'extraordinaire.

3. J'ai mangé des bonbons, du chocolat et de la glace pendant toute la représentation.

4. Quand j'ai quitté le théâtre, je ne me sentais pas bien (*or* Quand j'ai quitté le cinéma, je me sentais malade).

5. J'avais bien envie d'aller chez moi pour me coucher.

Test 28

A. 1. soyez
2. fassions
3. Soyez
4. puisse
5. ait

B. Ce week-end passé je suis allé(e) à New York avec mon meilleur ami (*or* ma meilleure amie). Nous avons mangé dans un bon restaurant français et nous avons vu un excellent film français.

C. 1. Je n'aime pas beaucoup la couleur.

2. Robert arrive toujours un peu en retard.

3. Un moment, s'il vous plaît. Je vais voir si elle dans sa chambre.

D. 1. Ce matin je me suis réveillé(e) à sept heures.

2. Je me suis lavé(e), je me suis habillé(e), et je me suis brossé les cheveux.

3. Puis, je suis descendu(e) pour prendre le petit déjeuner.

E. (**Note:** Another effective way to prepare for the next Regents exam is to write in French while your teacher or a student reads to you. For example, the following paragraph can be read to you slowly while you write it. It appeared in one of the preceding short tests in this answers section.)

Hier soir, je suis allé(e) voir un film français. C'était une histoire d'amour. Rien d'extraordinaire. J'ai mangé des bonbons, du chocolat et de la glace pendant toute la représentation. Quand j'ai quitté le théâtre, je ne me sentais pas bien. J'avais bien envie d'aller chez moi pour me coucher.

Test 29

A. 1. Je vous (*or* Je te) rendrai l'argent vendredi.
2. La plupart des étudiants prennent leur déjeuner dans l'école.
3. Nous allons dîner chez mon oncle.

B. Ce week-end j'irai à la campagne avec mes parents et quelques amis. Nous allons faire du camping. Je vais nager dans le lac avec mes amis. Nous allons faire des promenades aussi.

C. 1. dise
2. fera
3. comprenait
4. avait compris
5. naquit

D. 1. Après le petit déjeuner, j'ai mis mon imperméable parce qu'il pleuvait et j'ai quitté la maison.
2. J'ai attendu le bus au coin de la rue.
3. Après avoir attendu à peu près cinq minutes, il est arrivé. J'ai pris une place près de la fenêtre.

E. Hier soir j'ai donné un grand dîner chez moi. C'était pour féliciter Jacqueline Dupont parce qu'elle avait remporté le prix d'excellence à l'école. Les parents de Jacqueline sont venus avec elle. J'ai invité aussi dix de mes amis. Mes parents étaient là aussi, naturellement. Nous avons mangé de la soupe à l'oignon, du poulet au riz, une salade de tomates, et un grand gâteau au chocolat que j'avais acheté dans la pâtisserie de mon quartier. Pendant le dîner nous avons parlé de nos projets pour les grandes vacances. Après le dîner nous avons chanté et dansé.

Test 30

A. 1. Je n'ai pas d'argent.
2. J'ai étudié le français à l'école.

3. Prenez (*or* Prends) le bus parce qu'il pleut.
4. La librairie se trouve à côté de la bibliothèque.
5. Savez-vous (*or* Sais-tu) quelle heure il est?

B. 1. Je vais à l'école à bicyclette.
2. Je ne veux pas sortir à cause du mauvais temps.
3. Mes amis sont à Paris à cette heure.

C. 1. next to
2. on the right
3. on the left
4. until tomorrow
5. see you soon

D. 1. J'aime m'asseoir à l'arrière d'un autobus.
2. D'ordinaire, je prends le même siège. J'aime parler avec mes amis.
3. Quelquefois, j'aime faire mes devoirs dans l'autobus mais, vous savez (*or* tu sais), il est difficile d'écrire sur les genoux.

E. Une petite fille jouait sous un arbre avec son chat quand un gros chien est arrivé. Le chat a eu peur et il est monté dans l'arbre. La petite fille était très malheureuse parce que le chien ne voulait pas partir et son chat ne pouvait pas redescendre. La mère a entendu sa petite fille pleurer. Elle a appelé les pompiers qui sont venus aussitôt. Le camion de pompiers a effrayé le chien et les pompiers ont employé leur échelle pour sauver le chat. (**Reminder:** If you don't know your verb forms in the various tenses, consult Barron's book, *501 French Verbs*. It contains verbs fully conjugated in all the tenses in a new easy to learn format alphabetically arranged.)

PART TWO

Tests 31 to 40

PICTURE STUDY

Ten pictures to study and about which to write brief compositions in French.

INSTRUCTIONS: Study each of the ten pictures in the ten tests that follow.

Write a composition in French telling a STORY suggested by the picture. You may include what you think happened before and after the scene.

Each composition must contain at least ten clauses. To qualify for credit, a clause must contain a verb, a stated or implied subject, and additional words necessary to convey meaning. The ten clauses may be contained in fewer than ten sentences if some of the sentences have more than one clause.

Examples:

One clause: J'ai vendu mon livre de mathématiques.

Two clauses: J'ai vendu mon livre de mathématiques mais j'ai gardé mon livre de français.

Three clauses: J'ai vendu mon livre de mathématiques mais j'ai gardé mon livre de français parce que je l'aime beaucoup.

Nom de l'élève _____

Nom du professeur _____

Date _____

For instructions as to what to write in French, see the beginning of Part Two.

_____
_____
_____
_____
_____

Test
32

Nom de l'élève _____

Nom du professeur _____

Date _____

A fruit and vegetable market in Guadeloupe. Reprinted with permission of the French West Indies Tourist Board, New York.

For instructions as to what to write in French, see the beginning of Part Two.

_____

_____

_____

Nom de l'élève _____ **Test**

Nom du professeur _____ **33**

Date _____

Degas — *"Danseuse au repos"* French Cultural Services, New York

For instructions as to what to write in French, see the beginning of Part Two.

_____
_____
_____
_____

Nom de l'élève _____

Nom du professeur _____

Date _____

Fort-de-France, Martinique.
Reprinted with permission of French West Indies Tourist Board, New York.

For instructions as to what to write in French, see the beginning of Part Two.

_____

_____

_____

_____

_____

French oceanological research activities
Reprinted with permission of French Embassy Press and Information Division, French Cultural Services, New York.

For instructions as to what to write in French, see the beginning of Part Two.

_____

_____

_____

_____

Nom de l'élève _____

Nom du professeur _____

Date _____

For instructions as to what to write in French, see the beginning of Part Two.

_____

_____

_____

_____

_____

_____

_____

_____

_____

_____

_____

_____

Nom de l'élève _____

Nom du professeur _____

Date _____

For instructions as to what to write in French, see the beginning of Part Two.

_____

_____

_____

For instructions as to what to write in French, see the beginning of Part Two.

_____

_____

Nom de l'élève _____

Nom du professeur _____

Date _____

For instructions as to what to write in French, see the beginning of Part Two.

_____

_____

_____

Nom de l'élève _____

Nom du professeur _____

Date _____

Guadeloupe: *Caribbean dancers doing the "Beguine."*
Reprinted with permission of the French West Indies Tourist Board,
New York

For instructions as to what to write in French, see the beginning of Part Two.

_____

_____

_____

PART THREE

Tips on How to Study and How to Take the Regents Exam

Review of Vocabulary and Idioms, Including Verbal, Idiomatic, Common, and Useful Expressions

Tips on How to Study and How to Take the Regents Exam

Step 1

Let's examine carefully the most recent Regents exam and answers in the back pages of this book. Let's analyze how a perfect score of 100 percent is distributed:

PART ONE—Skill in Speaking French (24 credits). Your teacher has evaluated your skill, fluency, and progress in speaking French in class. Now it's the end of the school year and you're about to take the Regents examination. You ought to ask your teacher how many credits you earned of the twenty-four. If it's below half, that's not good news! This means that you have a lot of review and studying to do so you can do better than usual in the remaining parts of the Regents examination. The most important thing you need to know is vocabulary. What do all those French words in the exam mean?! Tips on how to increase your vocabulary are given below.

PART TWO—Listening Comprehension (30 credits). Twenty-four credits in Part One and thirty credits in this part add up to fifty-four! Already that's a little over half of 100 percent! How you do in this part depends on how well you understand spoken French. If you feel you did not have enough practice in listening comprehension during the school year for whatever reasons, ask your teacher to spend about ten minutes near the end of each class period to read aloud one or two of the listening comprehension passages and questions that are found in the Answers section at the end of the latest exam in this book. Why not practice listening to *all* the selections in this part of the Regents exam? Part Four of this book contains many past Regents exams.

Also, ask a classmate to meet with you so you can listen to the selections and questions. You can take turns. Your friend can read aloud to you so you can listen and you can read aloud to your friend. Reading aloud and listening will tune your ear to understanding spoken French and this practice will help you do better in this part of the Regents exam. There are usually fifteen passages with one question based on each. Two credits for each correct answer adds up to thirty credits. That's quite a chunk! There are four multiple-choice answers for each question. To select the correct answer, you must listen carefully to the passage that is read to you, paying careful attention to key words that you can associate with the question and the correct answer. To help yourself do your best in the listening comprehension test, do not attempt to translate silently into English what you hear in French. If you do,

103

you will fall behind the speaker and you will not hear everything spoken. Just listen to the French attentively and try to get an idea of what's happening.

Step 2

Now, let's examine the reading comprehension part of the most current exam in the back pages of this book.

PART THREE—Reading Comprehension (30 credits). This part is divided into three sections: (a), (b), and (c). There is no choice. You have to do all three. Each section is worth ten credits. Traditionally, (a) contains a very long selection to read, almost a full page, sometimes longer. It is followed by five multiple-choice questions.

Read the passage from start to finish just to get an idea of what it's all about. Don't look at the five questions or the answer choices yet! While reading the passage, don't waste any time translating it silently into English because you are not being asked to translate it. All you have to do is read it in French because you are being tested in reading comprehension, not in the art of translating from French into beautiful English. Besides, there are only five questions based on the lengthy passage and they test your reading comprehension on only certain parts of the selection.

Now, read all five questions and their answer choices. Read them again. At this point, read the selection a second time, maybe even a third time if there is enough time. Now you are ready to read the questions again to select the correct answers. In doing so, certain key words in the reading selection and in the questions with answer choices will stand out. Usually, the correct answers to the questions are in sequence according to what you read in the passage. In other words, the answer to the first of the five questions is usually in the beginning part of the reading selection, the answer to the second question is in an area after that part, and so on. Sometimes they are not in any sequence.

You must be aware of the fact that synonyms (words of similar meaning) and antonyms (words of opposite meaning) are frequently used. Don't expect the correct answer among the choices to contain the same words and be phrased exactly in the same way as in the reading selection. That would make it too easy to spot the correct answer. At times, you have to interpret what is in the selection to associate it with the thought in the correct answer. For example, in a selection it may state that Mr. and Mrs. X cannot go somewhere because they have a lot of work to do. The question might ask why they are not going to go to that place. The correct answer will surely not say that they can't go because they have a lot of work to do. The correct answer might be worded something like this: They don't have the time. You can figure that out because you know that in the selection it says they have a lot of work to do; therefore, they don't have the time.

If your knowledge of French vocabulary is not so great, you must study (and even memorize) frequently used antonyms and synonyms with their English meanings because they are used abundantly in the Regents exams. There are lists of essential Regents vocabulary, idioms, phrases and expressions in the pages that follow these tips. Pay special attention to those that contain verbs.

Do you know how to study them? Take a 3 x 5 card and cover the French words. Look at the English and give the French equivalent. If you don't know it, move the card to see the French, then read it aloud. Repeat this procedure until you know them from French to English and from English to French.

Another good way to study vocabulary so you can remember it is to write the French words while saying them aloud. Follow this procedure not only with the lists of antonyms and synonyms but with *all* the vocabulary, idioms, including verbal, idiomatic, common, and useful phrases and expressions with verbs that are given in this part of the book. They have all been used frequently in past Regents exams. I compiled them for you. Don't just look at them. Study them methodically as I have suggested above. The best way to remember a new word or expression is to use it in a sentence. That way you get to think about it.

Step 3

Now, let's examine sections (b) and (c) of the Reading Comprehension test in PART THREE of the latest Regents exam in the back pages of this book.

There are five short selections to read in section (b). Each is followed by one question or incomplete statement. Read each selection at least two times to get an idea of what it's all about. Some people may not read very fast. In that case, read the selection the first time to get an idea of what it's about. Then read the questions to figure out the point that each question is getting at. Then read the selection again, looking for these points. Always think about the answer you choose. Does it make sense?

In section (c), there is one very long selection to read. In different parts of the selection there are blank spaces that represent missing words or expressions with four answers from which to choose the correct one. Here, too, before selecting an answer, you ought to read the selection at least two times to understand the general meaning. Then, after you have become well acquainted with the selection, read it again and pause during the blank space to read the selection of answers. At that point, you will be ready to select the correct answer. Then, you should go back to the beginning of the selection. Read it again, but this time insert the French word or expression you selected as the correct answer and see if it makes any sense.

If your knowledge of French vocabulary, synonyms, antonyms, verb forms, idiomatic expressions and phrases is not as extensive as it ought to be, you must follow the tips on studying given above in **Step 2**. If you really want to do your best to build your vocabulary, you must also do the thirty short warm-up tests in Part One of this book because the verbs, words, expressions and phrases they contain have been used in past Regents examinations. You ought to compare your answers in those warm-up tests with the correct answers given in the Answers section at the end of Part One in this book.

Step 4

Now, let's examine carefully the composition part of the most current Regents exam in the back pages of this book.

PART FOUR—Compositions (16 credits). This part is divided into two sections, (a) and (b). Each section contains a choice of one out of two topics. That means you must write two compositions, one for (a) and one for (b).

In (a), you are required to write a composition containing at least six clauses on the chosen topic, which is worth six credits. The form of the composition is usually a note to someone about something.

In (b), you are required to write at least ten clauses in your composition on the chosen topic, which is worth ten credits. The form of the composition is usually a narrative, based either on a story about a picture that is given or a letter to someone about something. A clause must contain a verb, a stated or implied subject, and additional words necessary to convey meaning. The six clauses for the topic you choose in (a) and the ten clauses for the topic you choose in (b) may be contained in fewer than six or ten sentences if some of the sentences you write include more than one clause.

Examples:

One clause in one sentence: **J'ai accepté** le chocolat.

Two clauses in one sentence: **J'ai accepté** le chocolat mais **j'ai refusé** le café.

Three clauses in one sentence: **J'ai accepté** le chocolat mais **j'ai refusé** le café parce que **je n'aime pas** le café.

As you can see, the most important word in each clause is the required use of a verb either in a tense (for example, in the *présent, passé composé,* or any of the other tenses) or in the infinitive form, for example: Elle **a préféré venir** chez moi au lieu de **rester** chez elle (She preferred to come to my house instead of staying at home.) At the beginning of the Regents exam, the teacher usually hands out to the students a blank sheet of paper to use as a work sheet. Here is what you should do: On that sheet of paper list the words that come to mind as you study the topic you have chosen, making sure that you jot down at least six verbs you plan to use for the topic worth six credits and at least ten verbs you plan to use for the ten-credit topic. Make sure you understand clearly in your mind what the two topics are that you have chosen so that the verbs you plan to use are appropriate. Then, still on your work sheet, write short sentences containing those verbs related to the topic you have chosen. Remember that each sentence may contain one or more clauses. If you write a sentence that contains more than one clause, make sure that you use a verb in each clause, as in the examples given above. More than one clause in the same sentence is usually separated by conjunctions, such as **et, mais, que, parce que, pendant que, quand**. The prepositions **à, de,** and **pour** can frequently be used plus a verb in the infinitive form, for example: **à faire, de venir, pour aller**. As long as you are using a verb in a tense or in the infinitive form, you are complying with the minimum requirement of what you are expected to do. If you want to use the future tense of a verb you have in mind but you don't remember the correct verb form, you can usually get around it by using the verb **aller** in the present tense plus the infinitive form of the verb to express a future action; for example, if you don't remember the future of **être**, as in **Je serai à la maison à six heures** (I will be at home at six o'clock), you can write: **Je vais être à la maison à six heures** (I am going to be at home at six o'clock). Or, if you don't remember or don't know how to say, **Nous nagerons dans la piscine** (We will swim in the pool), you can write: **Nous allons nager dans la piscine** (We are going to swim in the pool).

Commonly used French verbs that a student frequently needs to write on any topic in a Regents exam are **avoir, être, aller, faire, devoir, arriver, venir, devenir, revenir, entrer, rentrer, sortir, partir, appeler, s'appeler, espérer, attendre, s'amuser, jouer, désirer, vouloir, inviter, penser**. You definitely must know these verbs in the three persons of the singular and the three persons of the plural in the present tense and in the *passé composé*. There are many others, of course, but you must be aware of these at least. As was mentioned earlier in this section of tips on how to study and how to take the Regents exam, you ought to make sure you know all the review material that begins at the end of this section.

To help yourself do your best in the two compositions you have to write, you must also do the thirty short warm-up tests in Part One in the beginning pages of this book. They contain a lot of practice in writing sentences and short paragraphs. After you do those thirty short tests, check the Answers section that begins right after Test 30.

Consult the table of contents in the preliminary pages of this book to find the page number of PART TWO. It contains ten pictures for you to examine and about which to write a composition containing at least ten clauses. Do them, following the procedure outlined above about how to use the work sheet for the composition you selected to do in (a) and the one in (b). Then, ask your teacher to correct what you have written.

You can use more practice in writing compositions based on pictures. There is a picture in every Regents exam given in the past. The pictures begin in PART FOUR of this book. Sample compositions are given in the Answers section at the end of each exam.

After you work methodically on the work sheet for the topic you selected in (a) that must contain at least six clauses, use the same side to write your composition. Then, read it at least two times and pretend you are correcting somebody else's work. You are bound to find a few mistakes! Then, write your final composition in the booklet that will be collected. But, wait! Don't make any mistakes when you transfer your composition from the work sheet to the booklet that the examiner will collect. You must check your work.

Then, turn the work sheet to the other side and follow the same suggested procedure for your second composition in (b) where you must write at least ten clauses.

And here's another tip: You probably will not be able to recall the French for some words you would like to use in your two compositions. Just remember that the entire examination booklet contains a lot of French in it, for example, in the multiple-choice questions where there is a choice to make among four answers containing words, phrases, expressions, or sentences. Consult the reading selections in PART THREE—Reading Comprehension. If you don't remember the present tense, or the *passé composé*, or some other tense of a verb, or a particular word you want to use in your compositions, take a careful look at all the French printed in your exam booklet. It is natural for someone to recognize the meaning of a printed French word but difficult to recall it and to write it. The word you can't recall to use in your two compositions may very well be somewhere in there waiting for you to recognize it and use it. Or, another appropriate word may be there. Seek and you shall find!

Step 5

When you take the latest exam in the back pages of this book for practice, follow the suggested procedures given above. Set your watch or clock and time yourself to complete it within the three hours allowed. But don't stop after you do only the latest exam! There are ten complete exams with answers beginning in PART FOUR of this book. Do one a day or every other day until you have completed them all. And don't forget to do the thirty short warm-up tests in the front half of this book. The answers begin right after Test 30. All the material I put together for you in one place by topics in PART THREE of this book is basic Regents stuff. Study them until you know them cold, following my suggestions and tips given above.

Commencez immédiatement!/Start immediately!

Ne perdez pas votre temps!/Don't waste your time!

Bonne chance!/Good luck!

BASIC VOCABULARY BY TOPICS

L'école (School)

le **banc** n., the seat, the bench
la **bibliothèque** n., the library
le **bureau** n., the desk, the office
le **cahier** n., the notebook
le **calendrier** n., the calendar
le **carnet** n., the small notebook
la **carte** n., the map
la **classe** n., the class; la **classe de français** French class
le **congé** n., leave, permission; **jour de congé** day off (from school or work)
la **cour** n., the playground, the courtyard
la **craie** n., the chalk
le **crayon** n., the pencil; le **crayon feutre** the crayon
les **devoirs** n.m., homework assignments
la **dictée** n., the dictation
le **drapeau** n., the flag
l'**école** n. f., the school
écrire v., to write
l'**élève** n. m. f., the pupil
l'**encre** n. f., the ink
étudier v., to study; les **études** n. f. pl., the studies
l'**étudiant** m., l'**étudiante** f., n., the student
l'**examen** n. m., the examination
l'**exercice** n. m., the exercise
expliquer v., to explain

la **faute** n., the mistake
la **leçon** n., the lesson; **leçon de français** French lesson
le **livre** n., the book
le **livret d'exercices** n., the workbook
le **lycée** n., the high school
le **maître** m., la **maitresse** f., n., the teacher
le **papier** n., the paper; **une feuille de papier** a sheet of paper
passer v., to pass; **passer un examen** to take an exam
poser v., to pose; **poser une question** to ask a question
le **professeur** m., la **professeur-dame**, une **femme professeur** f., n., the professor
le **pupitre** n., the desk (student's)
la **règle** n., the rule, the ruler
répondre v., to respond, to answer, to reply
la **réponse** n., the answer
réussir v., to succeed; **réussir à un examen** to pass an exam
la **salle** n., the room; la **salle de classe** the classroom
le **stylo** n., the pen
le **tableau noir** n., the blackboard, the chalkboard
l'**université** n. f., the university
le **vocabulaire** n., the vocabulary

110

Les jours de la semaine

le **dimanche,** Sunday
le **lundi,** Monday
le **mardi,** Tuesday
le **mercredi,** Wednesday
le **jeudi,** Thursday
le **vendredi,** Friday
le **samedi,** Saturday

Les mois de l'année

janvier, January
février, February
mars, March
avril, April
mai, May
juin, June
juillet, July
août, August
septembre, September
octobre, October
novembre, November
décembre, December

Les saisons

le **printemps,** spring
l'**été** (*m.*), summer
l'**automne** (*m.*), autumn, fall
l'**hiver** (*m.*), winter

Les jours de fête

fêter *v.,* to celebrate a holiday;
   bonne fête! happy holiday!
l'**anniversaire** *m.,* anniversary,
   birthday; **bon anniversaire!**
   happy anniversary! *or* happy
   birthday!
le **Jour de l'An,** New Year's
   Day
Bonne année! Happy New
   Year!
les **Pâques,** Easter; **Joyeuses
   Pâques,** Happy Easter
la **Pâque,** Passover
le **quatorze juillet** (Bastille
   Day), July 14, French
   "Independence Day"
les **grandes vacances,** summer
   vacation
la **Toussaint,** All Saints' Day
   (le premier novembre)
le **Noël,** Christmas; **Joyeux
   Noël!** Merry Christmas!
à **vous de même!** the same to
   you!

111

Les légumes, les poissons, les viandes, les produits laitiers les desserts, les fromages et les boissons
(Vegetables, Fish, Meats, Dairy Products, Desserts, Cheeses, and Beverages)

Les légumes

l'aubergine *f.*, the eggplant
la carotte, the carrot
le champignon, the mushroom
les épinards *m.*, the spinach
les haricots verts *m.*, the string
  beans
le maïs, the corn
l'oignon *m.*, the onion
les petits pois *m.*, the peas
la pomme de terre, the potato

Les poissons

le maquereau, the mackerel
la morue, the cod
le saumon, the salmon
la sole, the sole
la truite, the trout

Les viandes

l'agneau *m.*, the lamb; la côte
  d'agneau, the lamb chop
le biftek, the steak
le jambon, the ham
le porc, the pork
le poulet, the chicken
le rosbif, the roast beef
le veau, the veal; la côte de
  veau, the veal chop

Les produits laitiers

le beurre, the butter
la crème, the cream
le fromage, the cheese
le lait, the milk
l'oeuf *m.*, the egg

Les desserts

le fruit, the fruit
le gâteau, the cake; le gâteau
  sec, the cookie
la glace, the ice cream
la pâtisserie, the pastry

Les fromages

le brie
le camembert
le gruyère
le petit suisse
le port-salut
le roquefort

Les boissons

la bière, the beer
le cacao, the cocoa
le café, the coffee
le chocolat chaud, the hot
  chocolate
le cidre, the cider
l'eau minérale *f.*, the mineral
  water
le jus, the juice; le jus de
  tomate, the tomato juice
le thé, the tea
le vin, the wine

Les animaux, les fleurs, les couleurs, les arbres et les fruits
(Animals, Flowers, Colors, Trees, and Fruits)

Les animaux

l'âne *m.*, the donkey
le chat *m.*, la chatte *f.*, the cat
le cheval, the horse
le chien *m.*, la chienne *f.*, the dog
le cochon, the pig
le coq, the rooster
l'éléphant *m.*, the elephant
le lapin, the rabbit
le lion, the lion
l'oiseau *m.*, the bird
la poule, the hen
le poulet, the chicken
le renard, the fox
la souris, the mouse
le tigre, the tiger
la vache, the cow

Les fleurs

l'iris *m.*, the iris
le lilas, the lilac
le lis, the lily
la marguerite, the daisy
l'oeillet *m.*, the carnation
la rose, the rose
la tulipe, the tulip
la violette, the violet

Les couleurs

blanc, white
bleu, blue
brun, brown
gris, gray
jaune, yellow
noir, black
rouge, red
vert, green

Les arbres

le bananier, the banana tree
le cerisier, the cherry tree
le citronnier, the lemon tree
l'oranger *m.*, the orange tree
le palmier, the palm tree
le pêcher, the peach tree
le poirier, the pear tree
le pommier, the apple tree

Les fruits

la banane, the banana
la cerise, the cherry
le citron, the lemon; citron vert, lime
la fraise, the strawberry
la framboise, the raspberry
l'orange *f.*, the orange
le pamplemousse, the grapefruit
la pêche, the peach
la poire, the pear
la pomme, the apple
le raisin, the grape
la tomate, the tomato

Le corps humain, les vêtements, la toilette
(The Human Body, Clothing, Washing and Dressing)

Le corps humain

la **bouche,** mouth
le **bras,** arm
les **cheveux** *m.,* hair
le **cou,** neck
les **dents** *f.,* teeth
le **doigt,** finger; **doigt de pied,**
   toe
l'**épaule** *f.,* shoulder
l'**estomac** *m.,* stomach
le **genou,** knee
la **jambe,** leg
la **langue,** tongue
les **lèvres** *f.,* lips
la **main,** hand
le **menton,** chin
le **nez,** nose
l'**oeil** *m.,* eye; **les yeux,** eyes
l'**oreille** *f.,* ear
la **peau,** skin
le **pied,** foot
la **poitrine,** chest
la **tête,** head
le **visage,** face

Les vêtements

le **bas,** stocking
le **béret,** beret
la **blouse,** blouse, smock
le **blouson,** jacket (often with
   zipper)
le **chandail,** sweater
le **chapeau,** hat
la **chaussette,** sock
la **chaussure,** shoe
la **chemise,** shirt
le **complet,** suit

le **costume,** suit
la **cravate,** necktie
l'**écharpe** *f.,* scarf
le **gant,** glove
la **jupe,** skirt
le **maillot de bain,** swimsuit
le **manteau,** coat
le **pantalon,** trousers, pants
la **pantoufle,** slipper
le **pardessus,** overcoat
la **poche,** pocket
le **pullover,** pullover *or* long-
   sleeved sweater
la **robe,** dress
le **soulier,** shoe
le **veston,** (suit) coat

La toilette

se **baigner** *v.,* to bathe oneself
la **baignoire** *n.,* the bathtub
le **bain** *n.,* the bath
la **brosse** *n.,* the brush; **brosse
   à dents,** toothbrush
brosser *v.,* to brush; se **brosser
   les dents,** to brush one's
   teeth
la **cuvette** *n.,* the toilet bowl
le **dentifrice** *n.,* the toothpaste
le **déodorant** *n.,* deodorant
déshabiller *v.,* to undress; se
   déshabiller, to undress
   oneself
la **douche** *n.,* the shower;
   prendre une douche, to take
   a shower

114

enlever *v.*, to remove, to take off

le gant de toilette *n.*, the washcloth

la glace *n.*, the hand mirror

s'habiller *v.*, to dress oneself

le lavabo *n.*, the washroom, washstand

laver *v.*, to wash; se laver, to wash oneself

mettre *v.*, to put on

le miroir *n.*, the mirror

ôter *v.*, to take off, to remove

le peigne *n.*, the comb; se peigner les cheveux, to comb one's hair

porter *v.*, to wear

la salle de bains *n.*, the bathroom

le savon *n.*, the soap

la serviette *n.*, the towel

le shampooing *n.*, the shampoo

La famille, la maison, les meubles
(Family, Home, Furniture)

La famille

le cousin, la cousine, cousin

l'enfant *m.f.*, child

l'époux *m.*, l'épouse *f.*, spouse (husband/wife)

la femme, wife

la fille, daughter

le fils, son

le frère, brother; le beau-frère, brother-in-law

la grand-mère, grandmother

le grand-père, grandfather

les grands-parents, grandparents

le mari, husband

la mère, la maman, mother; la belle-mère, mother-in-law

le neveu, nephew

la nièce, niece

l'oncle *m.*, uncle

le père, le papa, father; le beau-père, father-in-law

le petit-fils, grandson

la petite-fille, granddaughter

les petits-enfants, grandchildren

la soeur, sister; la belle-soeur, sister-in-law

la tante, aunt

La maison

la cave, the cellar

la chambre, the room; chambre à coucher, bedroom

la cheminée, the fireplace, chimney

la cuisine, the kitchen

l'escalier *m.*, the stairs, staircase

la fenêtre, the window

le mur, the wall

la pièce, the room

le plafond, the ceiling

le plancher, the floor

la porte, the door

la salle, the room; la salle à manger, the dining room; la salle de bains, bathroom

le salon, the living room

le toit, the roof

115

Les meubles

l'armoire *f.*, the wardrobe
  closet
le bureau, the desk
le canapé, the sofa, couch
la chaise, the chair
la commode, the dresser,
  chest of drawers
la couchette, the bunk
l'évier *m.*, the kitchen sink
le fauteuil, the armchair
le four, the oven
la fournaise, the furnace
le fourneau, the kitchen stove,
  range

la lampe, the lamp
le lit, the bed
le phonographe, the
  phonograph
le piano, the piano
la radio stéréophonique, the
  stereophonic radio
la table, the table
le tapis, the carpet
le téléphone, the telephone
le téléviseur, the television
  (set)

La ville, les bâtiments, les magasins, les divers modes de transport
(The City, Buildings, Stores, Various Means of Transportation)

La ville

l'avenue *f.*, the avenue
la boîte aux lettres, the
  mailbox
la bouche de métro, the
  subway entrance
le boulevard, the boulevard
le bruit, the noise
la chaussée, the road
défense d'afficher, post no
  bills
les feux *m.*, the traffic lights
le parc, the park
la pollution, the pollution
la rue, the street
le trottoir, the sidewalk
la voiture de police, the
  police car

Les bâtiments

la banque, the bank
la bibliothèque, the library
le bureau de poste, the post
  office
la cathédrale, the cathedral
la chapelle the chapel
le château, the castle
le cinéma, the movie theatre
l'école *f.*, the school
l'église *f.*, the church
la gare, the railroad station
la grange, the barn
le gratte-ciel, the skyscraper
l'hôpital *m.*, the hospital
l'hôtel *m.*, the hotel
l'hôtel de ville, the city hall
la hutte *f.*, the hut, cabin

l'immeuble d'habitation, the apartment building
le musée, the museum
le palais, the palace
la synagogue, the synagogue
le temple, the temple
le théâtre, the theatre
l'usine *f.*, the factory

Les magasins

la bijouterie, the jewelry shop
la blanchisserie, the laundry
la boucherie, the butcher shop
la boulangerie, the bakery (mostly for bread)
la boutique, the (small) shop
le bureau de tabac, the tobacco shop
le café, the café
la charcuterie, the pork store, delicatessen
la crémerie, the dairy store
l'épicerie *f.*, the grocery store
le grand magasin, the department store

la librairie, the bookstore
le magasin, the store
la pâtisserie, the pastry shop
la pharmacie, the drugstore
le supermarché, the supermarket

Les divers modes de transport

l'autobus *m.*, the city bus
l'autocar *m.*, the interurban bus
l'automobile *f.*, the car
l'avion *m.*, the plane
le bateau, the boat
la bicyclette, the bicycle
le camion, the truck
le chemin de fer, the railroad
le métro, the subway
la moto, the motorcycle
le train, the train
le transatlantique, the ocean liner
le vélo, the bike
la voiture, the car

Les métiers et les professions, les langues,
les pays et les continents
(Trades and Professions, Languages, Countries, and Continents)

Les métiers et les professions

l'acteur *m.*, l'actrice *f.*, actor, actress

l'agent de police *m.*, police officer

l'auteur, author (of a book) *or* composer (of a song) *or* painter (of a picture)

l'avocat *m.*, la femme-avocat *f.*, lawyer

le bijoutier, la bijoutière, jeweler

le blanchisseur, la blanchisseuse, launderer

le boucher, la bouchère, butcher

le boulanger, la boulangère, baker

le charcutier, la charcutière, pork butcher

le chauffeur, driver, chauffeur

le coiffeur, la coiffeuse, hairdresser, barber

le, la dentiste, dentist

l'épicier, l'épicière, grocer

le facteur, letter carrier

le fermier, la fermière, farmer

le, la libraire, bookseller

le maître, la maîtresse, teacher

le marchand, la marchande, merchant

le médecin, la femme-médecin, doctor

le pâtissier, la pâtissière, pastry chef

le pharmacien, la pharmacienne, pharmacist

le pompier, fireman

le professeur, la femme-professeur, professor

le sénateur, senator

le serveur, la serveuse, waiter, waitress

le tailleur, la tailleuse, tailor

le vendeur, la vendeuse, salesperson

Les langues

(all are masculine)

allemand, German
anglais, English
chinois, Chinese
danois, Danish
espagnol, Spanish; castillan, Castilian (Spanish)
français, French
grec ancien, Ancient Greek
grec moderne, Modern Greek
hébreu, Hebrew
italien, Italian
japonais, Japanese
latin, Latin
norvégien, Norwegian
portugais, Portuguese
russe, Russian
suédois, Swedish

118

Les pays et les continents

l'**Allemagne** f., Germany; l'**Allemagne de l'Ouest**, West Germany; l'**Allemagne de l'Est**, East Germany

l'**Angleterre** f., England

l'**Australie** f., Australia

la **Belgique**, Belgium

le **Canada**, Canada

la **Chine**, China

le **Danemark**, Denmark

l'**Espagne** f., Spain

les **États-Unis** m., United States

l'**Europe** f., Europe

la **France**, France

la **Grande-Bretagne**, Great Britain

la **Grèce**, Greece

la **Hollande**, Holland

l'**Irlande** f., Ireland

l'**Israël** m., Israel

l'**Italie** f., Italy

le **Japon**, Japan

le **Luxembourg**, Luxembourg

le **Mexique**, Mexico

la **Norvège**, Norway

la **Pologne**, Poland

le **Porto Rico**, Puerto Rico

le **Portugal**, Portugal

la **Russie**, Russia; **U.R.S.S**, Union des républiques socialistes soviétiques (U.S.S.R.)

la **Suède**, Sweden

la **Suisse**, Switzerland

119

ANTONYMS

One very good way to increase your French vocabulary is to think of an antonym (opposite meaning) or synonym (similar meaning) for every word in French that you already know. Of course, there is no antonym or synonym for all words in the French language—nor in English. But you should, at least, wonder what the possible antonyms and synonyms are of French words. For example, stop and think: What is the antonym of **aller**? The antonym of **jamais**? A synonym of **erreur**?

Here are some simple antonyms which you certainly ought to know:

absent, absente *adj.*, absent / **présent, présente** *adj.*, present

acheter *v.*, to buy / **vendre** *v.*, to sell

agréable *adj.*, pleasant, agreeable / **désagréable** *adj.*, unpleasant, disagreeable

aimable *adj.*, kind / **méchant, méchante** *adj.*, mean, nasty

aller *v.*, to go / **venir** *v.*, to come

ami, amie *n.*, friend / **ennemi, ennemie** *n.*, enemy

s'amuser *refl.v.*, to enjoy oneself, to have a good time / **s'ennuyer** *refl.v.*, to be bored

ancien, ancienne *adj.*, old, ancient / **nouveau, nouvel, nouvelle** *adj.*, new

avant *prep.*, before / **après** *prep.*, after

bas, basse *adj.*, low / **haut, haute** *adj.*, high

beau, bel, belle *adj.*, beautiful, handsome / **laid, laide** *adj.*, ugly

beaucoup (de) *adv.*, much, many / **peu (de)** *adv.*, little, some

beauté *n.f.*, beauty / **laideur** *n.f.*, ugliness

bête *adj.*, stupid / **intelligent, intelligente** *adj.*, intelligent

blanc, blanche *adj.*, white / **noir, noire** *adj.*, black

bon, bonne *adj.*, good / **mauvais, mauvaise** *adj.*, bad

bonheur *n.m.*, happiness / **malheur** *n.m.*, unhappiness

chaud, chaude *adj.*, hot, warm / **froid, froide** *adj.*, cold

cher, chère *adj.*, expensive / **bon marché** cheap

content, contente *adj.*, glad, pleased / **mécontent, mécontente** *adj.*, displeased

court, courte *adj.*, short / **long, longue** *adj.*, long

debout *adv.*, standing / **assis, assise** *adj.*, seated, sitting

dedans *adv.*, inside / **dehors** *adv.*, outside

demander *v.*, to ask / **répondre** *v.*, to reply

dernier, dernière *adj.*, last / **premier, première** *adj.*, first

120

derrière *adv.*, *prep.*, behind, in back of / **devant** *adv.*, *prep.*, in front of

dessous *adv.*, *prep.*, below, underneath / **dessus** *adv.*, *prep.*, above, over

différent, différente *adj.*, different / **même** *adj.*, same

difficile *adj.*, difficult / **facile** *adj.*, easy

domestique *adj.*, domestic / **sauvage** *adj.*, wild

donner *v.*, to give / **recevoir** *v.*, to receive

droite *n.f.*, right / **gauche** *n.f.*, left

emprunter *v.*, to borrow / **prêter** *v.*, to lend

entrer (dans) *v.*, to enter (in, into) / **sortir (de)** *v.*, to go out (of, from)

est *n.m.*, East / **ouest** *n.m.*, West

étroit, étroite *adj.*, narrow / **large** *adj.*, wide

faible *adj.*, weak / **fort, forte** *adj.*, strong

fermer *v.*, to close / **ouvrir** *v.*, to open

fin *n.f.*, end / **commencement** *n.m.*, beginning

finir *v.*, to finish / **commencer** *v.*, to begin; **se mettre à** *v.*, to begin + inf.

gagner *v.*, to win / **perdre** *v.*, to lose

gai, gaie *adj.*, gay, happy / **triste** *adj.*, sad

grand, grande *adj.*, large, tall, big / **petit, petite** *adj.*, small, little

gros, grosse *adj.*, fat / **maigre** *adj.*, thin

grossier, grossière *adj.*, coarse, impolite / **poli, polie** *adj.*, polite

heureux, heureuse *adj.*, happy / **malheureux, malheureuse** *adj.*, unhappy

hier *adv.*, yesterday / **demain** *adv.*, tomorrow

homme *n.m.*, man / **femme** *n.f.*, woman

ici *adv.*, here / **là** *adv.*, there

inutile *adj.*, useless / **utile** *adj.*, useful

jamais *adv.*, never / **toujours** *adv.*, always

jeune *adj.*, young / **vieux, vieil, vieille** *adj.*, old

jeune fille *n.f.*, girl / **garçon** *n.m.*, boy

jeunesse *n.f.*, youth / **vieillesse** *n.f.*, old age

joli, jolie *adj.*, pretty / **laid, laide** *adj.*, ugly

jour *n.m.*, day / **nuit** *n.f.*, night

léger, légère *adj.*, light / **lourd, lourde** *adj.*, heavy

lendemain *n.m.*, the next (following) day / **veille** *n.f.*, the eve (evening before)

lentement *adv.*, slowly / **vite** *adv.*, quickly

mal *adv.*, badly / **bien** *adv.*, well

mari *n.m.*, husband / **femme** *n.f.*, wife

matin *n.m.*, morning / **soir** *n.m.*, evening

mer *n.f.*, sea / **ciel** *n.m.*, sky

midi *n.m.*, noon / **minuit** *n.m.*, midnight

moderne *adj.*, modern / **ancien, ancienne** *adj.*, ancient, old

moins *adv.*, less / **plus** *adv.*, more

monter *v.*, to go up / **descendre** *v.*, to go down

né, née *adj.*, *past part.*, born / **mort, morte** *adj.*, *past part.*, died, dead

nord *n.m.*, North / **sud** *n.m.*, South

nouveau, nouvel, nouvelle *adj.*, new / **vieux, vieil, vieille** *adj.*, old

obéir (à) *v.*, to obey / **désobéir (à)** *v.*, to disobey

ôter *v.*, to remove, to take off / **mettre** *v.*, to put, to put on

oui *adv.*, yes / **non** *adv.*, no

paix *n.f.*, peace / **guerre** *n.f.*, war

paraître *v.*, to appear / **disparaître** *v.*, to disappear

paresseux, paresseuse *adj.*, lazy / **diligent, diligente** *adj.*, diligent

partir *v.*, to leave / **arriver** *v.*, to arrive

pauvre *adj.*, poor / **riche** *adj.*, rich

perdre *v.*, to lose / **trouver** *v.*, to find

plancher *n.m.*, floor / **plafond** *n.m.*, ceiling

plein, pleine *adj.*, full / **vide** *adj.*, empty

poli, polie *adj.*, polite / **impoli, impolie** *adj.*, impolite

possible *adj.*, possible / **impossible** *adj.*, impossible

prendre *v.*, to take / **donner** *v.*, to give

près (de) *adv.*, *prep.*, near / **loin (de)** *adv.*, *prep.*, far (from)

propre *adj.*, clean / **sale** *adj.*, dirty

quelque chose *pron.*, something / **rien** *pron.*, nothing

quelqu'un *pron.*, someone, somebody / **personne** *pron.*, nobody, no one

question *n.f.*, question / **réponse** *n.f.*, answer, reply, response

refuser *v.*, to refuse / **accepter** *v.*, to accept

reine *n.f.*, queen / **roi** *n.m.*, king

réussir (à) *v.*, to succeed (at, in) / **échouer (à)** *v.*, to fail (at, in)

rire *v.*, to laugh / **pleurer** *v.*, to cry, to weep

sans *prep.*, without / **avec** *prep.*, with

silence *n.m.*, silence / **bruit** *n.m.*, noise

soleil *n.m.*, sun / **lune** *n.f.*, moon

souvent *adv.*, often / **rarement** *adv.*, rarely

sur *prep.*, on / **sous** *prep.*, under

sûr, sûre *adj.*, sure, certain / **incertain, incertaine** *adj.*, unsure, uncertain

terre *n.f.*, earth, land / **ciel** *n.m.*, sky

tôt *adv.*, early / **tard** *adv.*, late

travailler *v.*, to work / **jouer** *v.*, to play

travailleur, travailleuse *adj.*, diligent, hardworking / **paresseux, paresseuse** *adj.*, lazy

vie *n.f.*, life / **mort** *n.f.*, death

ville *n.f.*, city / **campagne** *n.f.*, country(side)

vivre *v.*, to live / **mourir** *v.*, to die

vrai, vraie *adj.*, true / **faux, fausse** *adj.*, false

Now try these antonyms. They are not so simple as the others:

abolir *v.*, to abolish / **conserver** *v.*, to preserve, to conserve

accuser *v.*, to accuse / **justifier** *v.*, to justify

adresse *n.f.*, skill / **maladresse** *n.f.*, clumsiness

aider *v.*, to help / **nuire** *v.*, to harm

aisé *adj.*, easy / **difficile** *adj.*, difficult

allonger *v.*, to lengthen / **abréger** *v.*, to shorten

attrayant, attrayante *adj.*, attractive / **repoussant, repoussante** *adj.*, repulsive

avare *adj.*, stingy, miserly / **dépensier, dépensière** *adj.*, thriftless, extravagant

barbare *adj.*, savage, barbarous / **civilisé, civilisée** *adj.*, civilized

bavard, bavarde *adj.*, talkative / **taciturne** *adj.*, quiet, taciturn

bénir *v.*, to bless / **maudire** *v.*, to curse

bonté *n.f.*, goodness / **méchanceté** *n.f.*, wickedness

cadet, cadette *n.*, younger, youngest / **aîné, aînée** *n.*, older, oldest

calmer *v.*, to calm / **agiter** *v.*, **exciter** *v.*, to excite

chaleureux, chaleureuse *adj.*, warm / **froid, froide** *adj.*, cold

chauffer *v.*, to heat, to warm up / **refroidir** *v.*, to cool, to cool off

condamner *v.*, to condemn / **absoudre** *v.*, to absolve

confiance *n.f.*, confidence / **méfiance** *n.f.*, distrust

créer *v.*, to create / **détruire** *v.*, to destroy

dépenser *v.*, to spend / **économiser** *v.*, to save

déplaisant, déplaisante *adj.*, unpleasant / **agréable** *adj.*, pleasant, agreeable

descendre *v.*, to go down, to descend / **monter** *v.*, to go up, to ascend

diminuer *v.*, to lessen, to diminish / **augmenter** *v.*, to increase, to augment

divertissant, divertissante *adj.*, amusing, diverting / **ennuyant, ennuyante; ennuyeux, ennuyeuse** *adj.*, annoying

éclaircir *v.*, to light up / **obscurcir** *v.*, to darken

effrayant, effrayante *adj.*, frightening / **rassurant, rassurante** *adj.*, reassuring

élever *v.*, to raise / **abaisser** *v.*, to lower

(s')**éloigner** v., to separate, to withdraw / (**se**) **rapprocher** v., to draw near

embonpoint n.m., stoutness, plumpness / **maigreur** n.f., leanness, thinness

épouvanter v., to frighten / **rassurer** v., to reassure

facultatif, facultative adj., optional / **obligatoire** adj., obligatory, mandatory

fainéant, fainéante adj., lazy / **diligent, diligente** adj., industrious

femelle n.f., female / **mâle** n.m., male

gaspiller v., to waste / **économiser** v., to save

gratuit adj., free / **coûteux** adj., costly

(s')**habiller** v., to dress / (se)**déshabiller** v., to undress

haïr v., to hate / **aimer** v., to like, to love

humble adj., humble / **orgueilleux, orgueilleuse** adj., proud

humide adj., damp / **sec, sèche** adj., dry

inférieur, inférieure adj., lower / **supérieur, supérieure** adj., upper

innocent, innocente adj., innocent / **coupable** adj., guilty

introduire v., to show in / **expulser** v., to expel

joie n.f., joy / **tristesse** n.f., sadness

lâche adj., cowardly / **brave** adj., brave

liberté n.f., liberty / **esclavage** n.m., slavery

louange n.f., praise / **blâme** n.m., blame, disapproval

mensonge n.m., lie, falsehood / **vérité** n.f., truth

mépriser v., to scorn / **estimer** v., to esteem

nain n.m., dwarf / **géant** n.m., giant

négliger v., to neglect / **soigner** v., to care for

ouverture n.f., opening / **fermeture** n.f., closing

pair adj., even / **impair** adj., odd

paresse n.f., laziness / **travail** n.m., work

pauvreté n.f., poverty / **richesse** n.f., wealth, riches

peine n.f., trouble, pain, hardship / **plaisir** n.m., pleasure

plat, plate adj., flat / **montagneux, montagneuse** adj., mountainous

récolter v., to harvest / **semer** v., to sow

reconnaissant, reconnaissante adj., grateful / **ingrat, ingrate** adj., ungrateful

remplir v., to fill / **vider** v., to empty

retour n.m., return / **départ** n.m., departure

sécher v., to dry / **mouiller** v., to dampen, to wet

souple adj., flexible / **raide** adj., stiff

vacarme n.m., uproar, tumult / **silence** n.m., silence

vitesse n.f., speed / **lenteur** n.f., slowness

124

CONJUNCTIONS AND CONJUNCTIVE LOCUTIONS

A conjunction is a word that connects words, phrases, clauses or sentences, *e.g.*, and, but, or, because / **et, mais, ou, parce que.**

Here are some conjunctions that you certainly ought to know.

à moins que / unless
afin que / in order that, so that
aussitôt que / as soon as
avant que / before
bien que / although
car / for
comme / as, since
de crainte que / for fear that
de peur que / for fear that
de sorte que / so that, in such a way that
depuis que / since
dès que / as soon as
donc / therefore
en même temps que / at the same time as
et / and
jusqu'à ce que / until

lorsque / when, at the time when
maintenant que / now that
mais / but
ou / or
parce que / because
pendant le temps que / while
pendant que / while
pour que / in order that
pourvu que / provided that
puisque / since
quand / when
que / that
quoi que / whatever, no matter what
quoique / although
si / if
tandis que / while, whereas

Here are some that are not used as commonly as those above but you ought to be familiar with them because they are often used in the reading comprehension passages on French Regents exams.

à ce que / that, according to, according to what
à mesure que / as, in proportion as
à présent que / now that
à proportion que / as, in proportion as
ainsi que / as, as well as, just as
alors même que / even when, even though
alors que / while, as, just as, when, whereas
après que / after
au cas où / in case, in case that, in the event when, in the event that
au cas que / in case, in case that, in the event when, in the event that
au commencement que / at (in) the beginning when
au début que / at (in) the beginning when
autant que / as much as, as far as, as near as

autre chose que / other than
autre que / other than
car en effet / for in fact
cependant (que) / while, however, yet, nevertheless
d'après ce que / according to, from what
d'autant plus que / all the more . . . as, doubly so . . . as
d'autant que / the more so as, all the more so because
de façon que / so that, in a way that, in such a way that
de la même façon que / in the same way that
de manière que / so that, in a way that, in such a way that
de même que / as . . . , so, as well as, the same as, just as
de telle sorte que / so that, in such a way that, in a way that
en admettant que / admitting that
en cas que / in case, in the case that, in the event that
en ce temps où / at this time when, at that time when
en sorte que / in such a way that, so that, in a way that
en supposant que / supposing that
en tant que / as (like)
encore que / although
malgré que / though, although [Prefer to use **bien que**]
plutôt que / rather than
pour autant que / as much as, as far as [Prefer to use **autant que**]
quand même / even if
sans que / without
si tant est que / if indeed
sinon / if not, otherwise
soit que . . . ou que / whether . . . (or) whether, either . . . or
soit que . . . soit que / whether . . . whether
surtout que / especially because
tant il y a que / the fact remains that
tant que / as long as, as far as

DATES, DAYS, MONTHS, SEASONS

Dates

You ought to know the following expressions:

(a) **Quelle est la date aujourd'hui?** / What's the date today?
Quel jour du mois est-ce aujourd'hui? / What's the date today?
Quel jour du mois sommes-nous aujourd'hui? / What's the date today?

C'est aujourd'hui le premier octobre / Today is October first.
C'est aujourd'hui le deux novembre / Today is November second.

(b) **Quel jour de la semaine est-ce aujourd'hui?** / What day of the week is it today?

C'est lundi / It's Monday.
C'est aujourd'hui mardi / Today is Tuesday.

(c) **Quand êtes-vous né(e)?** / When were you born?
Je suis né(e) le dix-neuf juin, mil neuf cent soixante-cinq / I was born on June 19, 1965.

Days

The days of the week, which are all masculine, are:

dimanche, lundi, mardi, mercredi, jeudi, vendredi, samedi
Sunday, Monday, Tuesday, Wednesday, Thursday, Friday, Saturday

In French, the days of the week are written in small letters, although in some French business letters and in French newspapers you will sometimes see them written with the first letter capitalized.

Months

The months of the year, which are all masculine, are:

janvier, février, mars, avril, mai, juin, juillet, août,
January, February, March, April, May, June, July, August,

septembre, octobre, novembre, décembre
September, October, November, December

In French, the months of the year are customarily written in small letters, although in some French business letters and in French newspapers you will sometimes see them written with the first letter capitalized.

To say *in* + the name of the month, use **en: en janvier, en février**; or: **au mois de janvier, au mois de février** / in the month of January . . .

Seasons

The seasons of the year, which are all masculine, are:

le printemps, l'été, l'automne, l'hiver
spring, summer, fall, winter

To say *in* + the name of the season, use **en**, except with **printemps**: **au printemps, en été, en automne, en hiver** / in spring, in summer . . .

TELLING TIME

Time expressions you ought to know:

Quelle heure est-il? / What time is it?
Il est une heure / It is one o'clock.
Il est une heure dix / It is ten minutes after one.
Il est une heure et quart / It is a quarter after one.
Il est deux heures et demie / It is half past two; it is two thirty.
Il est trois heures moins vingt / It is twenty minutes to three.
Il est trois heures moins un quart / It is a quarter to three.
Il est midi / It is noon.
Il est minuit / It is midnight.
à quelle heure? / at what time?
à une heure / at one o'clock.
à une heure précise / at exactly one o'clock.
à deux heures précises / at exactly two o'clock.
à neuf heures du matin / at nine in the morning.
à trois heures de l'après-midi / at three in the afternoon.
à dix heures du soir / at ten in the evening.
à l'heure / on time.
à temps / in time.
vers trois heures / around three o'clock; about three o'clock.
un quart d'heure / a quarter of an hour; a quarter hour.
une demi-heure / a half hour.
Il est midi et demi / It is twelve thirty; It is half past twelve (noon).
Il est minuit et demi / It is twelve thirty; It is half past twelve (midnight).

Note the following remarks:

(a) In telling time, **Il est** is used plus the hour, whether it is one or more than one, *e.g.*, **Il est une heure, Il est deux heures.**

(b) If the time is *after* the hour, state the hour, then the minutes, *e.g.*, **Il est une heure dix.**

128

(c) The conjunction **et** is used with **quart** after the hour and with **demi** or **demie**, *e.g.*, **Il est une heure et quart; Il est une heure et demie; Il est midi et demi.**

(d) The masculine form **demi** is used after a masculine noun, *e.g.*, **Il est midi et demi.** The feminine form **demie** is used after a feminine noun, *e.g.*, **Il est deux heures et demie.**

(e) **Demi** remains **demi** when *before* a feminine or masculine noun and it is joined to the noun with a hyphen, *e.g.*, **une demi-heure.**

(f) If the time expressed is *before* the hour, **moins** is used, *e.g.*, **Il est trois heures moins vingt.**

(g) A quarter *after* the hour is **et quart**; a quarter *to* the hour is **moins un quart.**

(h) To express A.M. use **du matin**; to express P.M. use **de l'après-midi** if the time is in the afternoon, or **du soir** if in the evening.

Note another way to tell time, which is official time used by the French government on radio and TV, in railroad and bus stations, and at airports:

(a) It is the twenty-four hour system around the clock.

(b) In this system, **quart** and **demi** or **demie** are not used. **Moins** and **et** are not used.

(c) When you hear or see the stated time, subtract twelve from the number that you hear or see. If the number is less than twelve, it is A.M. time, except for **vingt-quatre heures**, which is midnight; **zéro heure** is also midnight.

EXAMPLES:
  Il est treize heures / It is 1:00 P.M.
  Il est quinze heures / It is 3:00 P.M.
  Il est vingt heures trente / It is 8:30 P.M.
  Il est vingt-quatre heures / It is midnight.
  Il est zéro heure / It is midnight.
  Il est seize heures trente / It is 4:30 P.M.
  Il est dix-huit heures quinze / It is 6:15 P.M.
  Il est vingt heures quarante-cinq / It is 8:45 P.M.
  Il est vingt-deux heures cinquante / It is 10:50 P.M.

(d) The abbreviation for **heure** or **heures** is **h.**

EXAMPLES:
   Il est 20 h. 20 / It is 8:20 P.M.
   Il est 15 h. 50 / It is 3:50 P.M.
   Il est 23 h. 30 / It is 11:30 P.M.

DEPUIS

With the present indicative tense

When an action of some sort began in the past and is still going on in the present, use the present tense with **depuis** + the length of time:

Je travaille dans ce bureau depuis trois ans.
I have been working in this office for three years.

J'habite cette maison depuis quinze ans.
I have been living in this house for fifteen years.

Je suis malade depuis une semaine.
I have been sick for one week.

With the imperfect indicative tense

When an action of some sort began in the past and continued up to another point in the past, which you are telling about, use the imperfect indicative tense with **depuis** + the length of time:

J'attendais l'autobus depuis vingt minutes quand il est arrivé / I had been waiting for the bus for twenty minutes when it arrived.

Je travaillais dans ce bureau-là depuis trois ans quand j'ai trouvé un autre emploi dans un autre bureau / I had been working in that office for three years when I found another job in another office.

Depuis in a question

Depuis combien de temps

(a) **Depuis combien de temps attendez-vous l'autobus?** / How long have you been waiting for the bus?

J'attends l'autobus depuis vingt minutes / I have been waiting for the bus for twenty minutes.

NOTE: When you use **depuis combien de temps** in your question, you expect the other person to tell you how long, how much time—how many minutes, how many hours, how many days, weeks, months, years.

(b) **Depuis combien de temps travailliez-vous dans ce bureau-là quand vous avez trouvé un autre emploi dans un autre bureau?** / How long had you been working in that office when you found another job in another office?

Je travaillais dans ce bureau-là depuis trois ans quand j'ai trouvé un autre emploi dans un autre bureau / I had been working in that office for three years when I found another job in another office.

Depuis quand

(a) **Depuis quand habitez-vous cet appartement?** / Since when have you been living in this apartment?

J'habite cet appartement depuis le premier septembre / I have been living in this apartment since September first.

NOTE: When you use **depuis quand** in your question, you expect the other person to tell you since what particular point in time in the past—a particular day, a date, a particular month; in other words, since *when*, not *how long.*

(b) **Depuis quand êtes-vous malade?** / Since when have you been sick?

Je suis malade depuis samedi / I have been sick since Saturday.

(c) **Depuis quand habitiez-vous l'appartement quand vous avez déménagé?** / Since when had you been living in the apartment when you moved?

J'habitais l'appartement depuis le premier avril 1984 quand j'ai déménagé / I had been living in the apartment since April 1, 1984 when I moved.

IL Y A + LENGTH OF TIME + QUE;
VOICI + LENGTH OF TIME + QUE;
VOILÀ + LENGTH OF TIME + QUE

These expressions in questions and answers

(a) **Combien de temps y a-t-il que vous attendez l'autobus?** / How long have you been waiting for the bus?

Il y a vingt minutes que j'attends l'autobus / I have been waiting for the bus for twenty minutes.

Voici vingt minutes que je l'attends / I have been waiting for it for twenty minutes.

Voilà vingt minutes que je l'attends / I have been waiting for it for twenty minutes.

NOTE: When you use these expressions, you generally use them at the beginning of your answer + the verb.

When you use the **depuis** construction, the verb comes first: **J'attends l'autobus depuis vingt minutes.**

(b) **Combien de temps y avait-il que vous attendiez l'autobus?** / How long had you been waiting for the bus?

Il y avait vingt minutes que j'attendais l'autobus / I had been waiting for the bus for twenty minutes (understood: when it finally arrived).

IL Y A + LENGTH OF TIME

Il y a + length of time means *ago*. Do not use **que** in this construction as in the above examples because the meaning is entirely different.

EXAMPLES:
   Madame Martin est partie il y a une heure / Mrs. Martin left an hour ago.
   L'autobus est arrivé il y a vingt minutes / The bus arrived twenty minutes ago.

IL Y A AND IL Y AVAIT

Il y a alone means *there is* or *there are* when you are merely making a statement.

EXAMPLES:
   Il y a vingt élèves dans cette classe / There are twenty students in this class.
   Il y a une mouche dans la soupe / There is a fly in the soup.

132

Il y avait alone means *there was* or *there were* when you are merely making a statement.

EXAMPLES:

Il y avait vingt élèves dans cette classe / There were (used to be) twenty students in this class.

Il y avait deux mouches dans la soupe / There were two flies in the soup.

VOICI AND VOILÀ

These two expressions are used to point out someone or something.

EXAMPLES:

Voici un taxi! / Here's a taxi!

Voilà un taxi là-bas! / There's a taxi over there!

Voici ma carte d'identité et voilà mon passeport / Here's my I.D. card and there's my passport.

Voici mon père et voilà ma mère / Here's my father and there's my mother.

PENDANT AND POUR

Pendant (during, for) and **pour** (for) are not used in the **depuis** construction explained above.

In the present tense

Combien de temps étudiez-vous chaque soir? / How long do you study every evening?

J'étudie une heure chaque soir OR **J'étudie pendant une heure chaque soir** / I study one hour each night OR I study for one hour each night.

In the passé composé

Combien de temps êtes-vous resté(e) à Paris? / How long did you stay in Paris?

Je suis resté(e) à Paris deux semaines OR **Je suis resté(e) à Paris pendant deux semaines** / I stayed in Paris two weeks OR I stayed in Paris for two weeks.

In the future

Combien de temps resterez-vous à Paris? / How long will you stay in Paris?

J'y resterai pour deux semaines / I will stay there for two weeks.
OR: J'y resterai deux semaines / I will stay there two weeks.

DANS AND EN + A LENGTH OF TIME

These two prepositions mean *in* but each is used in a different sense.

Dans + a length of time indicates that something will happen at the end of that length of time:
Le docteur va venir dans une demi-heure / The doctor will come in a half hour (*i.e.*, at the end of a half hour).

If by *in* you mean at the end of that length of time, use **dans**.

Dans and a duration of time can be at the beginning of the sentence or at the end of it and future time is ordinarily implied.

En + a length of time indicates that something happened or will happen at any time *within* that length of time.

EXAMPLES:
Robert a fait cela en une heure / Robert did that in (within) an (one) hour.
Robert fera cela en une heure / Robert will do that in (within) an (one) hour.

BUT: Robert fera cela dans une heure / Robert will do that in (at the end of) an (one) hour.

AND NOTE: Le docteur va venir dans une heure /The doctor will come in (at the end of) one hour.
Le docteur va venir en une heure / The doctor is going to come in (within) one hour (*i.e.*, at any time before the hour is up).
Le docteur est venu en une heure / The doctor came in (within) an hour.
OR: En une heure, le docteur est venu / In (within) one hour, the doctor came.

In this last example, I think you know enough French by now to feel that it would sound wrong to use **dans** instead of **en**. Why? Because **dans** generally implies only future time and **en** implies either past or future.

DEVOIR

The verb **devoir** has special uses and different meanings in different tenses.

Present tense

EXAMPLES:

Je dois étudier / I have to study / I must study / I am supposed to study.

Il doit être fou! / He must be crazy / He's probably crazy!

Mon oncle doit avoir quatre-vingts ans / My uncle must be 80 years old / My uncle is probably 80 years old.

Imperfect tense

EXAMPLES:

Je devais étudier / I had to study / I was supposed to study.

Quand j'étais à l'école, je devais toujours étudier / When I was in school, I always used to have to study.

Ma mère devait avoir quatre-vingts ans quand elle est morte / My mother was probably 80 years old when she died. OR: My mother must have been 80 years old when she died.

Future

EXAMPLES:

Je devrai étudier / I will have to study.

Nous devrons faire le travail ce soir / We will have to do the work this evening.

Conditional

EXAMPLES:

Je devrais étudier / I ought to study OR I should study.

Vous devriez étudier plus souvent / You ought to study more often / You should study more often.

Passé composé

EXAMPLES:

Je ne suis pas allé(e) au cinéma parce que j'ai dû étudier /I did not go to the movies because I had to study.

J'ai dû prendre l'autobus parce qu'il n'y avait pas de train à cette heure-là / I had to take the bus because there was no train at that hour.

Robert n'est pas ici / Robert is not here.

Il a dû partir / He must have left / He has probably left / He had to leave / He has had to leave.

Conditional Perfect

EXAMPLES:

J'aurais dû étudier! / I should have studied! / I ought to have studied!

Vous auriez dû me dire la vérité / You should have told me the truth / You ought to have told me the truth.

With a direct or indirect object there is still another meaning.

EXAMPLES:

Je dois de l'argent / I owe some money.

Je le lui dois / I owe it to him (*or* to her).

FALLOIR

Falloir is an impersonal verb, which means that it is used only in the 3rd pers. sing. (**il** form) in all tenses; its primary meaning is *to be necessary*.

EXAMPLES:

Il faut étudier pour avoir de bonnes notes / It is necessary to study in order to have good grades.

Faut-il le faire tout de suite? / Is it necessary to do it at once?

Oui, il le faut / Yes, it is (understood: necessary to do it).

In this example, notice the use of the neuter direct object **le**; it is needed to show emphasis and to complete the thought.

Il faut être honnête / It is necessary to be honest OR: One must be honest.

IN THE NEGATIVE: **Il ne faut pas être malhonnête** / One must not be dishonest.

Note that **il faut** in the negative means *one must not.*

Il ne faut pas fumer dans l'école / One must not smoke in school.

Il faut de l'argent pour voyager / One needs money to travel.

Note that with a direct object (**de l'argent**) **il faut** means *one needs.*

J'ai besoin d'acheter un livre qui coûte dix francs. / J'ai cinq francs et il s'en faut de la moitié, de cinq francs.

I need to buy a book that costs ten francs. I have five francs and half (of the amount) is lacking, five francs.

Note that here the meaning is *to need* in the sense of *to lack.*

Il faut que je fasse mes devoirs / I must do my assignments.

Here, note that **il faut que** + a new clause requires the verb in the new clause to be in the subjunctive.

Il me faut étudier / I must study.

Il lui faut un ami / He *or* she needs a friend.

Note that when you use **falloir**, as in this example, you need to use the indirect object for the person and the direct object for the thing.

Il me le faut / I need it (in the sense that *it is lacking to me*).

IDIOMS, INCLUDING VERBAL, IDIOMATIC, COMMON, AND USEFUL EXPRESSIONS

The entries that follow have been arranged by key word.

With À

à   with (a descriptive characteristic); **Qui est le monsieur à la barbe noire?** / Who is the gentleman with the black beard?

à **bicyclette**   by bicycle, on a bicycle

à **bientôt**   so long, see you soon

à **cause de**   on account of, because of

à **cette heure**   at this time, at the present moment

à **cheval**   on horseback

à **côté de**   beside, next to

à **demain**   until tomorrow, see you tomorrow
à **demi**   half, halfway, by halves
à **droite**   at (on, to) the right
à **fond**   thoroughly
à **force de**   by dint of
à **gauche**   at (on, to) the left
à **haute voix**   aloud, out loud, in a loud voice
à **jamais**   forever
à **l'école**   at (in, to) school
à **l'étranger**   abroad, overseas
à **l'heure**   on time
à **l'instant**   instantly
à **l'occasion**   on the occasion
à **la bonne heure!**   good! fine! swell!
à **la campagne**   at (in, to) the country(side)
à **la fin**   at last, finally
à **la fois**   at the same time
à **la légère**   lightly
à **la main**   in one's hand, by hand
à **la maison**   at home
à **la mode**   fashionable, in style, in fashion, in vogue
à **la page deux**   on page two
à **la queue leu leu**   one after the other (like wolves)
à **la radio**   on the radio
à **la recherche de**   in search of
à **la renverse**   backwards
à **la télé**   on TV
à **malin, malin et demi**   set a thief to catch a thief
à **merveille**   marvelously, wonderfully
à **moitié**   half, in half
à **mon avis**   in my opinion
à **nous deux, à nous trois**   together
à **part**   aside
à **partir de**   beginning with
à **pas de loup**   silently, quietly
à **peine**   hardly, scarcely
à **peu près**   approximately, about, nearly
à **pied**   on foot
à **plus tard**   see you later
à **plusieurs reprises**   several times
à **présent**   now, at present
à **propos**   by the way

138

à propos de about, with reference to, concerning
à quelle heure? at what time?
à qui est ce livre? whose is this book?
à quoi bon? what's the use?
à sa portée within one's reach
à ses propres yeux in one's own eyes
à son gré to one's liking
à temps in time
à tour de rôle in turn
à tout à l'heure see you in a little while
à tout prix at any cost
à travers across, through
à tue-tête at the top of one's voice, as loud as possible
à vélo on a bike
à voix basse in a low voice, softly
à volonté at will, willingly
à vrai dire to tell the truth
à vue d'oeil visibly
adresser la parole à to speak to
agir à la légère to act thoughtlessly
aller à pied to walk (to go on foot)
avoir à to have to, to be obliged to
avoir mal à to have a pain or ache in
c'est-à-dire that is, that is to say
de temps à autre from time to time, occasionally
donner à manger à to feed
donner congé à to grant leave to
donner rendez-vous à qqn to make an appointment with someone
dormir à la belle étoile to sleep outdoors
fermer à clef to lock
grâce à thanks to
jouer à to play (a game or sport)
laid à faire peur frightfully ugly
monter à cheval to go horseback riding
ne pas tarder à not to be long (late) in
peu à peu little by little
pleuvoir à verse to rain hard
quant à as for
quelque chose à + inf. something + inf.
savoir à quoi s'en tenir to know what one is to believe
tête-à-tête personal, private conversation
tomber à la renverse to fall backward

tout à coup   suddenly
tout à fait   completely, quite
tout à l'heure   a little while ago, in a little while
venir à bout de + inf.   to manage, to succeed + inf.
ventre à terre   at full speed
vis-à-vis   opposite

With AU

au bas de   at the bottom of
au besoin   if need be, if necessary
au bout de   at the end of, at the tip of
au contraire   on the contrary
au courant   in the "know", informed
au début   at (in) the beginning
au-dessous de   below, beneath
au-dessus de   above, over
au fait   as a matter of fact
au fond de   in the bottom of
au fur et à mesure   simultaneously and proportionately
au haut de   at the top of
au lieu de   instead of
au loin   in the distance, from afar
au milieu de   in the middle of
au moins   at least
au pied de   at the foot of
au printemps   in the spring
au revoir   good-bye
au sous-sol   in the basement
au sujet de   about, concerning
au téléphone   on the telephone
café au lait   coffee light with milk
fermer au verrou   to bolt
mettre au courant de   to inform about
rire au nez   to laugh in someone's face
rosbif au jus   roastbeef with gravy (natural juice)

With AUX

aux dépens   at the expense
aux pommes frites   with French fries
être aux écoutes   to be on the watch, to eavesdrop
rire aux éclats   to roar with laughter
sauter aux yeux   to be evident, self evident

140

aller to feel (health); **Comment allez-vous?** / How are you?

aller à to be becoming, to fit, to suit; **Cette robe lui va bien** / This dress suits her fine; **Sa barbe ne lui va pas** / His beard does not look good on him.

aller à la pêche to go fishing

aller à la rencontre de qqn to go to meet someone

aller à pied to walk, to go on foot

aller au-devant de qqn to go to meet someone

aller au fond des choses to get to the bottom of things

aller chercher to go get

allons donc! nonsense! come on, now!

With AVOIR

avoir . . . ans to be . . . years old; **Quel âge avez-vous? J'ai dix-sept ans.** / How old are you? I'm seventeen.

avoir à + inf. to have to, to be obliged to + inf.

avoir affaire à qqn to deal with someone

avoir beau + inf. to be useless + inf., to do something in vain; **Vous avez beau parler; je ne vous écoute pas** / You are talking in vain; I am not listening to you.

avoir besoin de to need, to have need of

avoir bonne mine to look well, to look good (persons)

avoir chaud to be (feel) warm (persons)

avoir congé to have a day off, a holiday

avoir de la chance to be lucky

avoir de quoi + inf. to have the material, means, enough + inf.; **As-tu de quoi manger?** / Have you something (enough) to eat?

avoir des nouvelles to receive news, to hear (from someone)

avoir du savoir-faire to have tact

avoir du savoir-vivre to have good manners, etiquette

avoir envie de + inf. to feel like, to have a desire to

avoir faim to be (feel) hungry

avoir froid to be (feel) cold (persons)

avoir hâte to be in a hurry

avoir honte to be ashamed, to feel ashamed

avoir l'air + adj. to seem, to appear, to look + adj.; **Vous avez l'air malade** / You look sick.

avoir l'air de + inf. to appear + inf.; **Vous avez l'air d'être malade** / You appear to be sick.

avoir l'habitude de + inf. to be accustomed to, to be in the habit of; **J'ai l'habitude de faire mes devoirs avant le dîner** / I'm in the habit of doing my homework before dinner.

avoir l'idée de + inf.   to have a notion + inf.

avoir l'intention de + inf.   to intend + inf.

avoir l'occasion de + inf.   to have the opportunity + inf.

avoir l'oeil au guet   to be on the look-out, on the watch

avoir la bonté de + inf.   to have the kindness + inf.

avoir la langue bien pendue   to have the gift of gab

avoir la parole   to have the floor (to speak)

avoir le coeur gros   to be heartbroken

avoir le temps de + inf.   to have (the) time + inf.

avoir lieu   to take place

avoir mal   to feel sick

avoir mal à + (place where it hurts)   to have a pain or ache
   in . . . ; J'ai mal à la jambe / My leg hurts; J'ai mal au dos / My
   back hurts; J'ai mal au cou / I have a pain in the neck.

avoir mauvaise mine   to look ill, not to look well

avoir peine à + inf.   to have difficulty in + pres. part.

avoir peur de   to be afraid of

avoir pitié de   to take pity on

avoir raison   to be right (persons)

avoir soif   to be thirsty

avoir sommeil   to be sleepy

avoir son mot à dire   to have one's way

avoir tort   to be wrong (persons)

avoir une faim de loup   to be starving

en avoir marre   to be fed up, to be bored stiff, to be sick and
   tired of something; J'en ai marre! / I'm fed up! I can't stand it!

en avoir par-dessus la tête   to have enough of it, to be sick and
   tired of it; J'en ai par-dessus la tête! / I've had it up to here!

en avoir plein le dos   to be sick and tired of it; J'en ai plein le
   dos! / I'm sick and tired of it!

With BAS

au bas de   at the bottom of

en bas   downstairs, below

là-bas   over there

A bas les devoirs!   Down with homework!

parler tout bas   to speak very softly

de haut en bas   from top to bottom

With BIEN

bien des   many; Roger a bien des amis / Roger has many friends.

bien entendu   of course

dire du bien de   to speak well of

142

être bien aise to be very glad, happy

tant bien que mal rather badly, so-so

With BON

à quoi bon? what's the use?

bon gré, mal gré willing or not, willy nilly

bon marché cheap, at a low price

bon pour qqn good to someone, kind to someone

de bon appétit with good appetite, heartily

de bon coeur gladly, willingly

savoir bon gré à qqn to be thankful, grateful to someone

With ÇA

çà et là here and there

Ça m'est égal It makes no difference to me.

comme ci, comme ça so-so

Ça va? Is everything okay?

C'est comme ça! That's how it is!

Pas de ça! None of that!

With CELA

Cela est égal It's all the same; It doesn't matter / It makes no difference.

Cela m'est égal It doesn't matter to me /It's all the same to me.

Cela n'importe That doesn't matter.

Cela ne fait rien That makes no difference.

Cela ne lui va pas That doesn't suit her or him.

Cela ne sert à rien That serves no purpose.

Cela ne vous regarde pas That's none of your business.

malgré cela in spite of that

malgré tout cela in spite of all that

Que veut dire cela? What does that mean?

With CE, C'EST, EST-CE

c'est-à-dire that is, that is to say

C'est aujourd'hui lundi Today is Monday.

C'est dommage It's a pity / It's too bad.

C'est entendu It's understood / It's agreed / All right / O.K.

C'est épatant! It's wonderful! / That's wonderful!

C'est trop fort! That's just too much!

n'est-ce pas? isn't that so? / isn't it? *etc.*

Qu'est-ce que c'est? What is it?

Quel jour est-ce aujourd'hui? What day is it today? **C'est lundi /**
It's Monday.

With D'

comme d'habitude as usual
d'abord at first
d'accord okay, agreed
d'ailleurs besides, moreover
d'aujourd'hui en huit a week from today
d'avance in advance, beforehand
d'habitude ordinarily, usually, generally
d'ici longtemps for a long time to come
d'ordinaire ordinarily, usually, generally
changer d'avis to change one's opinion, one's mind
tout d'un coup all of a sudden

With DE

afin de + inf. in order + inf.
au haut de at the top of
autour de around
avant de + inf. before + pres. part.
changer de train to change trains; **changer de vêtements /** to
change clothes, *etc.*
combien de how much, how many
de bon appétit with good appetite, heartily
de bon coeur gladly, willingly
de bonne heure early
de cette façon in this way
de façon à + inf. so as + inf.
de jour en jour from day to day
de l'autre côté de on the other side of
de la part de on behalf of, from
de mon côté for my part, as far as I am concerned
de nouveau again
de parti pris on purpose, deliberately
de plus furthermore
de plus en plus more and more
de quelle couleur . . . ? what color . . . ?

de quoi + inf. something, enough + inf.; **de quoi écrire /** something to write with; **de quoi manger /** something or enough to eat; **de quoi vivre /** something or enough to live on

de rien you're welcome, don't mention it

de rigueur required, obligatory

de son mieux one's best

de suite one after another, in succession

de temps à autre from time to time, occasionally

de temps en temps from time to time, occasionally

de toutes ses forces with all one's might, strenuously

du côté de in the direction of, toward

éclater de rire to burst out laughing

en face de opposite

entendre parler de to hear about

et ainsi de suite and so on and so forth

être de retour to be back

être en train de to be in the act of, to be in the process of

être temps de + inf. to be time + inf.

faire semblant de + inf. to pretend + inf.

faute de for lack of, for want of

féliciter qqn de qqch to congratulate someone for something

Il n'y a pas de quoi! You're welcome!

jamais de la vie never in one's life, never! out of the question!

jouer de to play (a musical instrument)

le long de along

manquer de + inf. to fail to, to almost do something; **J'ai manqué de tomber /** I almost fell; **Victor a manqué de venir /** Victor failed to come.

mettre de côté to lay aside, to save

pas de mal! no harm!

pas de moyen no way

pour comble de malheur to make matters worse

près de near

quelque chose de + adj. something + adj.; **J'ai bu quelque chose de bon! /** I drank something good!

Quoi de neuf? What's new?

Rien de neuf! Nothing's new!

tout de même all the same

tout de suite immediately, at once

venir de + inf. to have just done something; **Je viens de manger /** I have just eaten / I just ate; **Guillaume vient de sortir /** William has just gone out.

With DU

dire du bien de qqn to speak well of someone
dire du mal de qqn to speak ill of someone
donner du chagrin à qqn to grieve someone
du côté de in the direction of, toward
du matin au soir from morning until night
du moins at least
du reste besides, in addition, furthermore
montrer du doigt to point out, to show, to indicate by pointing
pas du tout not at all

With EN

de jour en jour from day to day
de temps en temps from time to time
en anglais, en français, *etc.* in English, in French, *etc.*
en arrière backwards, to the rear, behind
en automne, en hiver, en été in the fall, in winter, in summer
en automobile by car
en avion by plane
en avoir marre to be fed up, to be bored stiff, to be sick and
   tired of something; **J'en ai marre!** / I'm fed up! / I've had it!
en avoir par-dessus la tête to have had it up to here; **J'en ai par-
   dessus la tête!**/ I've had it up to here!
en avoir plein le dos to be sick and tired of something
en bas downstairs, below
en bateau by boat
en bois, en pierre, en + some material made of wood, of stone,
   etc.
en chemin de fer by train
en dessous (de) underneath
en dessus (de) above, on top, over
en effet in fact, indeed, yes indeed, as a matter of fact
en face de opposite
en faire autant to do the same, to do as much
en famille as a family
en haut upstairs, above
en huit jours in a week
en même temps at the same time
en plein air in the open air, outdoors
en quinze jours in two weeks
en retard late, not on time

en tout cas in any case, at any rate

en toute hâte with all possible speed, haste

en ville downtown, in (at, to) town

En voilà assez! Enough of that!

en voiture by car; **en voiture!** / all aboard!

en vouloir à qqn to bear a grudge against someone; **Je lui en veux** / I have a grudge against him (her).

être en train de + inf. to be in the act of + pres. part., to be in the process of, to be busy + pres. part.

Je vous en prie I beg you / You're welcome.

mettre en pièces to tear to pieces, to break into pieces

n'en pouvoir plus to be unable to go on any longer, to be exhausted; **Je n'en peux plus** / I can't go on any longer.

voir tout en rose to see the bright side of things, to be optimistic

With ÊTRE

être à l'heure to be on time

être à qqn to belong to someone; **Ce livre est à moi** / This book belongs to me.

être à temps to be in time

être au courant de to be informed about

être bien to be comfortable

être bien aise (de) to be very glad, happy (to)

être bien mis (mise) to be well dressed

être d'accord avec to agree with

être dans son assiette to be "right up one's alley"

être de retour to be back

être en état de + inf. to be able + inf.

être en retard to be late, not to be on time

être en train de + inf. to be in the act of + pres. part., to be in the process of, to be busy + pres. part.

être en vacances to be on vacation

être enrhumé to have a cold, to be sick with a cold

être hors de soi to be beside oneself, to be upset, to be furious, to be irritated, annoyed

être le bienvenu (la bienvenue) to be welcomed

être pressé(e) to be in a hurry

être sur le point de + inf. to be about + inf.

être temps de + inf. to be time + inf.

Il était une fois . . . Once upon a time there was (there were) . . .

Quelle heure est-il? What time is it? **Il est une heure** / It is one o'clock; **Il est deux heures** / It is two o'clock.

y être to be there, to understand it, to get it; **J'y suis!** / I get it! / I understand it!

With FAIRE

aussitôt dit aussitôt fait; aussitôt dit que fait no sooner said than done

Cela ne fait rien That doesn't matter / That makes no difference.

Comment se fait-il? How come?

en faire autant to do the same, to do as much

faire + inf. to have something done

faire à sa tête to have one's way

faire attention (à) to pay attention (to)

faire beau to be pleasant, nice weather; (For a list of weather expressions, see page 46.)

faire bon accueil to welcome

faire chaud to be warm (weather); (For a list of weather expressions, see page 46.)

faire d'une pierre deux coups to kill two birds with one stone

faire de l'autostop to hitchhike

faire de la peine à qqn to hurt someone (morally)

faire de son mieux to do one's best

faire des châteaux en Espagne to build castles in the air

faire des emplettes; faire des courses; faire du shopping to do or to go shopping

faire des progrès to make progress

faire du bien à qqn to do good for someone; **Cela lui fera du bien** / That will do her (or him) some good.

faire du vélo to ride a bike

faire exprès to do on purpose

faire face à to oppose

faire faire qqch to have something done or made; **Je me fais faire une robe** / I'm having a dress made (BY SOMEONE) for myself.

faire froid to be cold (weather); (For a list of weather expressions, see page 46.)

faire jour to be daylight

faire la bête to act like a fool

faire la connaissance de qqn to make the acquaintance of someone, to meet someone for the first time, to become acquainted with someone

faire la cuisine to do the cooking

faire la grasse matinée to sleep late in the morning

faire la malle to pack the trunk

faire la queue to line up, to get in line, to stand in line, to queue up

faire la sourde oreille to turn a deaf ear, to pretend not to hear

faire le ménage to do housework

faire le tour de to take a stroll, to go around

faire les bagages to pack the baggage, luggage

faire les valises to pack the suitcases, valises

faire mal à qqn to hurt, to harm someone

faire mon affaire to suit me, to be just the thing for me

faire nuit to be night(time)

faire part à qqn to inform someone

faire part de qqch à qqn to let someone know about something, to inform, to notify someone of something

faire partie de to be a part of

faire peur à qqn to frighten someone

faire plaisir à qqn to please someone

faire savoir qqch à qqn to inform someone of something

faire semblant de + inf. to pretend + inf.

faire ses adieux to say good-bye

faire ses amitiés à qqn to give one's regards to someone

faire son possible to do one's best

faire suivre to forward mail

faire un tour to go for a stroll

faire un voyage to take a trip

faire une malle to pack a trunk

faire une partie de to play a game of

faire une promenade to take a walk

faire une promenade en voiture to go for a drive

faire une question to ask, to pose a question

faire une visite to pay a visit

faire venir qqn to have someone come; **Il a fait venir le docteur** / He had the doctor come.

faire venir l'eau à la bouche to make one's mouth water

Faites comme chez vous! Make yourself at home!

Que faire? What is to be done?

Quel temps fait-il? What's the weather like? (For a list of weather expressions, see page 46.)

With FOIS

à la fois at the same time

149

encore une fois once more, one more time
Il était une fois . . . Once upon a time there was (there were) . . .
une fois de plus once more, one more time

With MIEUX

aimer mieux to prefer, to like better
aller mieux to feel better (person's health); **Etes-vous toujours malade?** / Are you still sick? **Je vais mieux, merci** / I'm feeling better, thank you.
de son mieux one's best
faire de son mieux to do one's best
tant mieux so much the better
valoir mieux to be better (worth more), to be preferable

With NON

Je crois que non I don't think so.
mais non! of course not!
Non merci! No, thank you!
J'espère bien que non! I certainly hope not!

With PAR

par bonheur fortunately
par ci par là here and there
par conséquent consequently, therefore
par exemple for example
par hasard by chance
par ici through here, this way, in this direction
par jour per day, daily
par la fenêtre out the window, through the window
par là through there, that way, in that direction
par malheur unfortunately
par mois per month, monthly
par semaine per week, weekly
par tous les temps in all kinds of weather
apprendre par coeur to learn by heart, to memorize
finir par + inf. to end up by + pres. part.; **Ils ont fini par se marier** / They ended up by getting married.
jeter l'argent par la fenêtre to waste money

With PAROLE

adresser la parole à to address, to speak to
150

avoir la parole   to have the floor (to speak)
reprendre la parole   to go on speaking, to resume speaking

With PLAIRE

Plaît-il?   What did you say? / Would you repeat that, please?
s'il te plaît   please (familiar "tu" form)
s'il vous plaît   please (polite "vous" form)

With PLUS

de plus   furthermore, besides, in addition
de plus en plus   more and more
n'en pouvoir plus   to be exhausted, not to be able to go on any
   longer; **Je n'en peux plus!** / I can't go on any longer!
Plus ça change plus c'est la même chose.   The more it changes the
   more it remains the same.
une fois de plus   once more, one more time

With PRENDRE

prendre garde de + inf.   avoid + pres. part. OR take care not +
   inf. **Prenez garde de tomber** / Avoid falling; **Prenez garde de ne
   pas tomber** / Take care not to fall.
prendre le parti de + inf.   to decide + inf.
prendre un billet   to buy a ticket

With QUEL

Quel âge avez-vous?   How old are you?
Quel garçon!   What a boy!
Quel jour est-ce aujourd'hui?   What day is it today?

With QUELLE

De quelle couleur est (sont) . . . ?   What color is (are) . . . ?
Quelle fille!   What a girl!
Quelle heure est-il?   What time is it?
Quelle veine!   What luck!

With QUELQUE CHOSE

quelque chose à + inf.   something + inf.; **J'ai quelque chose à lui
   dire** / I have something to say to him (to her).
quelque chose de + adj.   something + adj.; **J'ai quelque chose
   d'intéressant à vous dire** / I have something interesting to tell you
   (to say to you).

With QUOI

à quoi bon? what's the use?
avoir de quoi + inf. to have something (enough) + inf. **Avez-vous de quoi écrire?** / Do you have something to write with?
Il n'y a pas de quoi! You're welcome!
Quoi?! What?! (used in an exclamation)
Quoi de neuf? What's new?

With RIEN

Cela ne fait rien. That doesn't matter.
Cela ne sert à rien. That serves no purpose.
de rien you're welcome, don't mention it
Rien de neuf! Nothing's new!

With SUR

donner sur to look out upon; **La salle à manger donne sur le jardin** / The dining room looks out on the garden.
dormir sur les deux oreilles to sleep soundly
être sur le point de + inf. to be about to + inf.
sur mesure made to order, custom made (clothing)

With TANT

tant bien que mal so-so
tant mieux so much the better
tant pis so much the worse
J'ai tant de travail! I have so much work!
Je t'aime tant! I love you so much!
tant de choses so many things

With TOUS

tous deux OR **tous les deux** both (*masc. pl.*)
tous les ans every year
tous les jours every day
tous les matins every morning
tous les soirs every evening

With TOUT

après tout after all
en tout cas in any case, at any rate
malgré tout cela in spite of all that
pas du tout not at all

tout à coup suddenly
tout à fait completely, entirely
tout à l'heure a little while ago, in a little while
tout d'abord first of all
tout d'un coup all of a sudden
tout de même! all the same! just the same!
tout de suite immediately, at once, right away
tout le monde everybody
tout le temps all the time
voir tout en rose to see the bright side of anything, to be
   optimistic

With TOUTE

en toute hâte with all possible speed, in great haste
toute chose everything
de toutes ses forces with all one's might, strenuously
toutes les deux OR **toutes deux** both (*fem. pl.*)
toutes les nuits every night

With Y

il y a + length of time ago; **il y a un mois** / a month ago
il y a there is, there are
Il y avait . . . There was (there were) . . .
Il n'y a pas de quoi You're welcome.
y compris including

Verbs with special meanings

arriver to happen; **Qu'est-ce qui est arrivé?** What happened?
avoir to have something the matter; **Qu'est-ce que vous avez?** /
   What's the matter with you?
entendre dire que to hear it said that, to hear tell that; **J'entends
   dire que Robert s'est marié** / I hear (tell) that Robert got
   married.
entendre parler de to hear of, to hear about; **J'ai entendu parler
   d'un grand changement dans l'administration** / I've heard about a
   big change in the administration.
envoyer chercher to send for; **Je vais envoyer chercher le médecin**
   / I'm going to send for the doctor.
être à quelqu'un to belong to someone; **Ce livre est à moi** / This
   book belongs to me.

faillir + inf. to almost do something; **Le bébé a failli tomber** / The baby almost fell.

mettre to put on; **Gisèle a mis sa plus jolie robe** / Gisèle put on her prettiest dress.

mettre la table to set the table

profiter de to take advantage of

rendre visite à to pay a visit to

venir à to happen to; **Si nous venons à nous voir en ville, nous pouvons prendre une tasse de café** / If we happen to see each other downtown, we can have a cup of coffee.

venir de + inf. to have just done something; **Joseph vient de partir** / Joseph has just left; **Barbara venait de partir quand Françoise est arrivée** / Barbara had just left when Françoise arrived.

VOULOIR

The verb **vouloir** has special uses and meanings.

Present tense

    (a) **Je veux aller en France** / I want to go to France.

    (b) **Je veux bien sortir avec vous ce soir** / I am willing to go out with you this evening.

    (c) **Voulez-vous bien vous asseoir, madame?** / Would you be good enough to sit down, madam?

    (d) **Que veut dire ce mot?** / What does this word mean?

    (e) **Que voulez-vous dire, monsieur?** / What do you mean, sir?

    (f) **Qu'est-ce que cela veut dire?** / What does that mean?

    (g) **Je lui en veux** / I have a grudge against him. (The idiomatic expression here is **en vouloir à qqn** / to bear a grudge against someone)

Conditional

    (a) **Je voudrais une tasse de café à crème, s'il vous plaît** / I would like a cup of coffee with cream, please.

Imperative

    (a) **Veuillez vous asseoir, madame** / Kindly sit down, madam.

154

(b) **Veuillez accepter mes meilleurs sentiments** / Please accept my best regards.

(NOTE here that **veuillez** is followed by the infinitive form of a verb.)

WEATHER EXPRESSIONS

Quel temps fait-il? / What's the weather like?

(a) With **Il fait . . .**

Il fait beau / The weather is fine; The weather is beautiful.
Il fait beau temps / The weather is beautiful.
Il fait bon / It's nice; It's good.
Il fait brumeux / It's misty.
Il fait chaud / It's warm.
Il fait clair / It is clear.
Il fait de l'orage / It's stormy.
Il fait des éclairs / It's lightning.
Il fait doux / It's mild.
Il fait du soleil / It's sunny. (You can also say: **Il fait soleil**.)
Il fait du tonnerre / It's thundering.
Il fait du vent / It's windy.
Il fait frais / It is cool.
Il fait froid / It's cold.
Il fait glissant / It is slippery.
Il fait humide / It's humid.
Il fait jour / It is daylight.
Il fait lourd / The weather is sultry.
Il fait mauvais / The weather is bad.
Il fait nuit / It is dark.
Il fait sec / It's dry.
Il fait une chaleur épouvantable / It's awfully (frightfully) hot.

(b) With **Il fait un temps . . .**

Il fait un temps affreux / The weather is frightful.
Il fait un temps calme / The weather is calm.
Il fait un temps couvert / The weather is cloudy.
Il fait un temps de saison / The weather is seasonal.
Il fait un temps épouvantable / The weather is frightful.
Il fait un temps lourd / It's muggy.

Il fait un temps magnifique / The weather is magnificent.
Il fait un temps pourri / The weather is rotten.
Il fait un temps serein / The weather is serene.
Il fait un temps superbe / The weather is superb.

(c) With **Le temps + verb . . .**

Le temps menace / The weather is threatening.
Le temps s'éclaircit / The weather is clearing up.
Le temps se gâte / The weather is getting bad.
Le temps se met au beau / The weather is getting beautiful.
Le temps se met au froid / It's getting cold.
Le temps se radoucit / The weather is getting nice again.
Le temps se rafraîchit / The weather is getting cool.

(d) With **Le ciel est . . .**

Le ciel est bleu / The sky is blue.
Le ciel est calme / The sky is calm.
Le ciel est couvert / The sky is cloudy.
Le ciel est gris / The sky is gray.
Le ciel est serein / The sky is serene.

(e) With other verbs

Il gèle / It's freezing.
Il grêle / It's hailing.
Il neige / It's snowing.
Il pleut / It's raining.
Il tombe de la grêle / It's hailing.
Il va grêler / It's going to hail.
Il tonne / It's thundering.
Je sors par tous les temps / I go out in all kinds of weather.
Quelle est la prévision scientifique du temps? / What is the weather forecast?

SYNONYMS

Listed below are some basic synonyms that you certainly ought to know because they are really for review. Do you know one very good way to study them? Let me give you a suggestion. Take a 3 × 5 card and cover the words in English on the right side. Look at the first French line of synonyms. Read them in French out loud. Then give the English meaning aloud. If you do not remember the English meaning, move the 3 × 5 card down so you can see the printed English word or words. Then cover the English again. Then repeat the French words again that are on the left side. Then give the English meaning. If you still do not remember the English meaning, take another peek at the English and start over again.

Very frequently, in reading comprehension passages the correct answer is one that contains either a synonym or antonym of the key words in the reading passage. For example, if the key word is **fatigué** in a reading passage and the sentence states that Paul was unable to do something because he was **fatigué,** the correct answer among the multiple choices may be a synonym, for example, **épuisé;** the correct answer may state something like: **Pierre n'a pas pu le faire parce qu'il était épuisé.** Of course, in the reading of the passage you surely understood **fatigué,** but could you recognize **épuisé** as a synonym of that word to spot the correct answer?

Here they are; know these

accoster v., **aborder**	to come up to, to approach
adresse n.f., **habileté**	skill, expertness
aimer mieux v., **préférer**	to like better, to prefer
aliment n.m., **nourriture** n.f.	food, nourishment
aller v., **se porter**	to feel, to be (health)
amas n.m., **tas**	heap, pile
anneau n.m., **bague** n.f.	ring (on finger)
arriver v., **se passer**	to happen, to occur
aussitôt que conj., **dès que**	as soon as
auteur n.m., **écrivain**	author, writer
bâtiment n.m., **édifice**	building, edifice
beaucoup de adv., **bien des**	many
besogne n.f., **tâche**	work, piece of work, task
bienveillance n.f., **bonté**	kindness, goodness
bref, brève adj., **court, courte**	brief, short
calepin n.m., **carnet**	memo book, note book
calmer v., **apaiser**	to calm, to appease
casser v., **rompre** v., **briser**	to break
centre n.m., **milieu**	center, middle
certain, certaine adj., **sûr, sûre**	certain, sure
chagrin n.m., **souci**	sorrow, trouble, care, concern
châtier v., **punir**	to chastise, to punish
chemin n.m., **route** n.f.	road, route

commencer à + inf., v., se mettre à	to commence, to begin, to start + inf.
conseil n.m., avis	counsel, advice, opinion
content, contente adj., heureux, heureuse	content, happy
de façon que conj., de manière que	so that, in such a way
décéder v., mourir	to die
dédain n.m., mépris	disdain, scorn
dégoût n.m., répugnance n.f.	disgust, repugnance
dérober v., voler	to rob, to steal
désirer v., vouloir	to desire, to want
disputer v., contester	to dispute, to argue, to contest
docteur n.m., médecin	doctor, physician
dorénavant adv., désormais	henceforth, from now on
dur, dure adj., insensible	hard, callous, unfeeling, insensitive
embrasser v., donner un baiser	to embrace, to hug, to give a kiss
employer v., se servir de	to employ, to use, to make use of
éperdu, éperdue adj., agité, agitée	distracted, confused, troubled
épouvanter v., effrayer	to frighten, to terrify, to scare
erreur n.f., faute	error, fault, mistake
espèce n.f., sorte	species, type, kind, sort
essayer de v., tâcher de + inf.	to try, to attempt + inf.
étaler v., exposer	to display, to show, to expose
étrennes n.f., cadeau n.m.	Christmas gifts, present, gift
façon n.f., manière	way, manner
fainéant, fainéante adj., paresseux, paresseuse	a do nothing, idler, lazy
fameux, fameuse adj., célèbre	famous, celebrated
fatigué, fatiguée adj., épuisé, épuisée	tired, fatigued, exhausted
favori, favorite adj., préféré, préférée	favorite, preferred
femme n.f., épouse	wife, spouse
fin n.f., bout n.m.	end
finir v., terminer	to finish, to end, to terminate
flot n.m., onde n.f.	wave (water)
frémir v., trembler	to shiver, to quiver, to tremble

galette *n.f.*, gâteau *n.m.*	cake
gaspiller *v.*, dissiper	to waste, to dissipate
gâter *v.*, abîmer	to spoil, to ruin, to damage
glace *n.f.*, miroir *n.m.*	hand mirror, mirror
grossier, grossière *adj.*, vulgaire	gross, vulgar, cheap, common
habiter *v.*, demeurer	to live (in), to dwell, to inhabit
haïr *v.*, détester	to hate, to detest
image *n.f.*, tableau *n.m.*	image, picture
indiquer *v.*, montrer	to indicate, to show
jadis *adv.*, autrefois	formerly, in times gone by
jeu *n.m.*, divertissement	game, amusement
jeûne *n.m.*, abstinence *n.f.*	fasting, abstinence
labourer *v.*, travailler	to labor, to work
laisser *v.*, permettre	to allow, to permit
las, lasse *adj.*, fatigué, fatiguée	weary, tired
lier, *v.*, attacher	to tie, to attach
lieu *n.m.*, endroit	place, spot, location
logis *n.m.*, habitation *n.f.*	lodging, dwelling
lueur *n.f.*, lumière	gleam, light
lutter *v.*, combattre	to struggle, to fight, to combat
maître *n.m.*, instituteur	master, teacher, instructor
maîtresse *n.f.*, institutrice	mistress, teacher, instructor
mari *n.m.*, époux	husband, spouse
mauvais, mauvaise *adj.*, méchant, méchante	bad, mean, nasty
mêler *v.*, mélanger	to mix, to blend
mener *v.*, conduire	to lead, to take (someone)
mignon, mignonne *adj.*, délicat, délicate, gentil, gentille	dainty, delicate, nice
mince *adj.*, grêle	thin, slender, skinny
naïf, naïve *adj.*, ingénu, ingénue	naive, simple, innocent
net, nette *adj.*, propre	neat, clean
noces *n.f.*, mariage *n.m.*	wedding, marriage
oeuvre *n.f.*, travail *n.m.*	work
ombre *n.f.*, obscurité	shade, shadow, darkness
ombrelle *n.f.*, parasol *n.m.*	sunshade, parasol, beach umbrella
oreiller *n.m.*, coussin	pillow (for sleep), cushion
parce que *conj.*, car	because, for
pareil, pareille *adj.*, égal, égale	similar, equivalent, equal
parmi *prep.*, entre	among, between

parole *n.f.*, mot *n.m.*	spoken word, written word
pays *n.m.*, nation *n.f.*	country, nation
pensée *n.f.*, idée	thought, idea
penser *v.*, réfléchir	to think, to reflect
penser à *v.*, songer à	to think of, to dream of
pourtant *adv.*, cependant, néanmoins	however, nevertheless
professeur *n.m.*, maître, maîtresse	professor, teacher
puis *adv.*, ensuite	then, afterwards
quand *conj.*, lorsque	when
quelquefois *adv.*, parfois	sometimes, at times
rameau *n.m.*, branche *n.f.*	branch (tree)
se rappeler *v.*, se souvenir de	to recall, to remember
rater *v.*, échouer	to miss, to fail
récolter *v.*, recueillir	to gather, to collect
rester *v.*, demeurer	to stay, to remain
sérieux, sérieuse *adj.*, grave	serious, grave
seulement *adv.*, ne + v. + que	only
soin *n.m.*, attention *n.f.*	care, attention
soulier *n.m.*, chaussure *n.f.*	shoe, footwear
sud *n.m.*, Midi	south
tout de suite *adv.*, immédiatement	right away, immediately
triste *adj.*, malheureux, malheureuse	sad, unhappy
verser *v.*, répandre	to pour, to spread
vêtements *n.m.*, habits	clothes, clothing
visage *n.m.*, figure *n.f.*	face
vite *adv.*, rapidement	quickly, rapidly

Formation of past participle

The past participle is regularly formed from the infinitive:

—er ending verbs, drop the —er and add é: **donner, donné**
—ir ending verbs, drop the —ir and add i: **finir, fini**
—re ending verbs, drop the —re and add u: **vendre, vendu**

Common irregular past participles

INFINITIVE	PAST PARTICIPLE	INFINITIVE	PAST PARTICIPLE
apprendre	appris	naître	né
asseoir	assis	offrir	offert
avoir	eu	ouvrir	ouvert
boire	bu	paraître	paru
comprendre	compris	permettre	permis
conduire	conduit	plaire	plu
connaître	connu	pleuvoir	plu
construire	construit	pouvoir	pu
courir	couru	prendre	pris
couvrir	couvert	promettre	promis
craindre	craint	recevoir	reçu
croire	cru	revenir	revenu
devenir	devenu	rire	ri
devoir	dû	savoir	su
dire	dit	suivre	suivi
écrire	écrit	taire	tu
être	été	tenir	tenu
faire	fait	valoir	valu
falloir	fallu	venir	venu
lire	lu	vivre	vécu
mettre	mis	voir	vu
mourir	mort	vouloir	voulu

Auxiliary (or Helping) verbs, avoir and être

The auxiliary verbs (also called *helping verbs*) **avoir** and **être** are used in any of the tenses + the past participle of the main verb you are using to form any of the compound tenses. You must be careful to choose the proper helping verb with the main verb that you are using. As you know, some verbs take **avoir** and some take **être** to form the compound tenses.

Verbs conjugated with avoir or être to form a compound tense

(a) Generally speaking, a French verb is conjugated with **avoir** to form a compound tense.

(b) All reflexive verbs, such as **se laver**, are conjugated with **être**.

(c) The following is a list of common non-reflexive verbs that are conjugated with **être**:

---

1. **aller** to go /**Elle est allée au cinéma.**

2. **arriver** to arrive /**Elle est arrivée.**

3. **★descendre** to go down, come down
   Elle est descendue vite.
   She came down quickly.
   BUT: ★Elle a descendu la valise.
   She brought down the suitcase.

4. **devenir** to become /**Elle est devenue docteur.**

5. **entrer** to enter, go in, come in / **Elle est entrée.**

6. **★monter** to go up, come up
   Elle est montée lentement.
   She went up slowly.
   BUT: ★Elle a monté l'escalier.
   She went up the stairs.

7. **mourir** to die /**Elle est morte.**

8. **naître** to be born /**Elle est née le premier octobre.**

9. **partir** to leave /**Elle est partie.**

10. **★passer** to go by, pass by
    Elle est passée par chez moi.
    She came by my house.

BUT: ★Elle m'a passé le sel.
She passed me the salt.
AND: ★Elle a passé un examen.
She took an exam.

11. **★rentrer** to go in again, to return (home)
    Elle est rentrée tôt.
    She returned home early.
    BUT: ★Elle a rentré le chat dans la maison.
    She brought (took) the cat into the house.

12. **rester** to remain, stay/ **Elle est restée chez elle.**

13. **retourner** to return, go back /**Elle est retournée.**

14. **revenir** to come back / **Elle est revenue.**

15. **★sortir** to go out
    Elle est sortie hier soir.
    She went out last night.
    BUT: ★Elle a sorti son mouchoir.
    She took out her handkerchief.

16. **tomber** to fall /**Elle est tombée.**

17. **venir** to come /**Elle est venue.**

★ Some of these verbs, as noted above, are conjugated with **avoir** *if the verb is used in a transitive sense and has a direct object.*

162

(d) You must be sure to know the verbs in the box—even if it means memorizing them!

Present participle

Formation

The present participle is regularly formed in the following way: Take the "**nous**" form of the present indicative tense of the verb you have in mind, drop the ending —**ons** and add —**ant.** That ending is equivalent to —**ing** in English; for example:

chantons, chantant
finissons, finissant
vendons, vendant
mangeons, mangeant
allons, allant
travaillons, travaillant

Common irregular present participles

avoir, ayant
être, étant
savoir, sachant

En + present participle

The present participle in French is used primarily with the preposition **en**, meaning *on, upon, in, by, while:*

en chantant / while singing
en finissant / upon finishing, on finishing
en vendant / by selling, while selling, upon selling
en mangeant / upon eating, while eating
en voyageant / by traveling
en ayant / on having
en étant / on being, upon being
en sachant / upon knowing

The present participle is sometimes used as an adjective:

une jeune fille charmante / a charming girl
un enfant amusant / an amusing child (boy)
une enfant amusante / an amusing child (girl)
des idées étonnantes / astonishing ideas

Common irregular French verb forms and uncommon French verb forms identified by infinitive

A

a **avoir**
ai **avoir**
aie **avoir**
aient **avoir**
aies **avoir**
aille **aller**
ait **avoir**
as **avoir**
aurai, *etc.* **avoir**
avaient **avoir**
avais **avoir**
avait **avoir**
avez **avoir**
aviez **avoir**
avions **avoir**
avons **avoir**
ayant **avoir**
ayons, *etc.* **avoir**

B

bu **boire**
bûmes **boire**
burent **boire**
bus **boire**
bussent **boire**
but **boire**
bûtes **boire**
buvant **boire**

C

croïs **croire**
crois **croitre**
croït **croire**
croit **croitre**
croyais, *etc.* **croire**
cru **croire**
crû, crue **croitre**
crûmes **croire, croitre**
crurent **croire**
crûrent **croitre**
crus **croire**
crûs **croitre**
crûsse, *etc.* **croitre**
crût **croire, croitre**

D

dimes **dire**
disais, *etc.* **dire**
disse, *etc.* **dire**
dit, dît **dire**
dois **devoir**
doive, *etc.* **devoir**
dors **dormir**
dû, due **devoir**
dûmes **devoir**
dus, dussent **devoir**
dut, dût **devoir**

E

es **être**
est **être**
étais, *etc.* **être**
été **être**
êtes **être**
étiez **être**
eu **avoir**
eûmes **avoir**
eurent **avoir**
eus **avoir**
eusse, *etc.* **avoir**
eut, eût **avoir**
eûtes **avoir**

F

faille **faillir, falloir**
fais, *etc.* **faire**
fasse, *etc.* **faire**
faudra **faillir, falloir**
faudrait **faillir, falloir**
faut **faillir, falloir**
faux **faillir**
ferai, *etc.* **faire**
fîmes **faire**
firent **faire**
fis, *etc.* **faire**
font **faire**
fûmes **être**
furent **être**
fus, *etc.* **être**
fut, fût **être**
fuyais, *etc.* **fuir**

G

gisons, *etc.* **gésir**
gît **gésir**

I

ira, irai, iras, *etc.* **aller**

L

lis, *etc.* **lire**
lu **lire**
lus, *etc.* **lire**

M

meure, *etc.* **mourir**
meus, *etc.* **mouvoir**
mîmes **mettre**
mirent **mettre**
mis **mettre**
misses, *etc.* **mettre**
mit **mettre**
mort **mourir**
moulons, *etc.* **moudre**
moulu **moudre**
mû, mue **mouvoir**
mussent **mouvoir**
mut **mouvoir**

N

naquîmes, *etc.* **naître**
né **naître**

O

omis **omettre**
ont **avoir**

P

pars **partir**
paru **paraître**
peignis, *etc.* **peindre**
peuvent **pouvoir**
peux, *etc.* **pouvoir**

plu **plaire, pleuvoir**
plurent **plaire**
plut, plût **plaire, pleuvoir**
plûtes **plaire**
pourrai, *etc.* **pouvoir**
prîmes **prendre**
prirent **prendre**
pris **prendre**
prisse, *etc.* **prendre**
pu **pouvoir**
puis **pouvoir**
puisse, *etc.* **pouvoir**
pûmes, *etc.* **pouvoir**
purent **pouvoir**
pus **pouvoir**
pusse **pouvoir**
put, pût **pouvoir**

R

reçois, *etc.* **recevoir**
reçûmes, *etc.* **recevoir**
relu **relire**
reviens, *etc.* **revenir**
revins, *etc.* **revenir**
riiez **rire**
ris, *etc.* **rire**

S

sache, *etc.* **savoir**
sais, *etc.* **savoir**
saurai, *etc.* **savoir**
séant **seoir**

serai, *etc.* **être**
sers, *etc.* **servir**
seyant **seoir**
sied **seoir**
siéent **seoir**
siéra, *etc.* **seoir**
sois, *etc.* **être**
sommes **être**
sont **être**
sors, *etc.* **sortir**
soyez **être**
soyons **être**
su **savoir**
suis **être, suivre**
suit **suivre**
sûmes **savoir**
surent **savoir**
survécu **survivre**
susse, *etc.* **savoir**
sut, sût **savoir**

T

tiendrai, *etc.* **tenir**
tienne, *etc.* **tenir**
tînmes **tenir**
tins, *etc.* **tenir**
trayant **traire**
tu **taire**
tûmes **taire**
turent **taire**
tus **taire**

tusse, *etc.* **taire**
tut, tût **taire**

V

va **aller**
vaille **valoir**
vais **aller**
vas **aller**
vaudrai, *etc* **valoir**
vaux, *etc.* **valoir**
vécu **vivre**
vécûmes, *etc.* **vivre**
verrai, *etc.* **voir**
veuille, *etc.* **vouloir**
veulent **vouloir**
veux, *etc.* **vouloir**
viendrai, *etc.* **venir**
vienne, *etc.* **venir**
viens, *etc.* **venir**
vîmes **voir**
vînmes **voir**
vinrent **venir**
vins, *etc.* **venir**
virent **voir**
vis **vivre, voir**
visse, *etc.* **voir**
vit **vivre, voir**
vît **voir**
vîtes **voir**
vont **aller**
voudrai, *etc.* **vouloir**
voyais, *etc.* **voir**
vu **voir**

SUMMARIES OF WORD ORDER OF ELEMENTS IN A FRENCH SENTENCE

Summary of word order of elements in a French declarative sentence with a verb in a simple tense (*e.g.*, present)

SUBJECT	ne	me	le	lui	y	en	**VERB**	pas
	n'	m'	la	leur				
		te	l'					
		t'	les					
		se						
		s'						
		nous						
		vous						

EXAMPLES:

Il ne me les donne pas / He is not giving them to me.

Je ne le leur donne pas / I am not giving it to them.

Il n'y en a pas / There aren't any of them.

Je ne m'en souviens pas / I don't remember it.

Je n'y en mets pas / I am not putting any of them there.

Summary of word order of elements in a French declarative sentence with a verb in a compound tense (*e.g.*, passé composé)

SUBJECT	ne	me	le	lui	y	en	**VERB**	pas	past
	n'	m'	la	leur			(Auxiliary		participle
		te	l'				verb		
		t'	les				**avoir** or		
		se					**être** in		
		s'					a simple		
		nous					tense)		
		vous							

EXAMPLES:

Yvonne ne s'est pas lavée / Yvonne did not wash herself.

Il ne m'en a pas envoyé / He did not send any of them to me.

Je ne le lui ai pas donné / I did not give it to him (to her).

Nous ne vous les avons pas données / We have not given them to you.

Ils ne s'en sont pas allés / They did not go away.

Je ne t'en ai pas envoyé / I have not sent any of them to you.

Je n'y ai pas répondu / I have not replied to it.

Je ne m'en suis pas souvenu / I did not remember it.

Vous ne vous en êtes pas allé / You did not go away.

Robert ne les lui a pas envoyés / Robert did not send them to him (to her).

Summary of word order of elements in a French affirmative imperative sentence

VERB	le	moi	lui	y	en
	la	m'	leur		
	l'	toi			
	les	t'			
		nous			
		vous			

EXAMPLES:

Mettez-l'y / Put it in it (on it) **OR:** Put it there.

Donnez-les-leur / Give them to them.

Assieds-toi / Sit down.

Allez-vous-en! / Go away!

Asseyez-vous / Sit down.

Mettez-y-en! / Put some in it (on it, there)!

Apportez-le-moi / Bring it to me.

Donnez-m'en / Give me some.

Allez-y! / Go to it! **OR:** Go there!

Mangez-en! / Eat some (of it)!

Summary of word order of elements in a French negative imperative sentence

Ne	me	le	lui	y	en	**VERB**	pas
N'	m'	la	leur				
	te	l'					
	t'	les					
	nous						
	vous						

Ne l'y mettez pas / Do not put it in it **OR:** Do not put it there.
Ne les leur donnez pas / Do not give them to them.
Ne t'assieds pas! / Don't sit down!
Ne vous en allez pas! / Don't go away!
Ne vous asseyez pas! / Don't sit down!
Ne me les donnez pas / Don't give them to me.
Ne m'en envoyez pas / Don't send me any (of them).
Ne nous en écrivez pas / Do not write about it to us.
N'y allez pas! / Don't go there!
Ne nous y asseyons pas / Let's not sit there (in it, on it, *etc.*)

Note that the order of the following object pronouns is always the same, whether in front of a verb form or after a verb form or in front of an infinitive: **le lui, la lui, les lui; le leur, la leur, les leur.** For practice, pronounce them out loud. To help you understand that **le, la** or **les** always come in front of **lui** or **leur**, think of certain words in English expressions that are customarily grouped together: for example, we say *ham and eggs* (not *eggs and ham*), *peanut butter and jelly* (not *jelly and peanut butter*), *bread and butter* (not *butter and bread*). So it is with these direct and indirect object pronouns in French: **le lui/la lui/les lui; le leur/la leur/les leur.**

SI CLAUSE: A SUMMARY

WHEN THE VERB IN THE SI CLAUSE IS:	THE VERB IN THE MAIN OR RESULT CLAUSE IS:
present indicative	present indicative, or future, or imperative
imperfect indicative	conditional
pluperfect indicative	conditional perfect

NOTE: By **si** we mean *if*. Sometimes **si** can mean *whether* and in that case, this summary of what tenses are used with **si** (meaning *if*) does not apply. When **si** means *whether*, there are no restrictions about the tenses. By the way, the sequence of tenses with a **si** clause is the same in English with an *if* clause.

EXAMPLES:
Si elle arrive, je pars / If she arrives, I'm leaving.

Si elle arrive, je partirai / If she arrives, I will leave.

Si elle arrive, partez! / If she arrives, leave!

Si Paul étudiait, il recevrait de meilleures notes / If Paul studied, he would receive better grades.

Si Georges avait étudié, il aurait reçu de bonnes notes / If George had studied, he would have received good grades.

VERBS USED IN IDIOMATIC EXPRESSIONS

accuser, s'accuser   to accuse, to accuse oneself
   accuser réception de qqch   to acknowledge receipt of something
   Qui s'excuse, s'accuse.   A guilty conscience needs no accuser.

acheter   to buy, to purchase
   acheter qqch à qqn   to buy something from someone

achever   to achieve, to finish
   achever de faire qqch   to complete (finish) doing something

adresser   to address
   adresser la parole à   to speak to, to direct your words to

agir   to act, to behave
   agir à la légère   to act thoughtlessly

aider, s'aider   to help, to help oneself
   Aide-toi, le ciel t'aidera.   Heaven helps those who help themselves.

aimer   to like
   aimer (à) faire qqch   to like doing something
   aimer mieux   to prefer

aller   to go
   to feel (health)   **Comment allez-vous?**   How are you?   **Je vais bien.**   I'm fine;   **Je vais mal.**   I'm not well;   **Je vais mieux maintenant.**   I'm feeling better now.
   aller à quelqu'un   to be becoming, to fit, to suit someone   **Cette robe lui va bien.**   This dress suits her fine;   **La barbe de Paul ne lui va pas bien.**   Paul's beard does not look good on him.
   aller à la pêche   to go fishing
   aller à la rencontre de quelqu'un   to go to meet someone

aller à pied to walk, to go on foot
aller au-devant de quelqu'un to go to meet someone
aller au fond des choses to get to the bottom of things
aller avec qqch to match something
aller chercher to go get
aller de pair avec. . . to go hand in hand with. . .
aller en voiture to ride in a car
aller sans dire to go without saying; **Ça va sans dire.** That
goes without saying.

Allez-y! Go to it! Go ahead!
allons donc! nonsense! come, now! come on, now!
Just for the fun of it, try reading aloud this play on words as
fast as you can: **Un ver vert va vers un verre vert.** (A
green worm is going toward a green glass.)

appeler to call
être appelé à qqch to be destined for something, to have a
calling (vocation, career)

apprendre to learn
apprendre par coeur to memorize

arriver to arrive
to happen **Qu'est-ce qui est arrivé?** What happened?
Qu'est-ce qui arrive? What's happening? What's going
on? **Quoi qu'il arrive. . .** Come what may. . .

assister to assist
assister à to attend, to be present at **Hier soir, j'ai assisté
à la conférence des musiciens.** Last night I attended the
meeting of musicians.

avoir to have
to have something the matter **Qu'est-ce que vous
avez?** What's the matter with you? **Qu'est-ce qu'il y
a?** What's the matter?
avoir. . .ans to be. . .years old **Quel âge avez-vous?** How
old are you? **J'ai seize ans.** I'm sixteen.
avoir à + inf. to have to, to be obliged to + inf. **J'ai à
vous dire quelque chose.** I have to tell you something.
avoir affaire à quelqu'un to deal with someone
avoir beau + inf. to be useless + inf., to do something in
vain; **Vous avez beau parler; je ne vous écoute pas.** You
are talking in vain (uselessly); I'm not listening to you.

170

avoir besoin de to need, to have need of **Vous avez l'air fatigué; vous avez besoin de repos.** You look tired; you need some rest.

avoir bonne mine to look well, to look good (persons) **Joseph a bonne mine aujourd'hui, ne trouvez-vous pas?** Joseph looks good today, don't you think so?

avoir chaud to be (feel) warm (persons) **J'ai chaud; ouvrez la fenêtre, s'il vous plaît.** I feel warm; open the window, please.

avoir congé to have a day off, a holiday from work or school **Demain nous avons congé et nous allons à la plage.** Tomorrow we have off and we're going to the beach.

avoir de la chance to be lucky **Ah! Tu as trouvé une pièce de monnaie?! Tu as de la chance!** Ah! You found a coin?! You're lucky!

avoir de quoi + inf. to have the material, means, enough + inf. **As-tu de quoi manger?** Have you something (enough) to eat?

avoir des nouvelles to receive news, to hear (from someone)

avoir droit à to be entitled to

avoir du savoir-faire to have tact

avoir du savoir-vivre to have good manners, etiquette

avoir envie de + inf. to feel like, to have a desire to **Madame Loisel a toujours envie de danser.** Mrs. Loisel always feels like dancing.

avoir faim to be (feel) hungry **As-tu faim, Fifi? Bon, alors je vais te donner à manger.** Are you hungry, Fifi? Good, then I'm going to give you something to eat.

avoir froid to be (feel) cold (persons) **J'ai froid; fermez la fenêtre, s'il vous plaît.** I feel cold; close the window, please.

avoir hâte to be in a hurry; **avoir hâte de faire qqch** to be anxious to do something

avoir honte to be (to feel) ashamed

avoir l'air + adj. to seem, to appear, to look + adj. **Vous avez l'air malade; asseyez-vous.** You look sick; sit down.

avoir l'air de + inf. to appear + inf. **Vous avez l'air d'être malade; couchez-vous.** You appear to be sick; lie down.

avoir l'habitude de + inf. to be accustomed to, to be in the habit of **J'ai l'habitude de faire mes devoirs avant le dîner.** I'm in the habit of doing my homework before dinner.

avoir l'idée de + inf. to have a notion + inf.

avoir l'impression to be under the impression

avoir l'intention de + inf. to intend + inf.

avoir l'occasion de + inf. to have the opportunity + inf.

avoir l'oeil au guet to be on the look-out, on the watch

avoir la bonté de + inf. to have the kindness + inf.

avoir la langue bien pendue to have the gift of gab

avoir la parole to have the floor (to speak)

avoir le cafard to feel downhearted (downcast), to have the blues

avoir le coeur gros to be heartbroken

avoir le droit de faire qqch to be entitled (have the right) to do something

avoir le temps de + inf. to have (the) time + inf.

avoir lieu to take place **Le match aura lieu demain.** The game will take place tomorrow.

avoir l'occasion de faire qqch to have the opportunity to do something

avoir mal to feel sick **Qu'est-ce que tu as, Robert?** What's the matter, Robert? **J'ai mal.** I feel sick; **avoir mal au coeur** to feel nauseous

avoir mal à + (place where it hurts) to have a pain or ache in. . . **J'ai mal à la jambe.** My leg hurts; **J'ai mal à la tête.** I have a headache.

avoir mauvaise mine to look ill, not to look well **Qu'est-ce que tu as, Janine?** What's the matter, Janine? **Tu as mauvaise mine.** You don't look well.

avoir peine à + inf. to have difficulty in + pres. part.

avoir peur de to be afraid of

avoir pitié de to take pity on

avoir qqn to get the better of someone

avoir raison to be right (persons)

avoir recours à to resort to

avoir rendez-vous avec qqn to have a date (appointment) with someone

avoir soif to be thirsty

avoir soin de faire qqch to take care of doing something

avoir sommeil to be sleepy

avoir son mot à dire to have one's way

avoir tendance à faire qqch to tend to do something

avoir tort to be wrong (persons)

avoir trait à qqch to have to do with something

avoir une faim de loup to be starving

en avoir marre to be fed up, to be bored stiff, to be sick and tired of something **J'en ai marre!** I'm fed up! I've had it!

en avoir par-dessus la tête to have enough of it, to be sick and tired of it, to have it up to here **J'en ai par-dessus la tête!** I've had it up to here!

en avoir plein le dos to be sick and tired of it

il y a... there is..., there are...

il y avait..., **il y a eu...** there was..., there were...

il y aura... there will be...

il y aurait... there would be...

il y a + length of time ago **Madame Duclos est partie il y a un mois.** Mrs. Duclos left a month ago.

Il y a dix minutes que j'attends l'autobus. I have been waiting for the bus for ten minutes.

Il y a lieu de croire que... There is reason to believe that...

Il n'y a pas de quoi. You're welcome.

boire to drink

boire à la bouteille to drink right out of the bottle

boire à sa soif to drink to one's heart content

briller to shine, to glitter

Tout ce qui brille n'est pas or. All that glitters is not gold.

casser, se casser to break

casser la tête à qqn to pester someone

casser les oreilles à qqn to bore someone stiff (by talking too much)

casser les pieds à qqn to be a pain in the neck to someone

se casser + a part of one's body; Janine s'est cassé la jambe. Janine broke her leg.

se casser la tête to rack one's brains

changer to change

changer d'avis to change one's mind, one's opinion; **changer de route** to take another road; **changer de train** to change trains; **changer de vêtements** to change clothes

Plus ça change plus c'est la même chose. The more it changes the more it remains the same.

chanter to sing

faire chanter qqn to blackmail someone

Mais qu'est-ce que vous chantez là? What are you talking about?

173

chercher   to look for

> **envoyer chercher**   to send for   **Je vais envoyer chercher le médecin.**   I am going to send for the doctor.

combler   to fill up, to fill in

> **pour comble de malheur**   to make matters worse

comprendre   to understand, to comprise

> **y compris**   including;   **y compris la taxe**   tax included;   **y compris le service**   service included

craindre   to fear

> **Chat échaudé craint l'eau froide.**   A burnt child dreads the fire. (Literally, the French proverb refers to a cat but to a child in English.)

croire   to believe

> **Je crois que oui.**   I think so;   **Je crois que non.**   I don't think so.

dire   to say, to tell

> **à ce qu'on dit. . .**   according to what they say. . .
> **à vrai dire**   to tell the truth
> **c'est-à-dire**   that is, that is to say
> **dire du bien de**   to speak well of;   **dire du mal de**   to speak ill of
> **entendre dire que**   to hear it said that, to hear tell that;   **J'entends dire que Tina s'est mariée avec Alexandre.**   I hear that Tina married Alexander.
> **vouloir dire**   to mean;   **Que veut dire ce mot?**   What does this word mean?
> **Dis-moi ce que tu manges et je te dirai ce que tu es.**   Tell me what you eat and I will tell you what you are.
> **Qui l'aurait dit?**   Who would have thought so?

disposer   to dispose

> **L'homme propose mais Dieu dispose.**   Man proposes but God disposes.

donner   to give

> **donner à boire à qqn**   to give someone something to drink
> **donner à manger à qqn**   to feed someone
> **donner congé à**   to grant leave to
> **donner du chagrin à qqn**   to give someone grief
> **donner rendez-vous à qqn**   to make an appointment (a date) with someone
> **donner sur**   to look out upon;   **La salle à manger donne sur le**

jardin. The dining room looks out upon (faces) the garden.
donner un cours to give a course, to lecture

dormir to sleep
dormir à la belle étoile to sleep outdoors
dormir sur les deux oreilles to sleep soundly

éclater to burst
éclater de rire, rire aux éclats to burst out laughing, to roar with laughter
éclater en applaudissements to burst into applause

écouter to listen (to)
être aux écoutes to be on the watch, to eavesdrop

écrire to write
de quoi écrire something to write with

égaler to equal, to be equal to, to match
Cela est égal. It's all the same; It doesn't matter; It makes no difference.
Cela m'est égal, Ça m'est égal. It doesn't matter to me; It's all the same to me.

endommager to damage
C'est dommage! It's too bad! It's a pity!

entendre to hear
bien entendu of course
C'est entendu! It's agreed! It's understood!
entendre dire que to hear it said that, to hear tell that; **J'entends dire qu'on mange bien dans ce restaurant.** I hear that a person can have a good meal in this restaurant.
Qu'entendez-vous par là! What do you mean by that!
laisser entendre to hint
entendre raison to listen to reason
ne pas entendre malice not to mean any harm

entendre parler de to hear about, to hear of; **J'ai entendu parler d'un grand changement dans l'administration de cette école.** I've heard about a big change in the administration of this school.

envoyer to send
envoyer chercher to send for; **Je vais envoyer chercher le docteur.** I am going to send for the doctor.

être   to be

Ainsi soit-il!   So be it!

être à qqn   to belong to someone;   **A qui est ce livre?**   Whose is this book?   **Ce livre est à moi.**   This book is mine.

être à l'heure   to be on time

être à temps   to be in time;   **Nous sommes arrivés juste à temps.**   We arrived just in time.

être au courant de   to be informed about;   **Madame Beaupuy parle toujours au téléphone avec ses amies; elle est au courant de tout.**   Mrs. Beaupuy talks on the telephone all the time with her friends; she is informed about everything.

être bien   to be comfortable;   **Est-ce que vous êtes bien dans cette chaise?**   Are you comfortable in this chair?

être bien aise (de)   to be very glad, happy (to)

être bien mis (mise)   to be well dressed;   **Madame Paquet est toujours bien mise.**   Mrs. Paquet is always well dressed.

être d'accord avec   to agree with

être dans son assiette   to be "right up one's alley";   **Ces problèmes de mathématiques sont très faciles; je suis dans mon assiette.**   These math problems are very easy; they're right up my alley; to be one's cup of tea.

être de bonne (mauvaise) humeur   to be in a good (bad) mood

être de retour   to be back;   **A quelle heure ta mère sera-t-elle de retour?**   At what time will your mother be back?

être en bonne forme   to be in good shape

être en état de + inf.   to be able + inf.;   **Mon père est très malade; il n'est pas en état de vous parler maintenant.**   My father is very sick; he's not able to talk to you now.

être en panne   to be broken-down, out of order (machine, auto);   **La voiture de mon père est toujours en panne.**   My father's car always has a breakdown.

être en retard   to be late, not to be on time;   **Le train est en retard.**   The train is late.

être en train de + inf.   to be in the act of + pres. part., to be in the process of, to be busy + pres. part.;   **Mon père est en train de réparer le téléviseur.**   My father is busy repairing the television set.

être en vacances   to be on vacation

être en vie   to be alive

être enrhumé   to have a cold, to be sick with a cold

être hors de soi to be beside oneself, to be upset, to be furious, to be irritated, annoyed; **Je suis hors de moi parce que je n'ai pas reçu de bonnes notes dans mes études.** I'm upset because I did not receive good grades in my studies.

être le bienvenu (la bienvenue) to be welcomed; **On est toujours le bienvenu dans cet hôtel.** One is always welcome in this hotel.

être pressé(e) to be in a hurry

être sur le point de + inf. to be about + inf.; **Dépêchons-nous parce que le train est sur le point de patir.** Let's hurry because the train is about to leave.

être temps de + inf. to be time to + inf.; **Il est temps de partir.** It is time to leave.

De quelle couleur est (sont). . . What color is (are). . . ? **De quelle couleur est votre nouvelle voiture?** What color is your new car?

Il était une fois. . . Once upon a time there was. . .

Quelle heure est-il? What time is it? **Il est une heure;** It is one o'clock; **Il est trois heures.** It is three o'clock.

y être to be there, to understand it, to get it; **Ah! J'y suis!** Ah, I get it! I understand it!

c'est ça! That's right!

étudier to study

à l'étude under study; **Le dossier de Monsieur Pompier est à l'étude.** Mr. Pompier's file is under study.

faire ses études à to study at; **Gervaise fait ses études à l'Université de Paris.** Gervaise is studying at the University of Paris.

Depuis combien de temps étudiez-vous le français? How long have you been studying French?

J'étudie le français depuis deux ans. I have been studying French for two years.

excuser, s'excuser to excuse, to excuse oneself

Qui s'excuse, s'accuse. A guilty conscience needs no accuser.

faillir to fail, to miss

faillir + inf. to almost do something; **Le bébé a failli tomber.** The baby almost fell.

faire to do, to make

aussitôt dit aussitôt fait (aussitôt dit que fait) no sooner said than done

Cela ne fait rien. That doesn't matter; That makes no difference.

Comment se fait-il. . .? How come. . .?

en faire autant to do the same, to do as much

faire + inf. to have something done; **Ma mère a fait faire une jolie robe.** My mother had a pretty dress made; **Mon père a fait bâtir une nouvelle maison.** My father had a new house built.

faire à sa tête to have one's way

faire attention (à) to pay attention (to)

faire beau to be pleasant, nice weather; **Il fait beau aujourd'hui.** It's nice weather today; **faire mauvais** to be bad weather

faire bon accueil to welcome

faire chaud to be warm (weather); **Il a fait beaucoup chaud hier.** It was very warm yesterday.

faire comme chez soi to make oneself at home; **Faites comme chez vous!** Make yourself at home!

faire d'une pierre deux coups to kill two birds with one stone

faire de l'autostop to hitchhike

faire de la peine à qqn to hurt someone (morally, emotionally)

faire de son mieux to do one's best

faire des châteaux en Espagne to build castles in the air

faire des cours to give courses, to lecture

faire des emplettes, faire des courses, faire des achats, faire du shopping to do or to go shopping

faire des progrès to make progress

faire du bien à quelqu'un to do good for someone; **Cela lui fera du bien.** That will do her (him) some good.

faire du ski to ski

faire du sport to play sports

faire du vélo to ride a bike

faire exprès to do on purpose

faire face à to oppose

faire faire to have something made (done). **Mon père fait peindre la maison.** My father is having the house painted.

faire fi to scorn

faire froid to be cold (weather); **Il fait très froid ce matin.** It's very cold this morning.

faire jour to be daylight

faire la bête to act like a fool

178

faire la connaissance de qqn to make the acquaintance of someone, to meet someone for the first time, to become acquainted with someone; **Hier soir au bal Michel a fait la connaissance de beaucoup de jeunes filles.** Last night at the dance Michael met many girls.

faire la cuisine to do the cooking

faire la grasse matinée to sleep late in the morning

faire la lessive to do the laundry

faire la malle to pack the trunk

faire la queue to line up, to get in line, to stand in line

faire la sourde oreille to turn a deaf ear, to pretend not to hear

faire la vaisselle to do (wash) the dishes

faire le ménage to do housework

faire le tour de to take a stroll, to go around; **Faisons le tour du parc.** Let's go around the park.

faire les bagages to pack the baggage, luggage

faire les valises to pack the suitcases, valises

faire mal à qqn to hurt, to harm someone; **Ce grand garçon-là a fait mal à mon petit frère.** That big boy hurt my little brother.

faire mon affaire to suit me, to be just the thing for me

faire nuit to be night(time)

faire part à qqn to inform someone

faire part de qqch à qqn to let someone know about something, to inform, to notify someone of something; **Je leur ai fait part du mariage de mon fils.** I notified them of the marriage of my son.

faire partie de to be a part of

faire peur à qqn to frighten someone

faire plaisir à qqn to please someone

faire sa toilette to wash up

faire savoir qqch à qqn to inform someone of something

faire semblant de + inf. to pretend + inf.

faire ses adieux to say good-bye

faire ses amitiés à qqn to give one's regards to someone

faire ses études à to study at; **Ma fille fait ses études à l'Université de Paris.** My daughter is studying at the University of Paris.

faire son lit to make one's bed

179

faire son possible   to do one's best (utmost)

faire suivre   to forward mail;   **Faites suivre mes lettres, s'il vous plaît.**   Forward my letters, please.

faire un cours   to give a course, to lecture

faire un tour   to go for a stroll

faire un voyage   to take a trip

faire une malle   to pack a trunk

faire une partie de   to play a game of

faire une promenade   to take a walk

faire une promenade en voiture   to go for a drive

faire une question   to ask (to pose) a question

faire une réclamation   to make a complaint

faire une visite   to pay a visit

faire venir l'eau à la bouche   to make one's mouth water

faire venir qqn   to have someone come;   **Mon père a fait venir le médecin parce que ma mère est malade.**   My father had the doctor come because my mother is sick.

Faites comme chez vous!   Make yourself at home!

Que faire?   What is to be done?

Quel temps fait-il?   What's the weather like?

se faire faire   to have something made (done) for oneself;   **Ma mère se fait faire une belle robe.**   My mother is having a beautiful dress made.

falloir   to be necessary, must, to be lacking

Il faut. . .   It is necessary; one must. . .

Il ne faut pas. . .   One must not. . .

Comme il faut. . .   As it ought to be. . .

Peu s'en faut. . .   It takes only a little. . .

s'en falloir   to be lacking

Il s'en faut de beaucoup. . .   It takes a lot. . .

féliciter   to congratulate

féliciter qqn de qqch   to congratulate someone for (on) something;   **Je vous félicite de votre succès.**   I congratulate you on your success.

fermer   to close

fermer à clef   to lock

fermer au verrou   to bolt

hâter, se hâter   to hasten

en toute hâte   in all possible speed, in great haste

importer to matter, to be of importance
  Cela n'importe. That doesn't matter.

jeter to throw
  jeter l'argent par la fenêtre to wast money

manger to eat
  de quoi manger something to eat; **Y a-t-il de quoi manger?** Is there something to eat?

manquer to lack, to fail, to be missing
  manquer de + inf. to fail to, to almost do something; **J'ai manqué de tomber.** I almost fell; **Paul a manqué de venir.** Paul failed to come. **manquer à sa parole** to go back on one's word

mettre to put, to place
  mettre to put on (clothing); **Mimi a mis ses souliers blancs.** Mimi put on her white shoes.
  mettre au courant de to inform about; **Tu ne me mets jamais au courant de rien!** You never inform me about anything!
  mettre de côté to lay aside, to save
  mettre en cause to question
  mettre en pièces to tear to pieces, to break into pieces; **Roger était si fâché contre Julie qu'il a mis sa lettre en pièces.** Roger was so angry at Julie that he tore her letter to pieces.
  mettre fin à qqch to put an end to something
  mettre la table, mettre le couvert to set the table
  se mettre à table to sit down at the table; **La cuisinière a mis la table et a annoncé: Venez, tout le monde; mettez-vous à table!** The cook set the table and announced: Come, everybody; sit down at the table!

montrer to show
  montrer du doigt to point out, to show, to indicate by pointing

parler to talk, to speak
  à proprement parler strictly speaking
  adresser la parole à to speak to, to direct one's words at; **Ecoutez, le professeur va nous adresser la parole.** Listen, the professor is going to speak to us.
  entendre parler de to hear about; **Avez-vous jamais entendu parler de cela?** Have you ever heard of that?

Il est bon de parler et meilleur de se taire. Speech is silver; silence is gold.

Ce n'est qu'une façon de parler. It's just a way of speaking.

partir to leave

   à partir de from now on, beginning with; **A partir de cet instant, tu vas faire tes devoirs tous les soirs** *avant de* **regarder la télévision.** From this moment on, you are going to do your homework every evening *before* watching television.

passer to pass, to pass by

   passer un examen to take an exam

   passer chez qqn to drop in on someone

   passer un coup de fil à qqn to give someone a ring (a telephone call)

plaire to please

   s'il vous plaît (s'il te plaît) please

   Plaît-il? What did you say? Would you repeat that, please?

pleuvoir to rain

   pleuvoir à verse to rain hard

pouvoir to be able (to)

   n'en pouvoir plus to be unable to go on any longer, to be exhausted; **Je n'en peux plus.** I can't go on any longer.

   Cela se peut. That may be.

prendre to take

   prendre garde de + inf. to avoid + pres. part., to take care not + inf.; **Prenez garde de tomber;** Avoid falling; **Prenez garde de ne pas tomber.** Take care not to fall.

   prendre le parti de + inf. to decide + inf.

   prendre un billet to buy a ticket

   Qu'est-ce qui vous prend? What's got into you?

profiter to profit

   profiter de to take advantage of

proposer to propose

   L'homme propose mais Dieu dispose. Man proposes but God disposes.

regarder to look (at), to watch

   Cela ne vous regarde pas. That's none of your business.

rendre to render, to return (something)
  rendre hommage à qqn to pay someone homage
  rendre visite à to pay a visit to

reprendre to take up again
  reprendre la parole to go on speaking, to resume speaking
  reprendre ses esprits to regain one's senses

retourner to return, to go back
  être de retour to be back; **Madame Duval sera de retour au-**
  jourd'hui. Mrs. Duval will be back today.

revoir to see again
  au revoir good-bye

rire to laugh
  rire au nez de qqn to laugh in someone's face
  rire aux éclats to roar with laughter

risquer to risk
  Qui ne risque rien, n'a rien. Nothing ventured, nothing gained.

sauter to leap, to jump
  sauter aux yeux to be evident, self-evident

savoir to know
  savoir bon gré à qqn to be thankful, grateful to someone

servir to serve
  Cela ne sert à rien. That serves no purpose.
  se servir de to use, to make use of; **Ma mère se sert d'une**
  machine pour faire la vaisselle. My mother uses a machine to
  do the dishes.

suivre to follow
  suivre un cours to take a course; **Je vais suivre un cours de**
  français cet été. I'm going to take a course in French this
  summer.
  suivre un régime to be on a diet
  à suivre to be continued

tomber to fall
  tomber à la renverse to fall backward

traverser to cross, to traverse
  à travers across, through

trouver to find

Ne trouvez-vous pas? Don't you think so?

trouver visage de bois not to find anyone answering the door after knocking

tuer to kill

à tuc-tête at the top of one's voice, as loud as possible; Pour attraper l'autobus qui était en train de partir, Monsieur Duval a crié à tue-tête. To catch the bus which was about to leave, Mr. Duval shouted at the top of his voice.

valoir to be worth

valoir mieux to be better (worth more), to be preferable; Mieux vaut tard que jamais. Better late than never.

venir to come

venir à to happen to; Si nous venons à nous voir en ville, nous pouvons prendre une tasse de café ensemble. If we happen to see each other downtown, we can have a cup of coffee together.

venir à bout de + inf. to manage, to succeed + inf.

venir de + inf. to have just done something; Je viens de manger. I just ate; Tina Marie venait de sortir avec Alexandre quand le téléphone a sonné. Tina Marie had just gone out with Alexander when the telephone rang.

vivre to live

de quoi vivre something (enough) to live on; Je vais apporter du pain et du beurre chez les Duval parce qu'ils n'ont pas de quoi vivre. I'm going to bring some bread and butter to the Duvals because they don't have enough to live on.

voir to see

à vue d'oeil visibly

voir de loin to be farsighted

voir tout en rose to see the bright side of things, to be optimistic

vouloir to wish, to want

en vouloir à qqn to bear a grudge against someone

vouloir dire to mean; Que voulez-vous dire? What do you mean?

vouloir du bien à qqn to wish someone well

Que voulez-vous?! What do you expect?!

Veuillez agréer. . . Please be good enough to accept. . . (This is the usual closing statement in a formal letter.)

184

PART FOUR

French Regents Exams and Answers

Examination June 1985

French Level 3 (Comprehensive)

Part ONE *Listening Comprehension*

DIRECTIONS: (1–15): *This part of the examination is designed to test listening comprehension. It consists of 15 questions and passages that the teacher will read aloud to the students. The teacher will read the first question and passage aloud in French at normal speed. Then the teacher will repeat the reading of the question and passage once. The students will be allowed* one minute *to read the question which is printed and to select the best answer. This procedure is repeated for each of the questions and passages.*

The students must listen carefully to what the teacher reads. They must not write anything. This is not a dictation. It is a test for listening comprehension. Only the question is printed and 4 suggested answers. The passages that the teacher reads to the students are not printed. After the students listen to each question and paragraph, they must write in the space provided the number of the suggested answers that best answers each question. The students must choose the correct answer that is based only on the content of the passage that is read aloud to them. The students must not read the question or suggested answers while the teacher is reading the passage! *The passages and the questions that the teacher will read aloud are found in the* **ANSWERS SECTION, PART ONE,** at the end of this examination. *This is not a dictation.* [30 credits]

1 Pourquoi la ville de Royan attire-t-elle les touristes?
1 C'est le centre de constructions navales de France.
2 La région est renommée pour sa cuisine.
3 Il y a beaucoup de choses intéressantes dans la région.
4 Les vacances n'y coûtent pas cher. 1____

2 Qu'est-ce qu'on nous conseille de faire pour
vivre plus vieux?

  1 se promener à pied
  2 éviter les métiers dangereux
  3 étudier les civilisations de l'antiquité
  4 passer une heure par jour à courir très vite   2____

3 Comment La Nouvelle-Orléans se
distingue-t-elle des autres villes américaines?

  1 par son architecture   3 par sa population
  2 par son climat   4 par sa nourriture   3____

4 Qu'est-ce que cette athlète a fait?

  1 Elle est partie pour Moscou.
  2 Elle a fait le tour du monde.
  3 Elle est allée vivre à Paris.
  4 Elle a battu certains records.   4____

5 Quels problèmes cette invention élimine-t-elle?

  1 les problèmes de langues
  2 les problèmes financiers
  3 les problèmes des distances
  4 les problèmes diplomatiques   5____

6 Que fait cette entreprise?

  1 Elle vend des plantes.
  2 Elle organise des voyages.
  3 Elle garde des plantes.
  4 Elle enseigne l'horticulture.   6____

7 Quel est le résultat de ces réformes?

  1 Les employés travaillent moins.
  2 Les salaires ont diminué.
  3 Les patrons sont très favorisés.
  4 Les ouvriers ne trouvent pas de travail.   7____

8 Que fait cette compagnie pour limiter la gravité
des accidents de voiture?
  1 Elle change les limites de vitesse.
  2 Elle donne un meilleur entraînement aux
    chauffeurs.
  3 Elle construit de meilleures routes.
  4 Elle fabrique des véhicules plus solides et
    plus sûrs.   8____

9 Qu'est-ce que ce professeur propose pour
intéresser les élèves?
  1 d'établir des échanges avec d'autres pays
  2 de composer des textes originaux
  3 d'étudier des chansons
  4 de faire de la sociologie   9____

10 Que peut-on dire de l'industrie automobile en
France?
  1 Il n'y a pas assez de pétrole.
  2 Elle souffre d'un grand déficit.
  3 C'est une partie importante de l'économie.
  4 Elle construit surtout des véhicules
    militaires.   10____

11 Quel sera le résultat de cet accord?
  1 On verra beaucoup de films français aux
    Etats-Unis.
  2 Les acteurs américains feront des films en
    France.
  3 Les films américains coûteront plus cher en
    France.
  4 Tout le monde aura la permission de copier
    les films français.   11____

12 Pourquoi offre-t-on du muguet le premier mai?

  1 pour se moquer des autres
  2 pour faire plaisir à quelqu'un
  3 pour amuser les enfants
  4 pour rencontrer des gens   12____

13 Comment vit cette femme?

  1 Elle est très sportive.
  2 Elle reste en ville autant que possible.
  3 Elle est continuellement au téléphone.
  4 Elle cherche une existence tranquille.   13____

14 Comment peut-on décrire le garçon de café
parisien?

  1 Il a de nombreux talents.
  2 Il parle beaucoup.
  3 Il est mal aimé.
  4 Il travaille lentement.   14____

15 Qu'est-ce que c'est que le Mont Royal?

  1 un centre commercial   3 un théâtre
  2 un hôtel   4 un bateau   15____

PART TWO (A) *Listening Comprehension Combined
with Writing Skill*

DIRECTIONS: **(16–20):** *Listen to your teacher read twice in succession
the setting of one dialogue in French. Then the teacher will read aloud twice
a line of the dialogue. Immediately after the second reading of each line
of dialogue in French, you will hear instructions in English telling you how
to respond in French. Sentence fragments as well as complete sentences in
French will be acceptable, but* ONLY *if they are in keeping with the
instructions that you hear. Numerals are* NOT *acceptable. If the response
to the dialogue line includes a date, time, amount of money, number, etc.,
write out the number. The setting of the one dialogue in French, the five
lines of dialogue in French that the teacher will read to you, and the
instructions in English as to how to respond in written French to each line
of dialogue are all found in the* **ANSWERS SECTION, PART TWO (A)**,
at the end of this examination.   [5 credits]

The instructions for responding to dialogue lines 16 through 20 are as follows:

16 Say why it is not possible.

17 Say what you will be doing and suggest another day.

18 Suggest how to solve that problem.

19 Say why that would be best.

20 Say what you will do.

PART TWO (B) *Listening Comprehension Combined with Writing Skill*

DIRECTIONS: (21–25): *Listen to your teacher read twice in succession a situation in French. Then the teacher will pause while you write in French an appropriate response for the situation. There are five different situations. Sentence fragments as well as complete sentences, questions, or commands in French will be acceptable, but* ONLY *if they are in keeping with the situation. Numerals are* NOT *acceptable. If the response includes a date, time, amount of money, number, etc., write out the number. The five different situations that the teacher will read to you in French (twice in succession for each situation) are all found in the* **ANSWERS SECTION, PART TWO (B)**, **at the end of this examination.** [5 credits]

PART THREE *Reading Comprehension*

Answer all questions in Part 3 according to the directions for a, b, and c. [30]

(a) DIRECTIONS (26–30): Below the following passage, there are five questions or incomplete statements. For *each*, choose the word or expression that best answers the question or completes the statement *according to the meaning of the passage*, and write its *number* in the space provided.

Vingt kilomètres par jour. C'est la distance que des milliers de facteurs font en bicyclette à la ville comme à la campagne pour distribuer les lettres et les paquets du public. Vingt kilomètres par jour, ça use les pédales, les freins et les pneus des vélos qui supportent mal vingt-cinq à trente kilos de courrier. C'est pourquoi les réparations sont fréquentes.

En fait, les facteurs—qui s'opposent à l'utilisation du cyclomoteur qu'ils jugent être la cause de trop d'accidents—ont actuellement le choix entre deux possibilités: utiliser une bicyclette fournie par l'Administration pour toute leur carrière, ou s'en acheter une avec une prime de 650 francs et une indemnité de 20 francs par mois destinée à couvrir les frais d'entretien. Dans les deux cas, c'est très insuffisant, d'autant plus que leur salaire reste très bas.

D'autre part, alors que dans tous les autres emplois, le temps de travail est réduit de deux à cinq heures par semaine, les facteurs continuent à travailler six jours sur sept. Un représentant syndical des employés des postes remarque que les conditions de travail s'améliorent partout et qu'il n'y a pas de raison qu'elles restent inchangées au service des postes.

Une commission nationale reconnaît que les facteurs ont de bonnes raisons de se plaindre et qu'il faudrait prévoir une compensation spéciale en leur faveur. Il faut espérer que les députés de l'Assemblée nationale voudront bien s'en souvenir au moment de la discussion du budget de l'année prochaine.

26 Comment beaucoup de facteurs distribuent-ils
   le courrier?
   1 à pied   3 en voiture
   2 à bicyclette   4 en camion   26_____

27 Les vélos tombent souvent en panne à cause
   1 du poids du courrier
   2 de la vitesse des facteurs
   3 des mauvaises routes
   4 de leurs petites roues   27_____

28 Les facteurs refusent d'utiliser des vélomoteurs
   parce qu'ils sont trop
   1 rapides   3 dangereux
   2 fragiles   4 chers   28_____

29 En plus des aspects financiers de leur métier,
   les facteurs sont mécontents
   1 de l'attitude du public
   2 du coût de la vie
   3 de leurs représentants syndicaux
   4 de leurs heures de travail   29_____

30 Qui peut améliorer la condition des facteurs?
   1 des ingénieurs   3 le gouvernement
   2 l'entreprise privée 4 les écrivains   30_____

(b) DIRECTIONS (31–35): Below each of the five following selections, there is either a question or an incomplete statement. For *each*, choose the word or expression that best answers the question or completes the statement *according to the meaning of the selection*, and write its *number* in the space provided.

31

Maintenant, la façon la plus simple et la plus rapide d'appeler la France de votre propre chambre est de composer le numéro vous-même. Voilà comment: composer à la suite l'un de l'autre, le numéro d'appel de l'inter de votre hôtel ou motel (8), puis les chiffres d'appel téléphonique international (011) le numéro distinctif du pays (33), le numéro régional et enfin le numéro de l'abonné local. Par Exemple, pour téléphoner à Paris, vous composez:

8	+	011	+	33	+	1	+	123456
numéro d'inter de l'hôtel/ motel		chiffres d'appel internat.		numéro distinct. du pays		numéro régional		numéro de l'abonné

Pour plus de renseignements, prière de consulter la section spéciale internationale de votre annuaire.

L76123/1/79

---

31 Pour appeler la France directement de sa chambre d'hôtel, il faut

1 parler à la téléphoniste
2 aller au bureau de l'hôtel
3 composer un numéro particulier
4 passer par Paris

31____

---

32 Condamné par une cour canadienne à une peine de trois années de prison pour fraude, un Américain avait la possibilité de rentrer dans son propre pays en vertu d'un accord d'échange de prisonniers entre les deux pays. A la surprise générale, il a refusé cette possibilité en déclarant qu'il aimait mieux rester en prison au Canada afin d'apprendre à parler français. On se demande si, à sa libération, il possédera toutes les nuances de la langue et si son français sera de niveau académique.

32 Pourquoi cet homme a-t-il décidé de rester
dans une prison canadienne?

1 pour participer dans un système d'échange
2 pour apprendre une langue
3 pour apprendre le système pénitencier canadien
4 pour continuer son travail en prison   32_____

33

33 Qu'est-ce que cette annonce vous conseille de
faire?
1· de suivre un cours de navigation à voiles
2 de faire du sport afin de maigrir
3 de vous reposer pour une meilleure santé
4 de noter vos rêves une fois réveillés   33____

34

BON DE GARANTIE. Tous les produits
sortent de nos fabriques en parfait état de
fraîcheur. Les articles de chocolat étant sensibles
à l'humidité et aux fluctuations de température,
il faut les conserver dans un endroit frais et sec.
Des fluctuations de température et de la chaleur
peuvent provoquer sur le chocolat l'apparition de
taches grisâtres causées par la fonte du beurre de
cacao.
   Bien que ces taches portent atteinte à la
présentation du chocolat, celui-ci reste propre à
la consommation. Par contre, conservé dans un
endroit humide le chocolat se couvrira de
moisissure et deviendra absolument impropre à
la consommation.
   En cas d'une réclamation nous vous prions de
nous retourner ce Bon de Garantie avec mention
du numéro de référence de l'emballage en
question et des détails sur la nature de votre
réclamation. Il convient de retenir l'emballage en
l'attente de notre réponse.
   Si possible veuillez mentionner également
quand et où l'emballage a été acheté.

34 Ce document indique comment
1 servir le chocolat
2 transporter le chocolat
3 conserver le chocolat
4 fabriquer le chocolat   34____

35

> ## MODE D'ENTRETIEN
> ### TISSU DE POLYESTER FORTREL 100%
>
> Ce vêtement est lavable à la machine (réglage moyen).
>
> Utilisez un détergent dans de l'eau tiède — 120°F.
>
> Séchez au culbuteur à réglage moyen. Enlevez de la sécheuse immédiatement à la fin du cycle. Si un coup de fer est nécessaire, employez un fer au réglage FORTREL (réglage moyen).
>
> Le confort du vêtement sera accru si vous ajoutez un adoucisseur (¼-½ t.) à l'eau du dernier rinçage.
>
> * MARQUE DÉPOSÉE AU CANADA
> FABRIQUÉ AU CANADA PAR MILLHAVEN FIBRES
>   LIMITED (USAGER INSCRIT)
> COMMERCIALISÉ PAR CELANESE CANADA LIMITÉE

35 Cette étiquette vous montre comment
  1 laver un vêtement
  2 réparer une machine
  3 coudre un tissu
  4 choisir une machine à laver   35_____

(c) DIRECTIONS (36–40): In the following passage there are five blank spaces numbered 36 through 40. Each blank space represents a missing word or expression. For each blank space, four possible completions are provided. Only one of them makes sense *in the context of the passage*.

First, read the passage in its entirety to determine its general meaning. Then read it a second time. For each blank space choose the completion that makes the best sense and write its *number* in the space provided.

En France, les jeunes n'aiment pas faire partie

d'un mouvement ou d'une organisation. Et pourtant,

ils vivent, ils sortent, ils s'amusent souvent en groupe.

Ce sont de longues discussions au café où l'on   (36)____

de tout pendant des heures: des professeurs, du

lycée, du patron, des parents, de l'avenir, de l'argent
etc.... Quand on n'a pas assez d'argent, on prend un
coca pour trois ou deux cafés pour quatre. On discute,
on joue au flipper. On se rencontre aussi chez des
copains. Quelqu'un apporte avec lui sa guitare. Un
groupe se forme autour de lui. Une flûte, un
harmonica en plus, et voilà c'est un petit ___(37)___
avec lequel on chante et on rit. Quand on ne chante
pas soi-même, on va écouter ses chanteurs préférés ou
un concert de jazz. De temps en temps on se rend en
groupe joyeux dans les festivals où on chante, on
danse et surtout on ___(38)___ de la musique "Rock,"
"Pop" ou "Folk" d'origine étrangère ou française
régionale. On va aussi danser chez des amis ou dans
des bals. En province, la fête foraine attire beaucoup
de jeunes, ouvriers, paysans ou lycéens.

La moto est quelquefois aussi le point de départ de
loisirs collectifs. Avoir une moto, c'est avoir la
possibilité de connaître d'autres jeunes dont le seul
point commun sera peut-être le même "amour" pour
la machine. A Paris des centaines de ___(39)___ se
réunissent tous les vendredis soirs boulevard
Sébastopol, à la Bastille ou place d'Alésia, casqués,
bottés, habillés de cuir. Ils tournent en rond sur leurs
machines avant de partir brusquement, par bandes,
en faisant du bruit au nez des automobilistes qui ne
les aiment pas beaucoup.

Avoir une moto, cela demande beaucoup ___(40)___

On l'achète souvent à crédit. On fait rarement cette

dépense parce qu'elle est utile mais surtout parce que

faire de la moto, c'est rencontrer des amis, c'est avoir la

liberté de se déplacer, de quitter la ville et même

quelquefois de voyager.

(36) 1 rêve   3 propose
      2 fait   4 parle   36____

(37) 1 orchestre   3 disque
      2 instrument   4 repas   37____

(38) 1 imite   3 compose
      2 écoute   4 décrit   38____

(39) 1 professeurs   3 musiciens
      2 patriotes   4 jeunes   39____

(40) 1 de temps   3 de travail
      2 d'argent   4 d'amis   40____

PART FOUR   *Compositions*

DIRECTIONS: *Write two compositions in French as directed below. Sample compositions appear in the* **ANSWERS SECTION, PART FOUR,** at the end of this examination.   [20 credits]

Choose TWO of the three topics (*A*, *B*, *C*). Be sure to follow the specific instructions for each topic you select. Identify the topics by their letters (*A*, *B*, *C*).

For *each* of the two topics you choose, write a well-organized composition of at least 10 clauses. To qualify for credit, a clause must contain a verb, a stated or implied subject, and additional words necessary to convey meaning. The 10 clauses may be contained in fewer than 10 sentences if some of the sentences have more than one clause.

Examples:

One clause:	Il a acheté la chemise bleue.
Two clauses:	Il a acheté la chemise bleue et laissé la blanche.
Three clauses:	Il a acheté la chemise bleue et laissé la blanche parce qu'elle coûtait trop cher.

Topic A: In French, write a STORY about the situation shown in the picture below. Do *not* merely describe the picture.

Topic B: You are considering participating in a program that offers you the opportunity to spend one month of summer vacation on a farm in Quebec. You would be provided room and board in exchange for some work. Write a letter in French to the farmer asking for more details about the program.

You <u>must</u> accomplish the purpose of the letter which is *to inquire about the details of the program.*

After you have identified yourself and the reason for your letter, you may want to inquire specifically about the size of the farm, its location, what it produces, how many people work there, what kind of work you will have to do, how many hours you will have to work, what time off you will have to yourself, special clothing you should bring, where and with whom you will have your meals, where you will be housed.

You may use any or all of the ideas suggested above *or* you may use your own ideas. **Either way, you must explain the situation well enough for the reader to be able to give you an answer.**

Use the following:
Dateline: le 18 juin 1985
Salutation: Cher Monsieur Gagnon
Closing: Meilleurs sentiments,

Topic C: Write a letter in French to your pen pal in the city of Nantes to convince him or her to help your aunt, who is planning to visit that city for a short time.

You <u>must</u> accomplish the purpose of the letter which is *to convince your pen pal to help your aunt while she is in Nantes.*

After you have stated the purpose of your letter, you may want to tell who your aunt is by mentioning her name and age, what she is like, and how you feel about her. You may want to explain why she is going to Nantes, when and for how long, and what kind of things she is interested in. You may want to suggest ways in which your pen pal could help your aunt, such as with the language or in getting around the city. In closing, you may want to ask for a response to your letter so you will know whether your pen pal will be able to help your aunt and how your aunt should contact your pen pal.

You may use any or all of the ideas suggested above *or* you may use your own ideas. **Either way, you must explain the situation well enough for the reader to be able to give you an answer.**

Use the following:
Dateline: le 18 juin 1985
Salutation: Cher (Chère) [name]
Closing: Amicalement,

NOTE: **This examination consists of PARTS ONE through FOUR, a total of 90 credits.**

PART FIVE: *Skill in Speaking French*

This part of the examination was evaluated prior to the date of this written examination.   [10 credits]

Answers June 1985

French Level 3 (Comprehensive)

PART ONE *Listening Comprehension*

*The following passages are to be read aloud to the students according to
the directions given for this part at the beginning of this examination. They
are not dictations. They are designed to test listening comprehension. The
correct answer is given at the end of each paragraph.* [30 credits]

1. Pourquoi la ville de Royan attire-t-elle les touristes?
Une des plages favorites sur l'Atlantique, Royan est la ville idéale pour
les vacances. Située à mi-chemin entre La Rochelle et Bordeaux, c'est un
centre d'où on peut faire de nombreuses excursions dans un pays riche
d'histoire et en centres d'intérêt de toutes sortes. Toute la région est couverte
de ruines romaines. D'un côté, il y a Cognac avec ses vignobles et ses
distilleries, de l'autre, il y a La Rochelle, cité historique et pit-
toresque. **(Answer 3)**

2. Qu'est-ce qu'on nous conseille de faire pour vivre plus vieux?
Il y a 2.000 ans, Hippocrate affirmait que la marche était un antidote contre
le vieillissement. Aujourd'hui, les chercheurs de la médecine moderne con-
statent qu'il avait raison. En effet, ce n'est ni la course ni le jogging mais
bien la marche qui constitue l'exercice le plus efficace. C'est aussi un exercice
qu'on peut poursuivre toute sa vie sans danger. **()**

3. Comment La Nouvelle-Orléans se distingue-t-elle des autres villes
américaines?
La Nouvelle-Orléans est certainement l'un des grands centres culinaires
de l'Amérique. A l'exception de New-York qui n'est pas vraiment l'Amérique,
et de San Francisco qui a toujours eu la réputation de bien manger, aucune
ville américaine n'a de tradition culinaire ni de cuisine particulière comme
la Nouvelle-Orléans. Cette cuisine bénéficie d'un mélange d'influences des
plus diverses: créole, espagnole, française, africaine et indienne. **(Answer
4)**

4. Qu'est-ce que cette athlète a fait?
Une jeune Américaine Mary Decker a établi un nouveau record du monde
du 10.000 mètres, en courant la distance en 31 minutes 35 secondes 03. Le
précédent record avait été établi par la Soviétique Elena Sipatova. C'est à
Paris que cette même Américaine a aussi réalisé le record mondial du
mile. **(Answer 4)**

15

5. Quels problèmes cette invention élimine-t-elle?

Si vous êtes un homme ou une femme moderne, vous voyagez. Par obligation professionnelle et aussi par goût, vous vivez et vous travaillez dans plusieurs pays différents. Vous avez donc de plus en plus besoin d'une monnaie internationale. Cette monnaie internationale existe. C'est la carte de crédit. Grâce à elle vous payez simplement avec votre signature. C'est une façon de vous simplifier la vie en voyage. **(Answer 2)**

6. Que fait cette entreprise?

Votre concierge ou vos amis ne peuvent pas venir arroser vos plantes vertes pendant que vous êtes partis en vacances. Peu importe. Il existe à Paris une entreprise qui chaque année offre de prendre vos plantes en pension et de s'en occuper pendant votre absence. La garde est assurée du 15 juin au 15 septembre et le prix de la pension dépend de la taille de la plante. **(Answer 3)**

7. Quel est le résultat de ces réformes?

Les réformes sociales promises par le gouvernement continuent de s'étendre au profit de la classe salariée.

En conclusion à la conférence de représentants des syndicats, du patronat et du gouvernement, la décision de donner aux employés salariés une semaine de congés payés de plus par an a été annoncée. La semaine de travail a aussi été réduite de quarante heures à trente-neuf heures. **(Answer 1)**

8. Que fait cette compagnie pour limiter la gravité des accidents de voiture?

Tant qu'il y aura des voitures sur la route, il y aura des accidents. C'est regrettable mais vrai. Si nous ne pouvons pas totalement les éliminer, nous pouvons quand même beaucoup améliorer cette situation. Dans la construction d'automobiles, notre objectif permanent c'est de produire des voitures qui assurent un maximum de sécurité aux passagers et de réduire au minimum les dommages matériels en cas d'accident. **(Answer 4)**

9. Qu'est-ce que ce professeur propose pour intéresser les élèves?

Un professeur de Boston offre aux professeurs de français une nouvelle méthode pour intéresser et aider leurs étudiants. Il utilise des chansons populaires pour développer des leçons en expliquant les difficultés grammaticales et phonétiques. Les textes de ces chansons offrent aussi aux étudiants la possibilité de mieux comprendre les réalités sociales et culturelles des pays d'où elles viennent. **(Answer 3)**

10. Que peut-on dire de l'industrie automobile en France?

L'industrie automobile fait vivre un Français sur cinq, directement ou indirectement. L'année dernière, elle a réalisé un profit commercial de 28 milliards de francs sur le marché international. Elle compense 43% des dépenses du pays pour l'importation du pétrole. L'auto, c'est le poumon de la France. **(Answer 3)**

11. Quel sera le résultat de cet accord?

Bonne nouvelle pour les amateurs de films français aux Etats-Unis! La compagnie américaine Columbia Pictures et la société française Gaumont ont signé un accord pour former un organisme commun qui aura pour but de produire et de distribuer des films pour les Etats-Unis. Cette nouvelle société sera responsable de la diffusion des films en salles, à la télévision, en vidéocassettes et en vidéodisques. (**Answer 1**)

12. Pourquoi offre-t-on du muguet le premier mai?

Le muguet qui représente le retour du printemps, se vend à tous les coins de rue en France le premier mai. La tradition veut qu'on offre alors un brin de ces petites fleurs blanches très parfumées à tous ses parents et amis à qui on veut du bien. C'est parce que le muguet porte bonheur, surtout si le premier brin que vous recevez ce jour-là vous est offert par un enfant. (**Answer 2**)

13. Comment vit cette femme?

Je suis une solitaire. J'aime la nature. Le plus souvent possible, je me retire dans ma maison de campagne à trente kilomètres de la capitale. J'ai un grand parc et un jardin. J'ai choisi cette manière de vivre. Chez moi, je ne regarde pas la télévision. Je préfère lire et de temps en temps, téléphoner à ma soeur Blanche. (**Answer 4**)

14. Comment peut-on décrire le garçon de café parisien?

Le garçon de café est une figure typique de la vie parisienne. Veste blanche, pantalon noir, il circule entre les tables avec son plateau. Ses mouvements élégants et sa rapidité font l'admiration des clients. Il est partout à la fois, ses gestes sont précis et efficaces. Un peu comédien, le garçon de café est toujours très occupé. (**Answer 1**)

15. Qu'est-ce que c'est que le Mont Royal?

Le Mont Royal vous offre un logement de luxe au coeur même du centre-ville, à deux pas des discothèques, des boutiques et d'excursions touristiques de toutes sortes. Toutes nos chambres sont climatisées et équipées d'une télévision en couleur pour un minimum de trente dollars par jour en chambre simple. Consultez votre agent de voyage ou appelez-nous directement. (**Answer 2**)

PART TWO (A) *Listening Comprehension Combined with Writing Skill*

Write, in French, responses to the lines of dialogue that the teacher reads to you, according to the directions for this part at the beginning of this examination. Following are the 5 lines of dialogue that the teacher reads aloud to the students for listening comprehension. This is not a dictation. Write only an appropriate response in French, according to the instructions that the teacher gives you in English as to how to respond in written French to each line of dialogue. These instructions are given in English in parentheses. **SAMPLE ACCEPTABLE RESPONSES ARE GIVEN BELOW.** [5 credits]

C'est l'anniversaire de Robert. Vous essayez d'organiser une petite surprise-partie en son honneur avec votre amie Claudine.

16. Claudine: On peut faire ça chez moi mercredi soir, si tu veux. Qu'est-ce que tu en penses?
(Say why it is not possible.) _____

17. Claudine: Jeudi, il faut que j'aille faire des courses avec ma mère.
(Say what you will be doing and suggest another day.) __
_____

18. Claudine: Robert a un match de football ce soir-là.
(Suggest how to solve that problem.) _____

19. Claudine: Non, il vaut mieux attendre samedi de la semaine prochaine.
(Say why that would be best.) _____

20. Claudine: Alors c'est d'accord pour samedi. Je m'occuperai du gâteau et des boissons.
(Say what you will do.) _____

SAMPLE ACCEPTABLE WRITTEN RESPONSES

(16) Non, j'ai un concert ce soir-là.
(17) Moi, j'ai des devoirs à faire. On peut faire ça samedi.
(18) Il y a toujours dimanche!
(19) Bon, tout le monde sera libre.
(20) J'apporterai mes disques.

PART TWO (B) *Listening Comprehension Combined with Writing Skill*

Here are the five situations that the teacher reads to you in French twice in succession for each situation. After the second reading of each situation, write an appropriate response in French. [5 credits]

21. Votre professeur de français vous reproche de ne pas avoir fini vos devoirs. Vous lui dites: _____

22. Au restaurant, tous les plats du menu vous semblent délicieux. Vous dites au garçon: _____

23. Vos amis discutent de politique. Ils se fâchent. Vous dites: ⎯⎯⎯⎯⎯

24. Il fait un temps magnifique et vous n'avez rien de particulier à faire. Vous suggérez: ⎯⎯⎯⎯⎯⎯⎯⎯⎯⎯⎯⎯⎯⎯⎯⎯⎯⎯⎯⎯⎯⎯⎯⎯⎯⎯⎯⎯⎯

25. Claude vous invite à passer le week-end avec sa famille. Vous lui dites: ⎯⎯⎯⎯⎯⎯⎯⎯⎯⎯⎯⎯⎯⎯⎯⎯⎯⎯⎯⎯⎯⎯⎯⎯⎯⎯⎯⎯⎯⎯⎯⎯

SAMPLE ACCEPTABLE WRITTEN RESPONSES

(21) J'étais malade.
(22) Qu'est-ce que vous me suggérez?
(23) Calmez-vous! Je n'entends rien.
(24) Allons faire du vélo dans le parc.
(25) Ça me ferait beaucoup plaisir.

PART THREE   *Reading Comprehension*

(a)		(b)		(c)	
(26)	2	(31)	3	(36)	4
(27)	1	(32)	2	(37)	1
(28)	3	(33)	1	(38)	2
(29)	4	(34)	3	(39)	4
(30)	3	(35)	1	(40)	2

PART FOUR   *Sample Compositions*

For each topic, an example of a response worth 10 credits follows. The slash marks indicate how each sample composition has been divided into clauses.

Topic A

L'année dernière, je suis allé(e) passer une semaine à Paris avec un groupe de mon lycée./₁ Le jour-même de notre arrivée, j'attendais des copains devant un magasin/₂ pendant qu'ils achetaient des cartes postales/₃ quand, tout d'un coup, j'ai remarqué une voiture/₄ qui roulait vide et sans chauffeur au milieu de la rue./₅ J'ai couru avertir un agent de police/₆ qui n'était pas loin de là,/₇ mais j'étais tellement excité(e)/₈ que je lui ai parlé en anglais/₉ et il n'a rien compris./₁₀ Pendant ce temps-là, la voiture vide a renversé un kiosque, écrasé une dizaine de vélos, et finalement elle a défoncé la vitrine d'une charcuterie.

Topic B

le 18 juin 1985

Cher Monsieur Gagnon,

On m'a dit que vous employez quelquefois des jeunes dans votre ferme pendant l'été./₁ Ce genre de travail m'intéresse/₂ parce que ça me permettrait de perfectionner mon français./₃ Je n'ai aucune expérience dans ce domaine/₄ mais je suis en bonne santé et plein(e) de bonne volonté./₅ J'aimerais savoir/₆ quel genre de travail il me faudra faire et les conditions de travail: horaires et salaire./₇ Pourriez-vous aussi me dire/₈ si je serai nourri(e) et logé(e) à la ferme?/₉ Donnez-moi aussi, si possible, des renseignements sur votre ferme,/₁₀ où elle est située, le nombre de personnes que vous employez, et les récoltes que vous produisez.

Je serai libre de commencer à partir du 28 juin et j'espère avoir bientôt de vos nouvelles.

Meilleurs sentiments,

Topic C

le 18 juin 1985

Chère Janine,

Ma tante Mary va passer quelques semaines à Marseille./₁ Comme elle ne parle pas très bien le français/₂ je voudrais te demander/₃ de l'aider pendant son séjour./₄ Tante Mary a 62 ans/₅ mais elle est très active./₆ Quand on sort ensemble/₇ on s'amuse beaucoup./₈ Elle voudrait surtout connaître la ville./₉ Pourrais-tu l'accompagner pendant sa visite/₁₀ et lui montrer les monuments historiques?

Tante Mary doit partir le mois prochain, alors écris-moi le plus vite possible pour me dire si tu peux passer quelques jours avec elle.

Amicalement,

Examination June 1986

French Level 3 (Comprehensive)

PART ONE *Listening Comprehension*

DIRECTIONS: (1–15): *This part of the examination is designed to test listening comprehension. It consists of 15 questions and passages that the teacher will read aloud to the students. The teacher will read the first question and passage aloud in French at normal speed. Then the teacher will repeat the reading of the question and passage once. The students will be allowed* one minute *to read the question which is printed and to select the best answer. This procedure is repeated for each of the questions and passages.*

The students must listen carefully to what the teacher reads. They must not write anything. This is not a dictation. It is a test for listening comprehension. Only the question is printed and 4 suggested answers. The passages that the teacher reads to the students are not printed. After the students listen to each question and paragraph, they must write in the space provided the number of the suggested answers that best answers each question. The students must choose the correct answer that is based only on the content of the passage that is read aloud to them. The students must not read the question or suggested answers while the teacher is reading the passage! *The passages and the questions that the teacher will read aloud are found in the* **ANSWERS SECTION, PART ONE, at the end of this examination.** *This is not a dictation.*   [30 credits]

1 Pour quelle série du Bac le nombre des
  candidats a-t-il augmenté?
  1 celle des mathématiques
  2 celle des sciences physiques
  3 celle de technicien
  4 celle de langues   1_____

1

2 Que faut-il faire pour rapporter de bons
   souvenirs de vos vacances?
   1 photographier des détails intéressants
   2 parler aux habitants du pays
   3 acheter beaucoup de cartes postales
   4 visiter les monuments historiques   2____

3 A quoi s'intéressent des millions de Français
   chaque dimanche?
   1 à la politique
   2 à une heure de repos
   3 à une course de chevaux
   4 à la musique   3____

4 Pourquoi vient-on dans ce parc?
   1 pour ses animaux sauvages
   2 pour ses expositions d'art
   3 pour ses cours en économie
   4 pour ses installations de récréation   4____

5 Qu'est-ce qu'on offre dans ces stations-service?
   1 une meilleure qualité d'essence
   2 des prix très bas
   3 une grande variété de produits
   4 des lavages de voiture gratuits   5____

6 Que doit faire une jeune fille au pair?
   1 aider à la maison
   2 s'occuper du courrier
   3 donner des cours
   4 accompagner les visiteurs   6____

7 Qu'est-ce qu'on vous suggère de faire pendant
vos vacances?

  1 de faire du camping
  2 de vendre des vélos
  3 de travailler à l'étranger
  4 de voyager à bicyclette   7____

8 Qu'est-ce qui distingue ces séjours?

  1 Leurs prix sont avantageux.
  2 Ils sont réservés aux étrangers.
  3 On peut rester une semaine.
  4 Il y a des fleurs dans les chambres d'hôtel.   8____

9 Quel temps fera-t-il demain?

  1 Il fera du vent.   3 Il fera chaud.
  2 Il fera froid.   4 Il fera du soleil.   9____

10 Où a-t-on célébré cette fête?

  1 partout dans la province
  2 dans les grandes villes
  3 au Parlement
  4 dans les églises   10____

11 Qu'est-ce que la majorité des skieurs
recherche?

  1 les bons repas
  2 les compétitions sportives
  3 les pistes faciles
  4 les montagnes dangereuses   11____

12 Quel est l'avantage de ce robot?

  1 Il est muet.   3 Il est amusant.
  2 Il est obéissant.   4 Il est rapide.   12____

13 Pourquoi les Français boivent-ils moins de vin?

 1 Ils aiment mieux les jus de fruits.
 2 Le vin français est de qualité inférieure.
 3 Les mères de famille préfèrent le lait.
 4 Ils s'inquiètent de leur santé.   13____

14 Quel est le but de cette organisation?
 1 enseigner le français
 2 organiser des voyages
 3 renseigner les jeunes
 4 préparer des repas bon marché   14____

15 A quoi sert ce produit?
 1 à remplacer le bois
 2 à combattre la pollution
 3 à contrôler les fleuves
 4 à produire du pétrole   15____

PART TWO (A)   *Listening Comprehension Combined with Writing Skill*

DIRECTIONS: **(16–20)**: *Listen to your teacher read twice in succession the setting of one dialogue in French. Then the teacher will read aloud twice a line of the dialogue. Immediately after the second reading of each line of dialogue in French, you will hear instructions in English telling you how to respond in French. Sentence fragments as well as complete sentences in French will be acceptable, but* ONLY *if they are in keeping with the instructions that you hear. Numerals are* NOT *acceptable. If the response to the dialogue line includes a date, time, amount of money, number, etc., write out the number. The setting of the one dialogue in French, the five lines of dialogue in French that the teacher will read to you, and the instructions in English as to how to respond in written French to each line of dialogue are all found in the* **ANSWERS SECTION, PART TWO (A),** *at the end of this* **examination.**   [5 credits]

The instructions for responding to dialogue lines 16 through 20 are as follows:

16 Tell what is in it.

17 Say why not.

18 Give your reason.

19 Raise an objection.

20 Tell what you will do.

PART TWO (B) *Listening Comprehension Combined with Writing Skill*

DIRECTIONS: (21–25): *Listen to your teacher read twice in succession a situation in French. Then the teacher will pause while you write in French an appropriate response for the situation. There are five different situations. Sentence fragments as well as complete sentences, questions, or commands in French will be acceptable, but* ONLY *if they are in keeping with the situation. Numerals are* NOT *acceptable. If the response includes a date, time, amount of money, number, etc., write out the number. The five different situations that the teacher will read to you in French (twice in succession for each situation) are all found in the* **ANSWERS SECTION, PART TWO (B),** **at the end of this examination.** [5 credits]

PART THREE *Reading Comprehension*

Answer all questions in Part 3 according to the directions for a, b, and c. [30]

(a) DIRECTIONS (26–30): Below the following passage, there are five questions or incomplete statements. For *each*, choose the word or expression that best answers the question or completes the statement *according to the meaning of the passage*, and write its *number* in the space provided.

Les enfants adorent le sport. Une récente enquête menée auprès du jeune public révèle que, sur trois distractions proposées: sport, cinéma, télévision, c'est le sport qui vient en tête des préférences (45,6% chez les garçons, 29,1% chez les filles). Parmi les enfants qu'on a interrogés, 62,5% pratiquent déjà un sport. Parmi les autres, 89% aimeraient en faire.

Toujours selon cette même enquête, plus de la moitié des enfants interrogés (54%) aimeraient une école "à l'allemande" avec après-midi libres pour les activités de loisirs. Ils affirment que "le sport est aussi important que les autres matières enseignées."

Les sports qui intéressent le plus les enfants sont le vélo, la natation, le cheval, le ski et le tennis. Ce sont aussi les sports les plus souvent pratiqués par les adultes. Il est évident que les enfants sont influencés surtout par les goûts des parents.

Avec le développement du poney, l'équitation pour enfants connaît actuellement une grande popularité. Longtemps considérée comme un sport d'un prix exorbitant, elle s'est beaucoup démocratisée. De nos jours, les leçons, y compris la location du cheval et de l'équipement ne sont plus très coûteuses.

Dans le cas du tennis, les grandes "vedettes" ont beaucoup fait pour développer ce sport. Les enfants veulent tout de suite avoir l'air "pro." Ils veulent absolument la même chemisette, la même raquette et les mêmes chaussures que les champions.

Les sports d'équipe intéressent beaucoup les jeunes mais c'est la place qui manque. Ainsi le football, le handball, le rugby attireraient bon nombre de garçons si les associations sportives de juniors étaient plus nombreuses.

26 On a interrogé des enfants pour connaître leur opinion sur leurs

1 devoirs   3 loisirs
2 lectures   4 vêtements   26_____

27 Que fait-on l'après-midi dans une école "à l'allemande"?
1 On fait ce qu'on veut.
2 On suit des cours.
3 On passe des examens.
4 On reste dans une salle d'étude.   27_____

28 Qui a la plus grande influence sur le choix de sport des enfants?
1 les acteurs   3 les entraîneurs
2 leurs camarades   4 leurs parents   28_____

29 Qu'est-ce qui est important pour les jeunes amateurs de tennis?
1 imiter les champions
2 prendre des leçons
3 gagner toutes les parties
4 rencontrer des amis   29_____

30 Pourquoi la participation des jeunes aux
sports d'équipe est-elle limitée?
1 L'équipement est trop cher.
2 Il n'y a pas assez de clubs.
3 Les professeurs ne l'encouragent pas.
4 La télévision prend tout leur temps.   30____

(b)   DIRECTIONS (31–35): Below each of the five following selections, there is
either a question or an incomplete statement. For *each*, choose the word
or expression that best answers the question or completes the statement
according to the meaning of the selection and write its *number* in the
space provided.

31   Etre journaliste ou cascadeur, infirmière ou
céramiste, architecte ou conseiller juridique,
représentant commercial, aiguilleur du ciel,
éducateur de jeunes enfants...Métiers connus
ou moins connus: comment se décider?
   Le "Guide pratique de la vie" vous aide à
mieux connaître ces métiers, à savoir
comment vous y préparer, à identifier les
débouchés qu'ils vous offrent, etc.
   Une page entière rédigée sous forme de
fiche est consacrée à chaque métier.

31 Dans quel but utilise-t-on ce guide?
1 pour trouver des employés
2 pour préparer ses vacances
3 pour réussir à ses examens
4 pour choisir une profession   31____

32   L'important avec un ami, c'est de pouvoir
compter sur lui. Pour n'importe quoi. A
n'importe quel moment. Avec une voiture,
c'est un peu la même chose. En choisissant

cette voiture, vous pouvez compter sur une véritable amie. Sa robustesse est un gage d'amitié durable. C'est une amie sûre avec sa traction avant, sa suspension à quatre roues indépendantes pour tenir la route en toutes circonstances, et son double circuit de freinage pour faire face à l'imprévu.

32 Quelle est la qualité principale de cette voiture?
1 Elle consomme peu d'essence.
2 Elle est très belle.
3 On peut lui faire confiance.
4 On en trouve partout.   32_____

33   CLUB D'ESCRIME

"Les Spadassins" se sont taillé une réputation enviable en remportant plus de médailles aux championnats nationaux d'escrime au fleuret, au sabre et à l'épée que tout autre club au Canada. Récemment, des membres du club ont remporté des médailles d'argent et de bronze aux Jeux du Commonwealth à Glasgow (Ecosse). Les membres participent aussi à des tournois locaux et provinciaux.

Le Club d'escrime de l'AR a la bonne fortune, encore cette année, de bénéficier des services de Maître André Wojcikiewicz. Sa compétence et sa vaste expérience sont précieuses aux membres du Club.

Le clou de la saison d'escrime de l'AR est le Tournoi annuel d'escrime du Gouverneur général. Des escrimeurs d'envergure nationale et internationale participent à cette compétition. Cette année, ne ratez pas cette activité des plus stimulantes.

Heures: les lundis, de 20h00 à 23h00
les jeudis, de 20h00 à 23h00

Durée: du 11 septembre au 29 août

Coût: $15.00 en plus de coût des cours tel qu'établi par le Club.

33 Comment les membres de ce club se distinguent-ils?

1 Ils ont remporté beaucoup de prix.
2 Ils s'entraînent tous les jours.
3 Ils sont tous très riches.
4 Ils sont tous de la même taille.

33 _____

34

| Réservé à tous voyageurs aériens... | et à ceux qui les accompagnent | Régularité Services directs | Taxis... Métro... au Terminal | Confort Rapidité | Assistance bagages |

AIR FRANCE

Les cars Air France sont à votre disposition

34 Cette annonce s'addresse aux gens qui

1 veulent devenir chauffeurs d'autobus
2 vont à un aéroport
3 ont peur de prendre l'avion
4 ont perdu leurs bagages

34 _____

---

35   **YORKSHIRE DE 4 ANS** malheu-reusement non tatoué, gris ardoise et blond, 1,800 kg à 2 kg. Égaré ou volé dans le 16e aux environs de Passy, le

18 février. Si une personne l'a acheté ou trouvé, elle doit savoir qu'une famille est dans la tristesse, mais surtout son meilleur ami un enfant de trois ans. Donnerions un chiot de même race ou récompense. Tél. : 265-28-15 de 9 h 30 à 18 h.

35 Pourquoi des gens ont-ils mis cette annonce dans le journal?

1 Ils ont perdu un chien.
2 Ils ont trouvé un chien.
3 Ils veulent vendre un chien.
4 Ils veulent acheter un chien.   35____

(c) DIRECTIONS **(36–40):** In the following passage there are five blank spaces numbered 36 through 40. Each blank space represents a missing word or expression. For each blank space, four possible completions are provided. Only one of them makes sense *in the context of the passage.*

First, read the passage in its entirety to determine its general meaning. Then read it a second time. For each blank space, choose the completion that makes the best sense and write its *number* in the space provided.

MINISTÈRE DES TRANSPORTS

Renseignements sur l'épreuve de conduite

L'épreuve de conduite que vous êtes sur le point de subir, représente une partie importante de votre examen de compétence.

Dans la circulation il ne vous sera pas demandé d'exécuter des manoeuvres interdites par la loi, mais vous devez obéir à tous les ___(36)___ . D'autre part, vous devez exécuter tous les signaux

requis par la loi, soit avec la main ou le bras ou
au moyen de signaux mécaniques ou lumineux
___(37)___ par le ministère.

Le véhicule que vous ___(38)___ pour votre
épreuve de conduite doit être en bonne condition
mécanique. Si une partie de l'équipement est
défectueuse, ou si vous n'êtes pas en possession
du certificat d'immatriculation conforme à la loi,
votre examen sera différé jusqu'à ce que vous ayez
satisfait aux exigences du code de la route.

L'épreuve de conduite n'est pas difficile. Il faut
vous mettre à l'aise et faire de votre mieux.
Souvenez-vous que des millions de conducteurs
avant vous, ont subi cette épreuve et ils ont reçu
leur permis de conduire. S'ils ont ___(39)___, vous
le pouvez également.

Dès que vous aurez subi votre épreuve de
conduite et que vous aurez obtenu votre permis,
comportez-vous sur la route avec la même
prudence que lors de votre examen. Le privilège
de conduire un véhicule automobile vous est
accordé toutefois ___(40)___ que vous obéissiez à
toutes les lois de la circulation.

(36) 1 piétons   3 horaires
     2 mécaniciens   4 règlements   36____

(37) 1 approuvés   3 abandonnés
    2 vendus   4 interdits   37____

(38) 1 laverez   3 détruirez
    2 refuserez   4 utiliserez   38____

(39) 1 attendu   3 changé
    2 réussi   4 joué   39____

(40) 1 sans   3 à condition
    2 en attendant   4 de peur   40____

PART FOUR *Compositions*

DIRECTIONS *Write two compositions in French as directed below. Sample compositions appear in the* **ANSWERS SECTION, PART FOUR,** *at the end of this examination.*   [20 credits]

Choose TWO of the three topics (*A, B, C*). Be sure to follow the specific instructions for each topic you select. Identify the topics by their letters (*A, B, C*).

For *each* of the two topics you choose, write a well-organized composition of at least 10 clauses. To qualify for credit, a clause must contain a verb, a stated or implied subject, and additional words necessary to convey meaning. The 10 clauses may be contained in fewer than 10 sentences if some of the sentences have more than one clause.

Examples:
    One clause: Il a acheté la chemise bleue.
    Two clauses: Il a acheté la chemise bleue et laissé la blanche.
    Three clauses: Il a acheté la chemise bleue et laissé la blanche parce qu'elle coûtait trop cher.

Topic A: In French write a STORY about the situation shown in the picture below. Do *not* merely describe the picture.

— Garnotte

Topic B   You have just seen an American movie that you enjoyed very much. Like many American movies, it will soon be shown in France. Write a letter in French to your French pen pal to convince him or her to see that movie.

You <u>must</u> accomplish the purpose of the letter, which is *to convince a French pen pal to see a particular movie.*

After you have stated the purpose of your letter and have provided sufficient information (name of the movie, when you saw it, and what you think of it), you may want to tell what the movie is about, whether it is funny or serious or exciting, and why you liked the actors. Be sure to tell why your pen pal should see the movie. You may also want to ask your pen pal to tell you his or her opinion of the movie in his or her next letter.

You may use any or all of the ideas suggested above *or* you may use your own ideas. **Either way, you must express your opinion well enough to be convincing.**

Use the following:

Dateline:	le 24 juin 1986
Salutation:	Cher (Chère) _____,
Closing:	Amicalement,

Topic C   A friend of yours would like to know more about her grand-father (Jean DuPont), who came to the United States from Montigny, a small town in France. She has asked you to write a letter in French to the mayor of that town to find out what information might still be available about her grandfather's family.

You <u>must</u> accomplish the purpose of the letter, which is *to ask for information for your friend about her grandfather's family.*

After you have provided sufficient information (what you want, the grandfather's name, and when he came to the United States), you may want to inquire about the grandfather's family history by asking where the family lived and how they earned their living.

You may also want to ask: whether members of the family still live in the town; for the names and addresses of family members to write to in France; and for names and addresses of any other people or places to contact for further information.

You may use any or all of the ideas suggested above *or* you may use your own ideas. **Either way, you must explain the situation well enough for the reader to be able to give you an answer.**

Use the following:

Dateline:	le 24 juin 1986
Salutation:	Monsieur,
Closing:	Veuillez agréer, Monsieur,
	l'expression de mes sentiments
	distingués

Note: **This examination consists of PARTS ONE through FOUR, a total of 90 credits.**

PART FIVE   *Skill in Speaking French*

This part of the examination was evaluated prior to the date of this written examination.   [10 credits]

Answers   June 1986

French Level 3 (Comprehensive)

PART ONE   *Listening Comprehension*

The following passages are to be read aloud to the students according to the directions given for this part at the beginning of this examination. They are not dictations. They are designed to test listening comprehension. The correct answer is given at the end of each paragraph.   [30 credits]

1. Pour quelle série du Bac le nombre des candidats a-t-il augmenté?
Au baccalauréat, la série C, mathématiques et sciences physiques, a la faveur des parents et des enseignants. Cependant, cette année c'est la seule section qui ait attiré moins de candidats que par le passé.
A l'opposé, c'est le baccalauréat de technicien qui a enregistré la plus forte augmentation dans le nombre des candidats.   (**Answer 3**)

2. Que faut-il faire pour rapporter de bons souvenirs de vos vacances?
Si vous allez à l'étranger, vous serez tenté de faire une série de photos-souvenirs classiques des paysages et des monuments. Il est beaucoup plus intéressant de rechercher le détail typique, la silhouette amusante ou la situation surprenante. Vos photos révéleront alors votre vision personnelle du pays. Les habitants, leur allure, leurs gestes saisis au bon moment décrivent mieux une région que toute une série de paysages.   (**Answer 1**)

3. A quoi s'intéressent des millions de Français chaque dimanche?
Presque tous les dimanches, vers quatre heures de l'après-midi, des millions de Français s'arrêtent pendant deux ou trois minutes pour suivre une course de chevaux à la radio ou à la télévision. C'est le tiercé. Pour gagner, il faut désigner les trois premiers de la course.
Il y a plusieurs tiercés par semaine, mais la course la plus importante, c'est celle du dimanche.   (**Answer 3**)

4. Pourquoi vient-on dans ce parc?
Le parc de la Gatineau occupe une place spéciale dans la structure économique et sociale de la région de la capitale. On y trouve des plages, des terrains de camping et de pique-nique. En hiver, un réseau de sentiers de 700 kilomètres attire de très nombreux skieurs nordiques.
Le nouvel amphithéâtre du lac Philippe est très apprécié des visiteurs. Les deux centres de nature offrent aussi aux groupes scolaires des programmes très populaires.   (**Answer 4**)

5. Qu'est-ce qu'on offre dans ces stations-service?

Pourquoi payer l'essence ordinaire 53 cents le litre? Hier, dans l'est de Montréal une quinzaine de propriétaires de stations-service de différentes compagnies, y compris des indépendantes, offraient l'essence à moins de 42 cents le litre. **(Answer 2)**

6. Que doit faire une jeune fille au pair?

Beaucoup de familles françaises emploient de jeunes étrangères comme jeunes filles au pair. Si cela vous intéresse, vous devez en connaître la réglementation. Les jeunes filles au pair doivent être considérées comme un membre de la famille, participer aux travaux ménagers, et à la surveillance des enfants. Elles ont droit à quatre heures de liberté par jour pour suivre leurs études et à un jour de repos par semaine.   **(Answer 1)**

7. Qu'est-ce qu'on vous suggère de faire pendant vos vacances?

Vous ne savez pas quoi faire de vos prochaines vacances? Pourquoi ne pas faire ce long voyage en vélo dont vous rêvez depuis si longtemps? Il y a en Europe des tas de pays parfaits pour ça: – l'Ecosse, le Danemark, la Hollande par exemple. Ils ne demandent qu'à vous accueillir sur leurs pistes cyclables. Renseignez-vous dans les bureaux de tourisme et dans les différentes ambassades. On vous y propose des cyclotours avec un itinéraire pour chaque jour et une liste de restaurants et d'hôtels pour le soir.   **(Answer 4)**

8. Qu'est-ce qui distingue ces séjours?

Tous les meilleurs hôtels de la ville proposent des séjours de deux nuits, trois jours avec le stationnement, l'accès à la piscine et au sauna, parfois un repas, et des consommations gratuites – tout cela à des prix très raisonnables, dans des hôtels à quatre fleurs de lys, le symbole de la plus haute qualité. Pour obtenir la liste de ces hôtels, consultez votre agent de voyages.   **(Answer 1)**

9. Quel temps fera-t-il demain?

Voici la météo pour demain: Une dépression qui s'annonçait hier au nord-ouest s'étendra graduellement vers le sud-est, pour couvrir la majorité du pays dans la journée. Elle sera accompagnée de quelques chutes de neige avec des températures minimales de 2 à 4 degrés et risques de gel. Le ciel s'éclaircira dans la nuit de dimanche à lundi mais les températures resteront basses.   **(Answer 2)**

10. Où a-t-on célébré cette fête?

Le jeudi 24 juin, tout le Québec a célébré sa Fête nationale: la Saint-Jean-Baptiste. Cette année, pas de manifestation monstre à Montréal et à Québec comme par les années passées, mais cette fois des fêtes de quartiers, des fêtes de villages. A travers la province toute entière, les gens se sont réunis en plein air pour des messes, des expositions d'artisanat, des danses et des chansons d'autrefois, des soupers. Partout la journée s'est terminée par le traditionnel feu de la St-Jean.   **(Answer 1)**

11. Qu'est-ce que la majorité des skieurs recherche?

Le skieur est un vacancier. Il veut du soleil, un domaine skiable sans trop de bosses, ni de glace. Seulement 2,5% des skieurs se lancent dans les "noires", les pistes les plus dangereuses. La majorité d'entre eux choisit les pentes faciles, les "vertes" et les "bleues". (**Answer 3**)

12. Quel est l'avantage de ce robot?

Un robot-infirmier a été mis au point pour préparer les repas et faire le ménage pour les personnes âgées ou infirmes. Plus de 40 personnes handicapées ont utilisé ce robot pour l'essayer. En général elles ont préféré cet appareil aux soins donnés par une personne. A leur avis, "Les humains ne font pas toujours ce que vous leur demandez de faire." (**Answer 2**)

13. Pourquoi les Français boivent-ils moins de vin?

La France reste le pays du bon vin et le Français, en général, boit toujours du vin aux repas. Cependant, sa consommation de vin diminue régulièrement depuis plusieurs années. Cette diminution s'explique sans doute par les vigoureuses campagnes menées par le gouvernement sur les dangers de l'alcool. D'autre part, le Français boit de plus en plus d'eau minérale dont la consommation a doublé en dix ans. (**Answer 4**)

14. Quel est le but de cette organisation?

Le Centre d'Information et de Documentation Jeunesse a pour mission d'assurer l'information des jeunes dans tous les domaines: enseignement, loisirs, sports, vie sociale.

Les jeunes, français ou étrangers, peuvent y trouver réponse à toutes leurs questions, que ce soit au sujet d'un travail temporaire, une chambre bon marché, une orientation, des idées pour les vacances ou bien l'adresse d'un club sportif. (**Answer 3**)

15. A quoi sert ce produit?

Un produit à base de bois réussira probablement à limiter les désastres écologiques causés par les produits chimiques toxiques déversés accidentellement à la mer ou dans les fleuves. Ce produit absorbe le pétrole et tout autre produit chimique mais pas l'eau. (**Answer 2**)

PART TWO (A) *Listening Comprehension Combined with Writing Skill*

Write, in French, responses to the lines of dialogue that the teacher reads to you, according to the directions for this part at the beginning of this examination. Following are the 5 lines of dialogue that the teacher reads aloud to the students for listening comprehension. This is not a dictation. Write only an appropriate response in French, according to the instructions that the teacher gives you in English as to how to respond in written French to each line of dialogue. These instructions are given in English in parentheses. **SAMPLE ACCEPTABLE RESPONSES ARE GIVEN BELOW.**   [5 credits]

Vous apportez un paquet à la poste pour l'envoyer aux Etats-Unis.

16. L'employé: Il est lourd ce paquet!
    (Tell what is in it.) _____

17. L'employé: Vous n'avez pas indiqué ça sur votre déclaration pour la douane.
    (Say why not.) _____

18. L'employé: Vous voulez l'envoyer par avion, je vois!
    (Give your reason.) _____

19. L'employé: Ça fait cent trente-cinq francs.
    (Raise an objection.) _____

20. L'employé: Alors qu'est-ce que vous voulez faire?
    (Tell what you will do.) _____

SAMPLE ACCEPTABLE WRITTEN RESPONSES

(16) Il est plein de livres et de disques.

(17) J'ai oublié de le faire.

(18) Il faut qu'il arrive avant la fin de la semaine.

(19) C'est beaucoup trop cher.

(20) Il faut que j'aille chercher de l'argent chez moi.

PART TWO (B)   *Listening Comprehension Combined with Writing Skill*

Here are the five situations that the teacher reads to you in French twice in succession for each situation. After the second reading of each situation, write an appropriate response in French.   [5 credits]

21. Vous arrivez à l'hôtel où vous avez fait vos réservations. Il n'y a pas de chambre pour vous. Vous dites: _____

22. Vous téléphonez à un ami. Sa mère répond et dit qu'il n'est pas là. Vous dites:
_____

23. Un camarade de classe vous dit: "Dépêche-toi. Tu vas être en retard!" Vous lui répondez: _____

24. Paul vous demande pourquoi vous avez l'air si fatigué. Vous lui répondez: ___

25. Vous allez prendre le petit déjeuner à la terrasse d'un café. Vous dites au garçon: _____

SAMPLE ACCEPTABLE WRITTEN RESPONSES

(21) Alors, trouvez-moi une chambre dans un autre hôtel!

(22) Dites-lui de me téléphoner.

(23) On a encore au moins cinq minutes.

(24) J'ai travaillé jusqu'à minuit hier soir.

(25) Donnez-moi des croissants et un café au lait s'il vous plaît.

PART THREE *Reading Comprehension*

(a)		(b)		(c)	
(26)	3	(31)	4	(36)	4
(27)	1	(32)	3	(37)	1
(28)	4	(33)	1	(38)	4
(29)	1	(34)	2	(39)	2
(30)	2	(35)	1	(40)	3

PART FOUR *Sample Compositions*

For each topic, an example of a response worth 10 credits follows. The slash marks indicate how each sample composition has been divided into clauses.

Topic A

André adore faire de la bicyclette./₁ Tous les soirs, avant le dîner, il fait au moins dix kilomètres./₂ L'autre jour, quand il est passé devant une ferme,/₃ un gros chien en est sorti en aboyant/₄ et l'a poursuivi sur la route./₅ André qui avait peur de se faire mordre,/₆ a accéléré pour échapper au chien./₇ Le chien a abandonné la course/₈ mais André allait si vite/₉ qu'il n'a pas pu éviter un gros caillou/₁₀ qui a endommagé sa roue avant. Comme il n'avait pas les outils pour faire la réparation, il a dû rentrer à pied très tard en traînant sa bicyclette derrière lui.

Topic B

le 24 juin 1986

Cher (Chère) _____,

Je viens de voir un film/₁ qui m'a tellement plu/₂ que je te recommande d'aller le voir/₃ quand il sortira en France./₄ Je ne sais pas/₅ quel titre il aura en France,/₆ mais ici, en anglais, son titre est "Top of the World."/₇ C'est l'histoire d'un type/₈ qui abandonne tout/₉ pour aller se faire une autre vie en Alaska./₁₀ C'est essentiellement un film d'action et d'aventure. Les acteurs ne sont pas formidables, mais la musique et la photographie sont absolument sensationnelles. Je suis certain que ça te plaira beaucoup.

Amicalement,

Topic C

le 24 juin 1986

Monsieur,

Je vous serais très reconnaissant de vouloir bien me faire parvenir tous les renseignements/₁ que vous avez sur un certain Monsieur Jean DuPont/₂ qui a quitté votre ville en 1934 pour venir s'établir aux Etats Unis./₃ J'ai entrepris ces recherches de la part de sa petite fille, Linda DuPont,/₄ qui ne parle pas français,/₅ mais qui aimerait entrer en contact avec un côté de sa famille/₆ qu'elle ne connaît pas./₇ Les noms, les dates de naissance, les adresses et les métiers des membres de cette famille nous seraient très utiles./₈ Nous aimerions surtout entrer en contact avec les membres de cette famille/₉ qui habitent toujours dans la ville ou la région./₁₀ Nous vous remercions d'avance pour toute autre adresse utile que vous pourriez nous suggérer.

Veuillez agréer, Monsieur, l'expression de mes sentiments distingués.

Examination   June 1987

French Level 3 (Comprehensive)

PART ONE   *Listening Comprehension*

DIRECTIONS: (1–15):   *This part of the examination is designed to test listening comprehension. It consists of 15 questions and passages that the teacher will read aloud to the students. The teacher will read the first question and passage aloud in French at normal speed. Then the teacher will repeat the reading of the questions and passage once. The students will be allowed* one minute *to read the question which is printed and to select the best answer. This procedure is repeated for each of the questions and passages.*

The students must listen carefully to what the teacher reads. They must not write anything. This is not a dictation. It is a test for listening comprehension. Only the question is printed and 4 suggested answers. The passages that the teacher reads to the students are not printed. After the students listen to each question and paragraph, they must write in the space provided the number of the suggested answers that best answers each question. The student must choose the correct answer that is based only on the content of the passage that is read aloud to them. The students must not read the question or suggested answers while the teacher is reading the passage! *The passages and the questions that the teacher will read aloud are found in the* **ANSWERS SECTION, PART ONE,** at the end of this examination. *This is not a dictation.*   [30 credits]

1 Qu'est-ce qui aura lieu le 24 mai?
  1 des élections municipales
  2 un bal des élèves
  3 les examens de fin d'année
  4 un événement sportif   1_____

2 Pourquoi les musées sont-ils fermés?

1 Les monuments sont en réparation.
2 Tout le monde est en vacances.
3 Des employés refusent de travailler.
4 C'est le jour de la fête nationale.   2____

3 Qui a inventé le premier jeu vidéo
québecois?

1 des chanteurs   3 des techniciens
2 des jeunes   4 des professeurs   3____

4 Pour quelle raison utilise-t-on cette carte?

1 pour s'identifier rapidement
2 pour choisir un lieu de vacances
3 pour voyager facilement
4 pour trouver des endroits pittoresques   4____

5 A quoi faut-il faire attention?

1 aux excès d'alcool
2 aux effets du soleil
3 aux fatigues des voyages
4 aux dangers de l'eau   5____

6 Pourquoi ces jeunes vont-ils à Montréal en
été?

1 pour apprendre le français
2 pour s'entraîner au hockey
3 pour organiser des compétitions
4 pour assister à des spectacles   6____

7 Qu'est-ce qui est arrivé à ce joueur de
football?
1 Il a blessé un autre joueur.
2 Il est devenu docteur.
3 Il a perdu le match.
4 Il a eu un accident.   7____

8 Quel est le nouvel objectif de cette revue?
1 intéresser un public français
2 renseigner les hommes politiques canadiens
3 découvrir de nouveaux compositeurs
4 décrire la vie parisienne   8____

9 Que fait le concierge pour les clients de cet
hôtel?
1 Il fait leurs achats.
2 Il leur sert les repas.
3 Il leur donne des renseignements.
4 Il ouvre leurs portes.   9____

10 Comment ces forêts ont-elles été détruites?
1 par les insectes   3 par une tempête
2 par une inondation   4 par le feu   10____

11 Quel est l'avantage de ce service?
1 Il produit des vêtements neufs.
2 Il ne coûte pas cher.
3 Il est pratique.
4 Il est livré à domicile.   11____

12 Pour qui ces changements ont-ils beaucoup
d'importance?
1 pour les handicapés
2 pour les gens pressés
3 pour les employés du métro
4 pour les chauffeurs d'autobus   12____

13 A qui s'adresse cette annonce?

1 à ceux qui veulent devenir annonceur à la
  radio
2 à ceux qui ont un talent musical
3 à ceux qui prennent de bonnes photos
4 à ceux qui aiment écouter des cassettes   13____

14 Dans quel but ces jeunes se réunissent-ils?

1 pour saisir le pouvoir
2 pour assister à un concert
3 pour faire un cours d'anglais
4 pour discuter de leurs problèmes   14____

15 Que faut-il utiliser plus judicieusement?

1 l'énergie   3 la nourriture
2 le temps   4 l'air   15____

PART TWO (A) *Listening Comprehension Combined with
Writing Skill*

DIRECTIONS: (**16–20**): *Listen to your teacher read twice in succession the setting of one dialogue in French. Then the teacher will read aloud twice a line of the
dialogue. Immediately after the second reading of each line of dialogue in French,
you will hear instructions in English telling you how to respond in French. Sentence fragments as well as complete sentences in French will be acceptable, but
ONLY if they are in keeping with the instructions that you hear. Numerals are
NOT acceptable. If the response to the dialogue line includes a date, time, amount
of money, number, etc., write out the number. The setting of the one dialogue in
French, the five lines of dialogue in French that the teacher will read to you, and
the instructions in English as to how to respond in written French to each line of
dialogue are all found in the* **ANSWERS SECTION, PART TWO (A),** **at the end
of this examination.**   [5 credits]

16 Tell what you did.

17 Make a positive comment about that.

18 Tell how you feel about that.

19 Tell what you think of him.

20 Tell why you cannot.

PART TWO (B) *Listening Comprehension Combined with Writing Skill*

DIRECTONS: **(21–25):** *Listen to your teacher read twice in succession a situation in French. Then the teacher will pause while you write in French an appropriate response for the situation. There are five different situations. Sentence fragments as well as complete sentences, questions, or commands in French will be acceptable, but* ONLY *if they are in keeping with the situation. Numerals are* NOT *acceptable. If the response includes a date, time, amount of money, number, etc., write out the number. The five different situations that the teacher will read to you in French (twice in succession for each situation) are all found in the* **ANSWERS SECTION, PART TWO (B), at the end of this examination.** [5 credits]

PART THREE *Reading Comprehension*

Answer all questions in Part 3 according to the directions for a, b, and c. [30]

(a) DIRECTIONS: **(26–30):** Below the following passage, there are five questions or incomplete statements. For *each*, choose the word or expression that best answers the question or completes the statement *according to the meaning of the passage*, and write its *number* in the space provided.

Pourquoi les enfants sont-ils attirés par les animaux? Un projet de recherche franco-canadien répond à cette question. Le but de ce projet était d'établir un test pour évaluer le développement psychologique des enfants. D'une manière générale, les enfants préfèrent le chat, le chien et le cheval à tout autre animal; et seulement ensuite les perroquets ainsi que d'autres oiseaux, les poissons rouges et les hamsters.

A la question "Si vous pouviez vous transformer en un animal, lequel voudriez-vous être?" les plus jeunes répondent: un chat. Par contre, personne ne désire être un chien. Dans toutes les classes d'âge, on trouve certains enfants qui s'identifient à des animaux sauvages: ours, lion, éléphant, mouette, chat sauvage, aigle, singe et dauphin. Un grand nombre des enfants interrogés aimeraient être des chats parce que ça leur permettrait de passer tout leur temps à jouer. Le chien attire les sympathies par son obéissance ou par sa beauté. On apprécie le cheval pour sa rapidité: avec lui, on peut gagner des courses. L'oiseau séduit parce qu'il vole haut, vite et loin: il symbolise la liberté.

Selon les psychologues responsables de cette étude, l'attrait qu'exercent les animaux sur l'enfant correspond à ses différents besoins: besoin d'amour et de sécurité car les animaux sont nourris, soignés et cajolés, et aussi besoin d'extérioriser ses sentiments.

En ce qui concerne la présence des animaux dans les rêves des enfants, elle est peu marquée. Les plus petits rêvent plutôt de sorcières ou d'autres personnages fantastiques de contes de fées. Parmi les enfants de 9 à 12 ans, certains n'avaient jamais rêvé d'un animal.

D'après les résultats de cette étude, il faudra encore mettre au point ce test avant de l'utiliser comme un moyen d'évaluation du développement psychologique de l'enfant.

26 En général les enfants aiment mieux les animaux

  1 domestiques   3 exotiques

  2 dangereux   4 imaginaires   26_____

27 Les tout petits aimeraient être

  1 éléphants   3 chiens

  2 chats   4 chevaux   27_____

28 Pour les enfants l'oiseau représente

  1 l'indépendance   3 le courage

  2 la beauté   4 l'amitié   28_____

29 L'intérêt des enfants pour les animaux reflète leur besoin

  1 de distraction   3 d'admiration

  2 d'exercice   4 d'affection   29_____

30 Quel est le but de cette étude?

  1 de choisir son animal préféré

  2 d'examiner les habitudes des animaux

  3 de mesurer les progrès des enfants

  4 d'écrire des histoires d'animaux   30_____

(b) DIRECTIONS (31–35): Below each of the five following selections, there is either a question or an incomplete statement. For *each*, choose the word or expression that best answers the question or completes the statement *according to the meaning of the selection* and write its *number* in the space provided.

31

A deux pas du Parc des Expositions, nous vous offrons un luxueux appartement pour 4 personnes pour le prix d'une chambre simple dans un hôtel moyen. Un concierge et un standard sont à votre disposition 24 h sur 24. Pour vous détendre il y a un bar et un sauna. Le petit déjeuner peut être apporté.
Pour vos affaires : télex, photocopie, secrétariat.
C'est la façon la moins chère et la plus confortable de passer une semaine à Paris.

31 Que vous suggère cette publicité?

  1 une exposition   3 un emploi
  2 un logement   4 un restaurant   31_____

32

Disparus depuis jeudi, six pêcheurs retrouvés

HAVRE-SAINT-PIERRE (PC) — Les gardes-côtes ont retrouvé sains et saufs hier matin les six membres de la famille Scherrer, portés disparus depuis jeudi au cours d'un voyage de pêche au large de la Côte-Nord.

Les six pêcheurs avaient quitté Fox Bay jeudi matin à destination de Havre-Saint-Pierre.
Un hélicoptère a finalement repéré le bateau de plaisance hier matin à Fox Bay.

32 Qu'est-il arrivé à ce groupe de pêcheurs?

  1 Ils ont attrapé beaucoup de poissons.
  2 Ils ont découvert une île.
  3 Ils se sont perdus.
  4 Ils sont morts.   32_____

33   **ATTENTION!**

Ne pas actionner les changements de vitesse lorsque la manivelle et les roues sont immobiles. Il faut toujours changer de vitesse tout en pédalant et lorsque la bicyclette est en mouvement. Ne pas changer de vitesse à l'arrêt, ce qui endommage le dérailleur et les câbles. Avant d'arrêter, passer en petite vitesse tout en continuant à pédaler et remiser la bicyclette en petite vitesse. Ne pas pédaler à l'envers, ce qui pourrait déformer le mécanisme du dérailleur ou coincer la chaîne. Ne pas plier le dérailleur.

33 A qui s'adressent ces conseils?
  1 à ceux qui font de l'alpinisme
  2 à ceux qui achètent une voiture
  3 à ceux qui font du vélo
  4 à ceux qui veulent devenir mécaniciens   33_____

34   Nous apprenons avec joie la
      venue au monde à Lodève (34)
      d'une fillette prénommée Anne-
      Laure, dans le jeune foyer de
      M. Robert Bourg, professeur
      d'allemand au lycée de Lodève et
      de Mme, née Claire Lucas. En
      cette heureuse circonstance, nous
      félicitons les parents ainsi que les
      grands-parents, M. et Mme
      Edmond Bourg et
      l'arrière-grand-mère, Mme veuve
      Bousquet, nos estimés
      concitoyens. Nos voeux de longue
      vie et bonheur au bébé.

34 Qu'est-ce qu'on annonce?
  1 un mariage   3 un voyage
  2 une visite   4 une naissance   34_____

35

> # INFIRMIÈRES/INFIRMIERS
> ## BAIE D'HUDSON-BAIE D'UNGAVA
> **Pour les dispensaires des villages Inuit.**
>
> **EXIGENCES:**
> — minimum 1 an d'expérience en nursing;
> — bilinguisme indispensable;
> — être capable de prendre des responsabilités.
>
> **AVANTAGES:**
> — connaissance d'une nouvelle culture;
> — travail différent du milieu hospitalier;
> — avantages supplémentaires (logement fourni, prime d'éloignement, frais de transport, etc.).
>
> *Faire parvenir votre curriculum vitae dans les plus brefs délais à:*
> > **PROJET NORD**
> > **DSC du CHUL**
> > **Tour Frontenac, suite 400**
> > **2700, boul. Laurier**
> > **Ste-Foy, Québec   G1V 2L8**
> > **(418) 659-4900**

35 Quelle est la spécialité du personnel que l'on recherche?

1 les soins médicaux
2 l'administration publique
3 les services hôteliers
4 l'art primitif   35 _____

(c) DIRECTIONS (36-40): In the following passage there are five blank spaces numbered 36 through 40. Each blank space represents a missing word or expression. For each blank space, four possible completions are provided. Only one of them makes sense *in the context of the passage*.

First, read the passage in its entirety to determine its general meaning. Then read it a second time. For each blank space, choose the completion that makes the best sense and write its *number* in the space provided.

Il y a eu des changements notables dans les
habitudes alimentaires des Français pendant les
dix dernières années. L'image traditionnelle du

Français typique grand mangeur de pain ne correspond plus à la réalité. La ___(36)___ de pain par personne par an a diminué de 93kg à 74kg. Ceci n'empêche pas le pain français; délicieusement croustillant, de conserver sa réputation mondiale. Par contre, à côté de la baguette et du gros pain ordinaire, le Français moyen mange de plus en plus de pain de seigle et de pain complet.

La consommation de pommes de terre baisse de la même manière que celle du pain et a diminué de 30% en dix ans. Cependant, le "steak pomme-frites" reste le plat national. Les portions de frites sont peut-être moins copieuses, mais les tranches de ___(37)___ demeurent aussi grandes: la consommation de boeuf a augmenté légèrement malgré son prix élevé. Le porc, le poulet, le gibier sont aussi très appréciés et les Français en ___(38)___ beaucoup. Par contre, la viande de cheval se vend de moins en moins et les boucheries chevalines avec leurs enseignes bien particulières deviennent de plus en plus ___(39)___ .

Curieusement, les Français mangent moins de légumes frais qu'il y a dix ans. Il y a une diminution du même ordre pour les légumes en conserves et pour les fruits frais dont la consommation par personne baisse

considérablement. On n'y voit aucune raison
évidente et on se demande ___(40)___ expliquer
cette situation qui pourrait avoir des résultats
graves.

(36) 1 tranche   3 perte
     2 conservation   4 consommation   36____

(37) 1 fromage   3 viande
     2 pain   4 gâteau   37____

(38) 1 photographient   3 exportent
     2 rejettent   4 mangent   38____

(39) 1 pittoresques   3 célèbres
     2 rares   4 mystérieuses   39____

(40) 1 comment   3 quand
     2 où   4 à qui   40____

PART FOUR *Compositions*

DIRECTIONS: *Write two compositions in French as directed below. Sample compositions appear in the* **ANSWERS SECTION, PART FOUR,** **at the end of this examination.** [20 credits]

Choose TWO of the three topics (*A, B, C*). Be sure to follow the specific instructions for each topic you select. Identify the topics by their letters (*A, B, C*).

For *each* of the two topics you choose, write a well-organized composition of at least 10 clauses. To qualify for credit, a clause must contain a verb, a stated or implied subject, and additional words necessary to convey meaning. The 10 clauses may be contained in fewer than 10 sentences if some of the sentences have more than one clause.

Examples:

One clause:	Il a acheté la chemise bleue.
Two clauses:	Il a acheté la chemise bleue et laissé la blanche.
Three clauses:	Il a acheté la chemise bleue et laissé la blanche parce qu'elle coûtait trop cher.

Topic A: In French write a STORY about the situation shown in the picture below. Do *not* merely describe the picture.

Topic B A French-speaking family has moved to your neighborhood. Write a note in French to try to convince the family to hire you to help around the house.

You <u>must</u> accomplish the purpose of the note which is *to try to convince the family to hire you to help around the house.*

After you have identified yourself and the purpose of your note, you may want to try to convince the family to hire you by stating where you live, what you can do, previous experience, availability, rates per hour, language ability, and additional qualifications.

You may use any or all of the ideas suggested above *or* you may use your own ideas. **Either way, you must try to convince the family to hire you.**

Use the following:
Dateline: le 17 juin 1987
Salutation: Chers M. et Mme. Dubois,
Closing: Bien à vous

Topic C   You would like to spend some time in the French Caribbean island of Martinique. Write a letter in French to the tourism office in Martinique asking for information.

You <u>must</u> accomplish the purpose of the letter which is *to ask for information on spending some time in Martinique.*

After you have stated the reason for your letter, you may want to inquire about the best time of year to plan your trip, means of transportation, places to stay and eat, local food specialities, things to see and do, and weather to expect.

You may use any or all of the ideas suggested above *or* you may use your own ideas. **Either way, you must explain the situation well enough for the reader to be able to give you an answer.**

Use the following:
Dateline: le 17 juin 1987
Salutation: Monsieur,
Closing: Veuillez agréer, Monsieur,
                      l'expression de mes sentiments les meilleurs.

NOTE: This examination consists of PARTS ONE through FOUR, a total of 90 credits.

PART FIVE: *Skill in Speaking French*

This part of the examination was evaluated prior to the date of this written examination. [10 credits]

Answers   June 1987

French Level 3 (Comprehensive)

PART ONE   *Listening Comprehension*

The following passages are to be read aloud to the students according to the directions given for this part at the beginning of this examination. They are not dictations. They are designed to test listening comprehension. The correct answer is given at the end of each paragraph.   [30 credits]

1.   Qu'est-ce qui aura lieu le 24 mai?

Le 24 mai, de 14 à 20 heures, aura lieu au Stade Municipal la grande fête d'athlétisme de l'école municipale. Toutes les activités athlétiques de l'école y seront représentées: cyclisme, danse, escrime, football, gymnastique, handball, judo, natation, rugby, tennis et tennis de table.   (**Answer 4**)

2.   Pourquoi les musées sont-ils fermés?

Les gardiens de musées sont en grève. Ils se sont arrêtés de travailler mercredi pour protester contre le retard d'une augmentation prévue de leurs salaires. Cette grève continue aujourd'hui à Paris, entraînant la fermeture du musée du Louvre, du Grand-Palais et de l'Arc de Triomphe.   (**Answer 3**)

3.   Qui a inventé le premier jeu vidéo québecois?

C'est à deux adolescents de 15 et 16 ans que revient l'honneur d'avoir imaginé et mis au point le premier jeu d'adresse vidéo de conception québecoise. Le 20 septembre la maison Logidisque a lancé leur disquette de logiciel pour ordinateurs domestiques.   (**Answer 2**)

4.   Pour quelle raison utilise-t-on cette carte?

Quand vous partez en voyage, vous ne savez jamais combien d'argent emporter avec vous ou combien en changer. Et au retour, si vous avez pris trop de devises ou de chèques de voyage, il vous faut les reconvertir.

Avec une Carte Bleue Internationale, vous pourrez partir avec le minimum. Restaurants, hôtels, billets de train ou d'avion, location de voiture, vêtements, vous pourrez les payer avec votre carte. Et si, sur place, vous avez besoin d'argent liquide, vous pourrez en retirer à la plupart des guichets de banque.   (**Answer 3**)

5.   A quoi faut-il faire attention?

Le soleil est merveilleux, c'est entendu, mais il ne faut pas abuser des bonnes choses. Si jamais cela vous arrivait, au cours d'une promenade ou d'un voyage, mettez-vous immédiatement à l'ombre, placez vos pieds en position élevée, et buvez autant d'eau que possible.

Pour éviter ces inconvénients, portez en permanence un chapeau et buvez… buvez… buvez…   (**Answer 2**)

6.   Pourquoi ces jeunes vont-ils à Montréal en été?
Chaque année des centaines de jeunes de nombreuses nationalités différentes profitent des cours donnés par l'école de français de Montréal. Cet été, l'école accueille 430 étudiants que l'on immerge totalement dans la francophonie québecoise. En plus des cours, le programme offre des activités socio-culturelles en soirée et durant les fins de semaines.   (**Answer 1**)

7.   Qu'est-ce qui est arrivé à ce joueur de football?
Le gardien de but de l'équipe de Bastia, Pierrick Hiard, a été blessé dans un choc au cours du match de Coupe de France. Il a été opéré hier soir. Pierrick va rester une dizaine de jours à l'hôpital, et il espère reprendre l'entraînement dans moins d'un mois.   (**Answer 4**)

8.   Quel est le nouvel objectif de cette revue?
Le magazine québecois Québec-Rock vient de paraître pour la première fois sur le marché français. Il est maintenant en vente dans les kiosques de la région parisienne et de quelques grandes villes françaises. Le magazine ne traite pas seulement de musique, mais il s'intéresse aussi à la mode, à l'électronique, aux sports et à la politique. Ce sont là des sujets qui devraient plaire aux Français comme aux Canadiens.   (**Answer 1**)

9.   Que fait le concierge pour les clients de cet hôtel?
Je vous conseille de faire le plus grand usage des services que vous offre l'hôtel, y compris les services du concierge. Le concierge n'est pas là uniquement pour vous donner vos clefs et vous transmettre vos messages. Il est surtout à votre disposition pour répondre à toutes vos questions. Il connaît très bien la ville et il se fera un plaisir de vous rendre service.   (**Answer 3**)

10.   Comment ces forêts ont-elles été détruites?
Cinq hectares de la forêt de Meudon ont été détruits hier soir par un incendie. Par ailleurs, le beau temps continue en France et des incendies de forêts ont lieu un peu partout. Près de 650 hectares de landes ont brûlé en Bretagne, 100 hectares de bois en Dordogne et 150 hectares de pins en Charente.   (**Answer 4**)

11.   Quel est l'avantage de ce service?
Aller au pressing pour faire nettoyer ses vêtements est devenu une habitude. Cependant, une fois sur deux, on oublie d'aller les reprendre avant d'en avoir besoin. Avec notre pressing, il n'y a plus ce danger. Vous déposez vos vêtements avant de faire vos courses. Quand vous aurez fini vos achats, vos vêtements seront prêts. C'est cela notre pressing: qualité, efficacité, vitesse et service.   (**Answer 3**)

12. Pour qui ces changements ont-ils beaucoup d'importance?
Les personnes qui ont des difficultés à se déplacer peuvent prendre le métro de plus en plus facilement. Il y a maintenant plus de six cents escaliers mécaniques qui relient directement le quai à la rue. Certaines gares profondes sont équipées d'ascenseurs et il y a aussi des trottoirs roulants dans les plus longs couloirs de correspondance. Ces installations sont prévues pour les personnes circulant en fauteuils roulants. **(Answer 1)**

13. A qui s'adresse cette annonce?
Notre station de radio a décidé d'organiser un grand concours pour artistes amateurs de la chanson. Si vous chantez en vous accompagnant d'un instrument, ceci vous concerne. Faites-nous parvenir une description de vos talents, une cassette avec trois de vos meilleures chansons, ainsi qu'une photo récente. Vous aurez peut-être la chance d'être choisi pour participer à un grand spectacle public. **(Answer 2)**

14. Dans quel but ces jeunes se réunissent-ils?
Quelques 1200 jeunes Québecois se réuniront le mois prochain à Québec pour parler de leurs difficultés économiques et sociales et essayer d'y trouver des solutions. Cette réunion leur permettra de traiter les questions qui les préoccupent tels que le milieu de vie, l'éducation, la crise économique, le chômage, l'impact des technologies nouvelles, et les institutions politiques. **(Answer 4)**

15. Que faut-il utiliser plus judicieusement?
Nous n'avons pas l'impression de faire des excès. Pourtant chacun d'entre nous consomme beaucoup plus d'énergie qu'il ne pense. Par exemple, pour le chauffage, 1 degré de trop représente 7% de ressources gaspillées. Les lampes qui restent allumées inutilement dans des pièces inoccupées, représentent aussi une perte importante. En voiture, un carburateur mal réglé et une conduite nerveuse peuvent faire doubler la consommation d'essence. **(Answer 1)**

PART TWO (A) *Listening Comprehension Combined with Writing Skill*

Write, in French, responses to the lines of dialogue that the teacher reads to you, according to the directions for this part at the beginning of this examination. Following are the 5 lines of dialogue that the teacher reads aloud to the students for listening comprehension. This is not a dictation. Write only an appropriate response in French, according to the instructions that the teacher gives you in English as to how to respond in written French to each line of dialogue. These instructions are given in English in parentheses. **SAMPLE ACCEPTABLE RESPONSES ARE GIVEN BELOW.** [5 credits]

Vous parlez avec un camarade de classe à la fin des grandes vacances.

16. Votre ami dit: Dis donc, je ne t'ai pas vu de tout l'été!
(Tell what you did.) _____

17. Votre ami dit: Eh bien, moi j'ai travaillé tout l'été au supermarché.
(Make a positive comment about that.) _____

18. Votre ami dit: Tu te rends compte que les classes recommencent la semaine prochaine?
(Tell how you feel about that.) _____

19. Votre ami dit: Tu sais qu'on va avoir M. Guérin en physique cette année.
(Tell what you think of him.) _____

20. Votre ami dit: A propos, on fête la fin des vacances samedi à la plage. Tu peux venir?
(Tell why you cannot.) _____

SAMPLE ACCEPTABLE WRITTEN RESPONSES

(16) Je suis allé passer mes vacances chez des amis à la campagne.

(17) Tu dois avoir beaucoup d'argent!

(18) J'ai hâte de revoir tout le monde.

(19) Il est très sympa et c'est un bon prof.

(20) Non, il faut que j'aide mes voisins à repeindre leur appartement.

PART TWO (B) *Listening Comprehension Combined with Writing Skill*

Here are the five situations that the teacher reads to you in French twice in succession for each situation. After the second reading of each situation, write an appropriate response in French. [5 credits]

21. Un passant dans la rue vous demande où est le bureau de poste. Vous lui dites:
_____

22. Vous allez vous baigner à la plage. Un ami sort de l'eau. Vous lui demandez:
_____

23. Une amie a trop de livres et de cahiers à porter. Vous lui dites: _____
_____

24. Un ami vous demande de l'aider à faire ses devoirs de mathématiques. Vous refusez en disant: _____

25. Un petit enfant traverse une rue dangereuse. Vous lui dites: _____

SAMPLE ACCEPTABLE WRITTEN RESPONSES

(21) La poste? Allez jusqu'au feu, puis tournez à droite. La poste est un peu plus loin à gauche.

(22) L'eau est froide?

(23) Je peux porter quelque chose si tu veux.

(24) Je regrette, mais je n'ai pas le temps.

(25) Fais attention aux voitures!

PART THREE *Reading Comprehension*

a	(26)	1	*b*	(31)	2	*c*	(36)	4
	(27)	2		(32)	3		(37)	3
	(28)	1		(33)	3		(38)	4
	(29)	4		(34)	4		(39)	2
	(30)	3		(35)	1		(40)	1

PART FOUR *Sample Compositions*

For each topic, an example of a response worth 10 credits follows. The slash marks indicate how each sample composition has been divided into clauses.

Topic A

Le samedi, Monsieur et Madame Dupont vont au supermarché./₁ Ils achètent toutes leur provisions pour toute la semaine./₂ Ça leur prend beaucoup de temps/₃ car ils font très attention/₄ à ce qu'ils choisissent./₅ Cette semaine, quand ils sont arrivés à la caisse,/₆ ils se sont aperçus/₇ qu'ils avaient laissé leur argent chez eux./₈ Ils avaient juste assez d'argent pour acheter quelques petites choses./₉ Ils se sont sentis très ridicules./₁₀

Topic B

le 17 juin 1987

Chers M. et Mme. Dubois,

Nous n'avons pas encore fait connaissance,/₁ mais nous sommes voisins,/₂ et l'autre jour j'ai parlé avec votre fils André./₃ Je m'appelle Chris Jones/₄ et j'habite au numéro 23 de votre rue./₅ Je suis en onzième au lycée/₆ où va votre fils./₇ Le soir et pendant le week-end et les vacances, je fais de petits travaux pour tous les gens du quartier./₈ Je suis à votre disposition pour toutes sortes de travaux./₉ Mes prix sont très avantageux/₁₀ comme vous pourront le dire les voisins. J'ai pensé aussi que vous aimeriez mieux peut-être employer une personne qui parle votre langue.

Bien à vous

Topic C

le 17 juin 1987

Monsieur,

Chaque année, notre école organise un voyage dans un pays francophone pour les élèves/₁ qui ont terminé leurs études de français./₂ D'habitude, le groupe va en France,/₃ mais cette année, nous avons décidé d'aller ailleurs./₄ Chaque élève a la responsabilité d'obtenir tous les renseignements nécessaires sur un pays/₅ où on pourrait aller./₆ Pourriez-vous me donner ces renseignements sur la Martinique?/₇ Naturellement, nous essayons de limiter nos frais/₈ et nous avons besoin de renseignements précis sur les prix du logement et des repas./₉ Les brochures et dépliants qu'offrent les hôtels et restaurants/₁₀ nous seraient très utiles. Indiquez aussi les attractions du pays qui pourraient nous intéresser.

Veuillez agréer, Monsieur, l'expression de mes sentiments les meilleurs.

Examination June 1988

French Level 3 (Comprehensive)

PART ONE   *Listening Comprehension*

DIRECTIONS: *(1–15): This part of the examination is designed to test listening comprehension. It consists of 15 questions and passages that the teacher will read aloud to the students. The teacher will read the first question and passage aloud in French at normal speed. Then the teacher will repeat the reading of the question and passage once. The students will be allowed one minute to read the question which is printed and to select the best answer. This procedure is repeated for each of the questions and passages.*

The students must listen carefully to what the teacher reads. They must not write anything. This is not a dictation. It is a test for listening comprehension. Only the question is printed and 4 suggested answers. The passages that the teacher reads to the students are not printed. After the students listen to each question and paragraph, they must write in the space provided the number of the suggested answers that best answers each question. The students must choose the correct answer that is based only on the content of the passage that is read aloud to them. The students must not read the question or suggested answers while the teacher is reading the passage! *The passages and the questions that the teacher will read aloud are found in the* **ANSWERS SECTION, PART ONE, at the end of this examination.** *This is not a dictation.*   [30 credits]

1 Quel problème intéresse ces techniciens?
   1 préserver la nature
   2 améliorer les transports
   3 diminuer le nombre de crimes
   4 éliminer la pollution   1____

2 De quel genre de film s'agit-il?
   1 de films policiers
   2 de comédies musicales
   3 de westerns
   4 de films de science-fiction   2____

3 Quelles sont les conséquences de la modernisation de l'équipement de ski?

  1 Les accidents sont plus rares mais plus graves.
  2 Les médecins recommandent de faire du ski.
  3 Le froid ne présente plus de danger pour les
    skieurs.
  4 Le matériel coûte de plus en plus cher.   3_____

4 Qu'est-ce qui prouve l'intérêt du gouvernement
pour le château de Versailles?

  1 les actes de vandalisme des touristes
  2 les réunions diplomatiques qui y ont lieu
  3 la visite de hautes personnalités
  4 les efforts faits pour le préserver   4_____

5 Pourquoi vous faut-il aller ailleurs?

  1 Les chambres sont toutes prises.
  2 Les repas coûtent trop cher.
  3 Le téléphone est en panne.
  4 L'hôtel est dans un mauvais quartier.   5_____

6 Que faut-il faire pour réussir les photos
d'animaux?

  1 nourrir la bête
  2 employer un flash
  3 attendre le bon moment
  4 choisir l'animal avec soin   6_____

7 Qu'est-ce que ces machines distribuent?

  1 des timbres
  2 des chèques
  3 de l'argent
  4 des journaux   7_____

8 Qu'est-ce que ce programme offre aux jeunes?
 1 un diplôme universitaire
 2 un séjour à l'étranger
 3 une réunion de famille
 4 une excursion à la campagne 8____

9 Pourquoi est-ce que cette personne vous parle?
 1 pour vous faire un compliment
 2 pour vous raconter une histoire
 3 pour vous poser une question
 4 pour vous donner un conseil 9____

10 Qu'a-t-on découvert dans le tableau de la
 Joconde?
 1 Elle avait l'habitude de boire beaucoup.
 2 Elle ne dormait pas assez.
 3 Elle consommait une nourriture trop grasse.
 4 Elle ne faisait pas assez d'exercice physique. 10____

11 Qu'est-il possible de faire à Toronto?
 1 s'inscrire pour un vol spatial
 2 écrire une plainte au bureau de poste
 3 parler directement à Londres
 4 envoyer des lettres par télétransmission 11____

12 Comment vous suggère-t-on de voir la France?
 1 en voiture 3 par le train
 2 à pied 4 en auto-stop 12____

13 Qu'est-ce qui est étonnant?
 1 Les fumeurs continuent à fumer.
 2 Le tabac est bon pour l'estomac.
 3 Les enfants fument beaucoup.
 4 Tout le monde s'est arrêté de fumer. 13____

14 Dans quel but a-t-on installé ces cabines
   téléphoniques?

   1 pour appeler l'étranger
   2 pour donner les horaires des avions
   3 pour renseigner les visiteurs
   4 pour permettre d'appeler un taxi   14_____

15 Qui est cet homme?

   1 C'est un diplomate européen.
   2 C'est un champion international.
   3 C'est un auteur de livres pour enfants.
   4 C'est un professeur de langues.   15_____

    PART TWO (A)   *Listening Comprehension Combined with
                    Writing Skill*

DIRECTIONS: (**16–20**): *Listen to your teacher read twice in succession the
setting of one dialogue in French. Then the teacher will read aloud twice a
line of the dialogue. Immediately after the second reading of each line of
dialogue in French, you will hear instructions in English telling you how to
respond in French. Sentence fragments as well as complete sentences in
French will be acceptable, but* ONLY *if they are in keeping with the
instructions that you hear. Numerals are* NOT *acceptable. If the response to
the dialogue line includes a date, time, amount of money, number, etc., write
out the number. The setting of the one dialogue in French, the five lines of
dialogue in French that the teacher will read to you, and the instructions in
English as to how to respond in written French to each line of dialogue are
all found in the* **ANSWERS SECTION, PART TWO (A), at the end of this
examination.**   [5 credits]

   The instructions for responding to dialogue lines 16 through 20 are as
follows:

16 Tell him what to expect.

17 Describe where in New York State.

18 Tell him what you know about it.

19 Reassure him.

20 Give him some advice.

PART TWO (B)   *Listening Comprehension Combined with Writing Skill*

DIRECTIONS: **(21–25)**: *Listen to your teacher read twice in succession a situation in French. Then the teacher will pause while you write in French an appropriate response for the situation. There are five different situations. Sentence fragments as well as complete sentences, questions, or commands in French will be acceptable, but* ONLY *if they are in keeping with the situation. Numerals are* NOT *acceptable. If the response includes a date, time, amount of money, number, etc., write out the number. The five different situations that the teacher will read to you in French (twice in succession for each situation) are all found in the* ANSWERS SECTION, **PART TWO (B), at the end of this examination.**   [5 credits]

PART THREE   *Reading Comprehension*

Answer all questions in Part 3 according to the directions for a, b, and c. [30]

(a) DIRECTIONS: **(26–30)**: Below the following passage, there are five questions or incomplete statements. For *each*, choose the word or expression that best answers the question or completes the statement *according to the meaning of the passage*, and write its *number* in the space provided.

C'est en écoutant des chanteurs québécois comme Félix Leclerc et Gilles Vigneault que les Français ont découvert que l'on parlait encore français au Canada. Malheureusement, bien des Français qui s'en vont au Québec reviennent déçus de n'y avoir pas trouvé un morceau de leur pays avec de la vraie neige l'hiver et des animaux exotiques en plus. Un Londonien qui s'en va à San Francisco y entend une langue différente de la sienne. De même, un Parisien qui part pour Montréal doit se préparer à des surprises. "Deux pays séparés par une même langue": l'expression vaut aussi pour la France et le Québec.

La langue de France et celle du Québec se sont séparées pour représenter des réalités bien différentes: géographie, climat, politique, voisinage, économie. Elles n'ont rien en commun sinon un petit morceau d'histoire. Ce pays a trois fois la surface de la France, mais neuf fois moins d'habitants. Il y a des gens qui vivent si loin que c'est "en dehors de la carte". Un seul mot ne suffit pas pour de telles distances. On dit "voyage" mais aussi "voyagerie" et "voyagement". Quand quelqu'un n'en peut plus de fatigue, il dit "j'ai mon voyage". Le Québécois a sa propre langue, une langue très vivante. Cette langue a gardé sa vitalité parce qu'il lui faut sans cesse réagir à l'anglais de deux cent cinquante millions de voisins anglophones. Et il parle beaucoup, le Québécois.

Au Québec, on parle, on bavarde, on jase, on discute, on cause, et quand on a fini, on recommence. On finit encore une autre tasse de café, et entre deux phrases, l'idée vient que le samedi suivant, on pourrait aller à l'Arena voir le match (de hockey bien sûr), ou faire huit cents kilomètres dans la journée pour aller voir un copain, ou regarder la "tv", ou, pour changer, bavarder un peu.

L'hospitalité québécoise est un vrai plaisir et elle est donnée sans compter. Le Québécois ouvre sa porte, donne ses clés, annonce à ses amis de l'autre bout du pays que vous allez passer par là et qu'il faut vous recevoir. Il vous emmène voir son "mononcle" Alcide et sa "matante" Rita parce qu'ils ont une vieille ferme ou une histoire à raconter. Il vous présente ses collègues, ses copains, les copains de ses collègues et les collègues de ses copains. Et là recommencent les discussions à n'en plus finir sur nos deux pays.

26 Qu'est-ce qui surprend les Français au Québec?

  1 la langue   3 la musique

  2 la faune   4 la chaleur   26_____

27 L'expression "en dehors de la carte" indique

  1 un menu spécial

  2 de grands espaces

  3 un gouvernement étranger

  4 de mauvaises routes   27_____

28 Au Québec, la langue française doit se défendre contre l'influence

  1 des hommes d'affaires

  2 de la télévision parisienne

  3 de la presse internationale

  4 d'une autre langue   28_____

29 Quelle impression l'auteur nous donne-t-il des
   Québécois?

   1 Ils sont très sociables.
   2 Ils détestent la politique.
   3 Ils recherchent la solitude.
   4 Ils n'aiment pas voyager.   29_____

30 Comment le Québécois montre-t-il son
   hospitalité?

   1 Il voyage beaucoup à l'étranger.
   2 Il vous prépare des repas exotiques.
   3 Il vous fait rencontrer ses amis.
   4 Il chante des chansons pour les visiteurs.   30_____

(b) DIRECTIONS: (31–35): Below each of the five following selections, there is
either a question or an incomplete statement. For *each*, choose the
word or expression that best answers the question or completes the
statement *according to the meaning of the selection* and write its
number in the space provided.

31

SNCF		Réservation
Départ 10.10 PARIS GARE DE LYON		861 TGV
Arrivée 14.57 MONTPELLIER		

Date LE 10.07.85

8721100785 Particularités SALLE NON FUMEURS
044   2FENETRE ISOLEE 1FENETRE ASSISE
12   113103   1COULOIR
PARIS LYON
10.07.85 52

7016 0015 34989716

Prix

F****44,00

31 A quoi cette carte de réservation vous donne-t-elle droit?

   1 à dîner dans un restaurant
   2 à voyager en chemin de fer
   3 à assister à une pièce de théâtre
   4 à occuper une chambre d'hôtel   31_____

32

Le week-end tue.
Il faut que cela change!

Que vous soyez conducteur ou passager, c'est à vous de redresser cette situation consternante.

La route est, en soi, dangereuse. Il est donc plus intéressant d'en flairer les pièges que d'augmenter encore la part du risque. Comment? En adoptant par exemple un type de conduite défensif. En calculant votre vitesse d'après les conditions de circulation (densité, état de la route,...). En signalant au passager trop exubérant qu'il met tout le monde en danger (il comprendra bien...). Quant à vous, les passagers: refusez carrément de monter dans une voiture dont le conducteur a trop bu ou lorsqu'il y aurait surcharge de passagers.

Prendre conscience du problème, c'est déjà en résoudre une première partie.

32 Cet article vous suggère comment vous assurer plus de

1 sécurité sur la route
2 confort en voiture
3 plaisir pendant le week-end
4 temps pour vos loisirs 32_____

33 « La Jeunesse d'aujourd'hui aime le luxe, elle manque de tenue, raille l'autorité et n'a aucun respect pour ses aînés. Les enfants sont de vrais petits tyrans. Ils ne se lèvent plus quand une personne d'âge entre dans la pièce où ils sont, ils contredisent leurs parents, se tiennent à table comme des gloutons et font une vie d'enfer à leurs maîtres ». Citation d'un sociologue en 1975? Non pas. Ces propos amers sont d'un auteur grec du 5e siècle avant J.C.

Ils illustrent bien l'éternelle actualité de ces thèmes. Les problèmes des adolescents et les conflits de générations. De tous temps : la jeunesse a eu son « mal de vivre »... et des idées contestataires.

33 Quel proverbe ceci semble-t-il illustrer?

1 «Pierre qui roule n'amasse pas mousse».
2 «Quand le chat n'est pas là, les souris dansent».
3 «Plus ça change, plus c'est la même chose».
4 «L'appétit vient en mangeant». 33_____

34

34 Quelle est la spécialité de cette entreprise?
1 les troubles sociaux
2 les problèmes psychologiques
3 les difficultés financières
4 les missions délicates

34_____

35

35 Qu'est-ce qui est nécessaire pour ce travail?
1 un dîplome en biologie
2 la connaissance d'une langue étrangère
3 de nombreux assistants
4 de l'expérience comme mécanicien   35_____

(c) DIRECTIONS: (36–40): In the following passage there are five blank spaces numbered 36 through 40. Each blank space represents a missing word or expression. For each blank space, four possible completions are provided. Only one of them makes sense *in the context of the passage*.

First, read the passage in its entirety to determine its general meaning. Then read it a second time. For each blank space, choose the completion that makes the best sense and write its *number* in the space provided.

Les sorbets sont des desserts fins, délicats et

faciles à faire. Ils conservent toute la saveur

originale des fruits qui les composent et ils sont un

complément parfait à tous les types de

    (36)   : du simple déjeuner en famille au grand

dîner de gala. D'où vient le sorbet?

   Il faut aller loin dans l'antiquité pour

    (37)   les sources des desserts glacés. On

mentionne qu'au IVᵉ siècle avant Jésus-Christ, à la

cour d'Alexandre le Grand, des confections de fruits

et de miel étaient placées dans des pots de terre et

mises dans la neige pour les faire   (38)   . On dit

que le premier vrai sorbet a été offert aux invités de

l'empereur romain, Néron.

   L'explorateur italien, Marco Polo, a ramené

d'Orient une technique de refroidissement qui

n'utilisait pas de glace.

En 1660, c'est au Café Procope de Paris que l'on
vendait les glaces confectionnées à la mode italienne.
Ce café en offrait alors plus de quatre-vingts
  (39) , chacune avec un parfum différent.

De nos jours, le sorbet est un dessert classique et
commun. C'est aussi un rafraîchissement que l'on
apprécie entre les repas surtout pendant les   (40)
chaudes en plein été.

(36) 1 gens   3 voyages
      2 viandes   4 repas   36____

(37) 1 découvrir   3 manger
      2 demander   4 faire   37____

(38) 1 cuire   3 pousser
      2 fondre   4 refroidir   38____

(39) 1 nations   3 fois
      2 variétés   4 bouteilles   39____

(40) 1 classes   3 journées
      2 conférences   4 années   40____

PART FOUR   *Compositions*

DIRECTIONS: *Write two compositions in French as directed below. Sample compositions appear in the* **ANSWERS SECTION, PART FOUR,** **at the end of this examination.**   [20 credits]

Choose TWO of the three topics (*A, B, C*). Be sure to follow the specific instructions for each topic you select. Identify the topics by their letters (*A, B, C*).

For *each* of the two topics you choose, write a well-organized composition of at least 10 clauses. To qualify for credit, a clause must contain a verb, a stated or implied subject, and additional words necessary to convey meaning. The 10 clauses may be contained in fewer than 10 sentences if some of the sentences have more than one clause.

Examples:
> *One clause:*   Il a acheté la chemise bleue.
> *Two clauses:*   Il a acheté la chemise bleue et laissé la blanche.
> *Three clauses:* Il a acheté la chemise bleue et laissé la blanche parce qu'elle coûtait trop cher.

Topic A: In French, write a STORY about the situation shown in the picture below. Do *not* merely describe the picture.

Topic B: A famous soccer team from France will be touring the United States. In French, write a letter to the team office to ask about the possibility of seeing them play.

You <u>must</u> accomplish the purpose of the letter which is *to ask about the possibility of seeing that team play in the United States.*

After you have stated the purpose of the letter, you may want to inquire about when the team is coming to the United States, how long they will stay, what teams they will play, dates and places of their games, how to get tickets, and how you might be able to meet some of the players.

You may use any or all of the ideas suggested above *or* you may use your own ideas. **Either way, you must explain yourself well enough for the reader to be able to provide the information.**

Use the following:

> Dateline: le 20 juin, 1988
> Salutation: Monsieur,
> Closing: Avec mes salutations cordiales.

Topic C: You saw a book at a store near your friend André's house while you were visiting him in France. In French, write a note to André asking him to buy the book and send it to you.

You <u>must</u> accomplish the purpose of the note which is *to try to convince André to buy the book and send it to you.*

After you have stated the purpose of your note, you may want to tell André what the book is about, what it looks like, where you saw it, why and when you need it, how to send it to you, how you will pay for it, what to do if he cannot find it, and how grateful you will be to get it.

You may use any or all of the ideas suggested above *or* you may use your own ideas. **Either way, you must try to convince André to buy the book and send it to you.**

Use the following:

> Dateline: le 20 juin, 1988
> Salutation: Cher André,
> Closing: Merci mille fois!

Note: This examination consists of PARTS ONE through FOUR, a total of 90 credits.

PART FIVE   *Skill in Speaking French*

This part of the examination was evaluated prior to the date of this written examination.   [10 credits]

Answers June 1988

French Level 3 (Comprehensive)

PART ONE *Listening Comprehension*

The following passages are to be read aloud to the students according to the directions given for this part at the beginning of this examination. They are not dictations. They are designed to test listening comprehension. The correct answer is given at the end of each paragraph.   [30 credits]

1   Quel problème intéresse ces techniciens?

Les ordinateurs ne peuvent pas, seuls, préparer l'avenir. Mais de nombreux scientifiques utilisent l'ordinateur pour résoudre les problèmes de l'environnement et, en particulier, pour restituer à l'homme son cadre naturel... la forêt. Chaque année, de vastes étendues de forêts sont exploitées ou, malheureusement, dévastées par le feu, et il est nécessaire de reboiser en permanence pour remplacer les arbres détruits.   (**Answer 1**)

2   De quel genre de film s'agit-il?

Les voyages interplanétaires sont devenus la tarte à la crème du cinéma américain. On en a tant vu, de ces "guerres des étoiles", que rien ne peut plus nous impressionner. Mais il n'y a qu'une seule *Odyssée de l'espace* au cinéma, la première, celle de Kubrick. La rencontre de la poésie et des effets spéciaux est magique comme la musique de Strauss.   (**Answer 4**)

3   Quelles sont les conséquences de la modernisation de l'équipement de ski?

Un congrès mondial de médecins a montré que les progrès dans l'équipement de ski diminuent la fréquence des accidents. Cependant, ils augmentent la sévérité des blessures causées par ces accidents. A cause de la qualité de son matériel, le skieur devient moins prudent et skie presque toujours au-dessus de ses moyens physiques et techniques.   (**Answer 1**)

4   Qu'est-ce qui prouve l'intérêt du gouvernement pour le château de Versailles?

Le château de Versailles est une des grandes attractions touristiques internationales depuis longtemps. En 1925, le milliardaire américain John D. Rockefeller a consacré 75 000 dollars à la réparation de la Galerie des Glaces. Mais, c'est seulement depuis 1953 que le gouvernement français a entrepris un coûteux programme de restauration systématique pour conserver ce monument historique.   (**Answer 4**)

5   Pourquoi vous faut-il aller ailleurs?

—Je regrette, mais nous n'avons aucune chambre de libre pour vous ce soir. Je peux vous recommander un autre hôtel près d'ici, si vous voulez. Leurs chambres sont un peu plus chères mais le petit déjeuner est compris. Voulez-vous que je vous donne leur numéro de téléphone?   (**Answer 1**)

6 Que faut-il faire pour réussir les photos d'animaux?

Photographier un animal est avant tout une affaire de patience. Ne faites pas peur au sujet. On peut habituer tout animal à un flash progressivement. Que ce soit un chat ou un tigre, la difficulté majeure c'est de prendre son temps pour capter l'attitude ou le geste caractéristique. L'instant venu, le réflexe doit être vif, sinon, il faudra tout recommencer. (**Answer 3**)

7 Qu'est-ce que ces machines distribuent?

Il n'est pas toujours possible de payer par chèque, certainement pas quand on achète un journal, un petit bouquet de fleurs ou une baguette de pain. La plupart du temps quand on n'a pas d'argent, c'est quand les banques sont fermées. C'est pourquoi on a installé des distributeurs automatiques de billets de banque dont le fonctionnement est très simple.
(**Answer 3**)

8 Qu'est-ce que ce programme offre aux jeunes?

L'Office franco-québécois pour la jeunesse vient d'annoncer un programme d'échanges qui permettra à cent jeunes, Français ou Québécois, de vivre et de travailler temporairement dans l'autre pays pour mieux le connaître. Ils recevront un salaire déterminé par cet organisme et l'employeur. (**Answer 2**)

9 Pourquoi est-ce que cette personne vous parle?

—Attention! Vous ne pouvez pas stationner ici. C'est un arrêt d'autobus. Si vous voulez garer votre voiture, allez au parking municipal, dans cette rue à gauche. Le parking est gratuit, mais pour y arriver, vous devez passer par derrière car cette rue est à sens unique. (**Answer 4**)

10 Qu'a-t-on découvert dans le tableau de la Joconde?

Le portrait de la Joconde indique qu'elle consommait trop de graisses animales. C'est le diagnostic d'un médecin sur l'état de santé de la Joconde. La coloration jaune du coin de son oeil gauche révèle ces mauvaises habitudes et indique qu'elle souffrait d'un excès de cholestérol dans le sang. (**Answer 3**)

11 Qu'est-il possible de faire à Toronto?

Le Canada a inauguré un service postal spatial entre Toronto et Londres. N'importe qui peut mettre une lettre ouverte à la poste dans cette ville et l'image de cette lettre est transmise immédiatement à Londres par satellite. Les Postes canadiennes espèrent, en offrant ce service, attirer la clientèle des grandes compagnies et non pas celle des amoureux. (**Answer 4**)

12 Comment vous suggère-t-on de voir la France?

Pour ceux qui préfèrent la marche, il existe dans toute la France de nombreux chemins et sentiers de "Grande Randonnée." Le Touring Club de France vous fournira des cartes et des renseignements sur ces "routes du marcheur" qui vous permettront de découvrir les plus beaux paysages de notre pays. (**Answer 2**)

13   Qu'est-ce qui est étonnant?
La fumée de cigarette est un mélange complexe de gaz extrêmement dangereux. Des milliers de personnes meurent chaque année de maladies causées par la fumée de cigarette: cancer du poumon, bronchite chronique, emphysème et crise cardiaque. Mais à l'heure actuelle plus de 40 pour cent des adultes continuent de fumer régulièrement la cigarette. Ce qui est curieux, c'est que même en toute connaissance des dangers de la cigarette, le fumeur reste généralement attaché à sa mauvaise habitude.   (**Answer 1**)

14   Dans quel but a-t-on installé ces cabines téléphoniques?
Un organisme spécialisé vient d'installer des cabines téléphoniques gratuites au Parc des expositions et à l'aéroport de Roissy. Sans dépenser un sou, les touristes peuvent demander directement à l'opératrice où ils peuvent bien manger et, sur demande, elle peut leur réserver une table au restaurant. Le voyageur peut également demander dans quels hôtels il reste une chambre libre, et la réserver.   (**Answer 3**)

15   Qui est cet homme?
Michel Platini a tout joué et tout gagné au football. Couvert de titres, d'honneurs et de médailles, vainqueur de la Coupe des Coupes, champion d'Italie et champion d'Europe avec l'équipe de France, il veut maintenant enseigner son sport aux jeunes et il dirige un camp d'entraînement pour enfants.   (**Answer 2**)

PART TWO (A)   *Listening Comprehension Combined with Writing Skill*

Write, in French, responses to the lines of dialogue that the teacher reads to you, according to the directions for this part at the beginning of this examination. Following are the 5 lines of dialogue that the teacher reads aloud to the students for listening comprehension. This is not a dictation. Write only an appropriate response in French, according to the instructions that the teacher gives you in English as to how to respond in written French to each line of dialogue. These instructions are given in English in parentheses. **SAMPLE ACCEPTABLE RESPONSES ARE GIVEN BELOW.**
[5 credits]

   Le passager à côté de vous dans l'avion est un jeune Français. C'est son premier voyage en Amérique.

16 Le passager: Je me demande quel temps il va faire quand on va arriver.
           (Tell him what to expect.) _____

17 Le passager: Vous habitez dans l'état de New York?
           (Describe where in New York State.) _____

18 Le passager: Moi, je vais à San Francisco.
   (Tell him what you know about it.) _____

19 Le passager: Il faut que je change d'avion à New York. J'espère que ce
   n'est pas trop compliqué.
   (Reassure him.) _____

20 Le passager: En tout, ça va me faire plus de quatorze heures de voyage.
   (Give him some advice.) _____

SAMPLE ACCEPTABLE WRITTEN RESPONSES

(16) D'habitude, il fait très chaud en été.

(17) Oui, j'habite dans le nord de l'état.

(18) J'ai entendu dire que c'est une ville intéressante.

(19) Non, c'est très facile.

(20) Essayez de dormir un peu avant d'arriver.

PART TWO (B) *Listening Comprehension Combined with Writing Skill*

Here are the five situations that the teacher reads to you in French twice in succession for each situation. After the second reading of each situation, write an appropriate response in French. [5 credits]

21 Une amie ne trouve pas sa raquette de tennis. Vous lui suggérez: _____
_____

22 Un ami est allé au match de basketball hier soir. Vous lui demandez: ____
_____

23 Un camarade de classe ne voit pas bien le tableau. Vous lui suggérez: ____
_____

24 Un ami écoute une de vos cassettes. Vous lui demandez: _____
_____

25 Vous arrivez à un rendez-vous en retard. Vous expliquez pourquoi: _____
_____

SAMPLE ACCEPTABLE WRITTEN RESPONSES

(21) Prends la mienne, si tu veux.

(22) Qui a gagné?

(23) Tu peux changer de place avec moi, si tu veux.

(24) Elle te plaît, cette cassette?

(25) Mon autobus est tombé en panne.

PART THREE *Reading Comprehension*

a (26)	1	b (31)	2	c (36)	4
(27)	2	(32)	1	(37)	1
(28)	4	(33)	3	(38)	4
(29)	1	(34)	4	(39)	2
(30)	3	(35)	2	(40)	3

PART FOUR *Sample Compositions*

For each topic, an example of a response worth 10 credits follows. The slash marks indicate how each sample composition has been divided into clauses.

Topic A

Ma cousine a des voisins/$_1$ qui ont deux petits enfants./$_2$ Leurs enfants ont à peu près deux ou trois ans./$_3$ Quand ses voisins sont allés en vacances en Floride,/$_4$ ils ont demandé à ma cousine/$_5$ si elle voulait bien garder leurs enfants pendant leur absence./$_6$ Ma cousine a accepté/$_7$ parce qu'elle avait besoin d'un peu d'argent./$_8$ Elle le regrette bien maintenant/$_9$ car ces enfants sont absolument impossibles./$_{10}$ Ils n'arrêtent pas de faire des bêtises, et elle n'a pas un moment de calme. Elle a très bien compris pourquoi les voisins n'ont pas voulu emmener leurs enfants en vacances avec eux!

Topic B

le 20 juin, 1988

Monsieur,

J'ai entendu dire/$_1$ que votre équipe de football va venir jouer une série de matchs amicaux aux Etats-Unis./$_2$ J'habite dans la région de Syracuse,/$_3$ et j'aimerais beaucoup voir un de vos matchs./$_4$ Pourriez-vous m'envoyer le programme de vos matchs?/$_5$ J'aimerais savoir/$_6$ où ils auront lieu, à quelles dates, et contre quelles équipes américaines./$_7$ J'espère/$_8$ qu'il y aura un match pas trop loin de chez moi,/$_9$ et que je pourrai y assister./$_{10}$ Mon rêve, c'est de faire la connaissance des membres de votre équipe. Je suis fana de football et j'espère que vous pourrez m'aider à réaliser ce rêve.

Avec mes salutations cordiales.

Topic C

le 20 juin, 1988

Cher André,

Je vais te demander un grand service./$_1$ Est-ce que tu pourrais m'envoyer un livre/$_2$ que j'ai remarqué/$_3$ quand j'étais chez toi l'été dernier?/$_4$ Je ne me souviens pas de son titre,/$_5$ mais c'est un grand livre de photos en couleurs sur Paris./$_6$ Il était dans la vitrine de la librairie/$_7$ qui est en face de la poste de ton quartier./$_8$ Ma classe de français veut offrir un cadeau à notre professeur,/$_9$ et ce livre serait le cadeau idéal./$_{10}$ Dis-moi combien je te dois, et je t'enverrai l'argent en dollars.

Merci mille fois!

Examination   June 1989

French Level 3 (Comprehensive)

PART ONE   *Listening Comprehension*

DIRECTIONS: **(1–15):** *This part of the examination is designed to test listening comprehension. It consists of 15 questions and passages that the teacher will read aloud to the students. The teacher will read the first question and passage aloud in French at normal speed. Then the teacher will repeat the reading of the question and passage once. The students will be allowed one minute to read the question which is printed and to select the best answer. This procedure is repeated for each of the questions and passages.*

The students must listen carefully to what the teacher reads. They must not write anything. This is not a dictation. It is a test for listening comprehension. Only the question is printed and 4 suggested answers. The passages that the teacher reads to the students are not printed. After the students listen to each question and paragraph, they must write in the space provided the number of the suggested answers that best answers each question. The students must choose the correct answer that is based only on the content of the passage that is read aloud to them. The students must not read the question or suggested answers while the teacher is reading the passage! *The passages and the questions that the teacher will read aloud are found in the* **ANSWERS SECTION, PART ONE, at the end of this examination.** *This is not a dictation.*   [30 credits]

1 Pourquoi Richard Dacoury ne participera-t-il pas aux matchs de basketball?
  1 parce qu'il s'est cassé la jambe pendant le dernier match
  2 parce qu'il sera en vacances en Allemagne
  3 à cause d'un conflit avec un autre joueur
  4 à cause de ses préoccupations scolaires   1 _____

2 Quel est le problème de ce garçon?
  1 Il est trop jeune.   3 Il est trop grand.
  2 Il est trop gros.   4 Il est trop sportif.   2 _____

1

3 Quel est le but de ce programme?

   1 d'aider les jeunes
   2 de trouver du travail pour les adultes
   3 de réformer les méthodes d'enseignement
   4 de réduire le budget de la province   3_____

4 A quelle condition peut-on bénéficier de cette
réduction de prix?

   1 si on a de la famille en France
   2 si la communication dure au moins vingt
     minutes
   3 si on parle moins d'une minute
   4 si on téléphone à certaines heures   4_____

5 Comment vous suggère-t-on de visiter le Parc
olympique?

   1 avec un athlète
   2 en compagnie d'un architecte
   3 avec un guide
   4 seul   5_____

6 Qu'est-ce que cette expédition a accompli?

   1 Elle a découvert la source du Mississippi.
   2 Elle est rentrée à Montréal avant l'hiver.
   3 Elle a retracé le voyage d'un explorateur.
   4 Elle a fondé la ville de la Nouvelle Orléans.   6_____

7 Qu'est-ce que les jeunes skieurs acrobatiques
peuvent faire en France?

   1 se présenter au cirque
   2 étudier dans une école spécialisée
   3 travailler comme pilotes
   4 s'entraîner pendant l'été   7_____

8 Qu'est-ce qu'on vous propose?
  1 une promenade à pied
  2 une excursion à la campagne
  3 une course de bicyclettes
  4 une visite organisée de la ville   8_____

9 Quelles personnes aimeraient cet appareil?
  1 celles qui se lèvent facilement sans aide
  2 celles qui préfèrent se réveiller lentement
  3 celles qui détestent la musique
  4 celles qui aiment les machines compliquées   9_____

10 Pourquoi cet oiseau est-il remarquable?
  1 Il est rentré après une longue absence.
  2 Il portait une bague.
  3 Il s'ennuyait chez lui.
  4 Il a quitté la maison où il est né.   10_____

11 Pourquoi les étudiants français vont-ils au café?
  1 pour faire leurs devoirs
  2 pour échapper à leurs parents
  3 pour se retrouver entre jeunes
  4 pour rencontrer leurs professeurs   11_____

12 Pourquoi a-t-on conclu cet accord?
  1 pour coopérer dans le domaine politique
  2 pour résoudre certains problèmes
    écologiques
  3 pour proposer des lois internationales
  4 pour organiser des échanges d'élèves   12_____

13 Qu'est-ce que ce professeur a annoncé?

    1 qu'il y a beaucoup d'or en France
    2 la création d'une école des mines en Alsace
    3 la fondation d'un journal scientifique
    4 qu'il va créer une banque   13_____

14 Qu'est-ce qu'on vous recommande?

    1 un restaurant
    2 un guide
    3 un livre de recettes
    4 un palais   14_____

15 Pourquoi la place de Paris change-t-elle dans cette liste?

    1 La cuisine française est moins bonne.
    2 La ville est devenue très sale.
    3 Il n'y a plus assez d'hôtels.
    4 La valeur du dollar varie.   15_____

PART TWO (A) *Listening Comprehension Combined with Writing Skill*

DIRECTIONS: **(16–20):** *Listen to your teacher read twice in succession the setting of one dialogue in French. Then the teacher will read aloud twice a line of the dialogue. Immediately after the second reading of each line of dialogue in French, you will hear instructions in English telling you how to respond in French. Sentence fragments as well as complete sentences in French will be acceptable, but ONLY if they are in keeping with the instructions that you hear. Numerals are NOT acceptable. If the response to the dialogue line includes a date, time, amount of money, number, etc., write out the number. The setting of the one dialogue in French, the five lines of dialogue in French that the teacher will read to you, and the instructions in English as to how to respond in written French to each line of dialogue are all found in the* **ANSWERS SECTION, PART TWO (A),** **at the end of this examination.**   [5 credits]

The instructions for responding to dialogue lines 16 through 20 are as follows:

16 Tell what.

17 Offer to help.

18 Tell what you think.

19 Make a suggestion.

20 Give your reaction.

PART TWO (B) *Listening Comprehension Combined with Writing Skill*

DIRECTIONS: (21–25): *Listen to your teacher read twice in succession a situation in French. Then the teacher will pause while you write in French an appropriate response for the situation. There are five different situations. Sentence fragments as well as complete sentences, questions, or commands in French will be acceptable, but ONLY if they are in keeping with the situation. Numerals are NOT acceptable. If the response includes a date, time, amount of money, number, etc., write out the number. The five different situations that the teacher will read to you in French (twice in succession for each situation) are all found in the* **ANSWERS SECTION, PART TWO (B)**, at the end of this examination. [5 credits]

PART THREE *Reading Comprehension*

Answer all questions in Part 3 according to the directions for a, b, and c. [30 credits]

(a) DIRECTIONS: (26–30): Below the following passage, there are five questions or incomplete statements. For *each*, choose the word or expression that best answers the question or completes the statement *according to the meaning of the passage*, and write its *number* in the space provided.

Un petit vide dans l'estomac et un rien dans le réfrigérateur, tard le soir, alors que tous les magasins du quartier sont fermés depuis longtemps? La plupart des magasins ferment à 19 heures. Pour ne pas se coucher avec cette faim les habitués de la nuit ont leurs bonnes adresses.

LE SUPERMARCHE DES HALLES: ouvert 24 heures sur 24, pour les grandes urgences de l'estomac est un endroit peu rassurant, il faut le dire. Le quartier est mal éclairé, il y a des silhouettes suspectes dans l'ombre. Heureusement, on peut entrer directement de sa voiture dans le magasin par le parking.

A l'intérieur, l'endroit est calme: les ventes de boissons alcoolisées sont interdites entre minuit et sept heures du matin. Les rayons de produits frais sont bien fournis et de qualité. Très beau rayon de viande préemballée avec du faux filet et des escalopes de veau. Côté plats cuisinés, mieux vaut passer son chemin: la pizza est un peu molle et la charcuterie n'a pas le teint frais.

CHEZ LAYRAC: L'épicier de nuit de la rue de Buci, l'ambiance est ici plus "clean". Dans ce quartier universitaire, il y a des clients de moins de trente ans qui viennent jusqu'à trois heures du matin, pour acheter de quoi faire une "petite croque" improvisée. Belle décoration noire et blanche et des plats très appétissants: plat du jour emballé en plastique et une dizaine de menus différents; de la fricassée de lapin au filet de porc. Cependant, les parts ne sont pas très copieuses: petits plats pour petite faim. On y trouve aussi des fruits de mer toute l'année, et en prévision du petit déjeuner du matin: pains Poilâne, café et jus d'orange.

L'AN 2000: Un accueil souriant de la part de ce petit commerçant de quartier qui propose quelques plats cuisinés traditionnels: tomates farcies, et légumes cuits. On peut y acheter un repas complet sans oublier le fromage et le vin. Beau rayon de fruits frais, ce qui est exceptionnel à cette heure tardive. Mais attention, il vaut mieux y aller avant 22 heures, sinon vous risquez de trouver les étagères vides. Il ne ferme pourtant qu'à une heure du matin. Vers minuit, il reste quelques parts de quiche au saumon, du jambon au poivre vert ou des fraises fraîches.

26 Ces magasins sont très utiles parce qu'ils

1 offrent des prix avantageux
2 vendent des produits pharmaceutiques
3 sont faciles à trouver
4 restent ouverts tard   26_____

27 Qu'est-ce qu'il y a d'inquiétant au Supermarché des Halles?

1 le personnel   3 les clients
2 le quartier   4 le décor   27_____

28 Les clients de Chez Layrac sont surtout des

1 professeurs   3 étudiants
2 musiciens   4 ouvriers   28_____

29 Un inconvénient de Chez Layrac, c'est que

1 les prix sont chers
2 les portions sont petites
3 le service est lent
4 les légumes ne sont pas frais   29_____

30 Pour trouver ce qu'on veut à L'An 2000, il faut

   1 arriver de bonne heure   3 sourire au vendeur

   2 faire sa propre cuisine   4 être du quartier   30_____

(b) DIRECTIONS: **(31–35):** Below each of the five following selections, there is either a question or an incomplete statement. For *each*, choose the word or expression that best answers the question or completes the statement *according to the meaning of the selection* and write its *number* in the space provided.

31

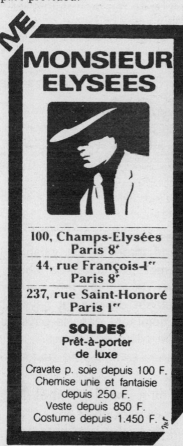

MONSIEUR ELYSEES

100, Champs-Elysées
Paris 8ᵉ

44, rue François-Iᵉʳ
Paris 8ᵉ

237, rue Saint-Honoré
Paris Iᵉʳ

SOLDES
Prêt-à-porter
de luxe

Cravate p. soie depuis 100 F.
Chemise unie et fantaisie
depuis 250 F.
Veste depuis 850 F.
Costume depuis 1.450 F.

31 Que peut-on acheter dans ces magasins?

   1 des bijoux   3 des livres

   2 des films   4 des vêtements   31_____

32

Plongez les pêches dans une grande casserole
d'eau bouillante. Laissez frémir pendant 5 mn.
Egouttez les pêches et passez-les sous l'eau
froide pour retirer la peau.
Dans une sauteuse, faites bouillir le vin avec le
sucre (dont 1 cuillère à soupe de sucre vanillé)
et les épices, pendant 10 mn puis ajoutez les
pêches. Laissez cuire encore 10 mn.
Versez pêches et sirop dans une jatte et laissez
macérer toute la nuit.

32 Si on suit cette recette, qu'est-ce qu'on
   prépare?

   1 une salade   3 un dessert
   2 une boisson   4 un hors d'oeuvre   32_____

33

● La carte inter-rail est valable un
mois. Elle permet aux jeunes de moins
de vingt-six ans de voyager en deuxième
classe gratuitement dans vingt pays
d'Europe et à demi-tarif dans le pays où
l'on réside. Elle coûte 900 francs.

33 Cette carte doit intéresser les jeunes qui
   1 passent leurs vacances chez eux
   2 ont l'intention de visiter plusieurs pays
   3 veulent acheter une maison à l'étranger
   4 préfèrent louer une voiture   33_____

34 Sur le plan intellectuel, j'étais un excellent
élève. J'avais une bonne mémoire, j'avais
toujours des prix en français, en récitation, en
langues vivantes, en histoire et en géographie.
La santé était excellente. Là où ça a été dur,
c'est sur le plan financier.

Mes parents n'avaient rien. Mon père a
perdu le peu qu'il avait pu sauver et nous
avons eu une vie très difficile entre les années
1923 et 1929.

34 Qu'est-ce qui a marqué l'adolescence de cet
individu?

1 Sa famille était très pauvre.
2 Il souffrait de toutes sortes de maladies.
3 Ses parents lui refusaient leur affection.
4 Ses études allaient mal.

34 _____

35

LE HIT PARADE DES CRITIQUES
La cote des films en exclusivité

Les critiques ont aimé passionnément ✱✱✱, beaucoup ✱✱, un peu ✱, pas du tout □ les films classés ci-dessous. Chaque cote est attribuée par les critiques eux-mêmes, sur notre demande.

	Claude Baignères (Le Figaro)	Michel Boujut (Les nouvelles)	Pierre Bouteiller (Fr.-Inter)	Henry Chapier (Soir 3)	Jean Chatel (Europe 1)	Marc Esposito (Première)	Eric Leguèbe (Parisien libéré)	Gérard Lenne (Télé 7 jours)	Michel Mardore (Nvel Obs.)	Claude Sartirano (Humanité)	Jacques Siclier (Le Monde)
1 Under fire	***	***		**	***			***	*	***	**
2 Un dimanche à la campagne	***	**	**	***	**	□	***	***	**	***	***
3 L'étoffe des héros	***	***	**		*	**	***	***	**	**	**
4 La déesse	**	**	***	***		**		*		***	**
5 Il était une fois en Amérique	**	**		*	**	***	***	***	***	*	*
6 A la poursuite du diamant vert	***			**	***		***		*	*	**
7 Local hero	**	**	**	**			***	***		**	*
8 Les copains d'abord	**	**	**	**	**	***	**	***	*	*	**
9 Quartetto Basileus	**			**			**		*	**	**
10 Viva la vie	*		*	***	***	***	*	*	*	*	***
11 Carmen	***	**		***		*	**	□	*	***	
12 Le Bounty	*		*	**	**	*	***		*	*	**
13 Fort Saganne	*	*		**	***	***	*	*	*	*	**
14 Maria Chapdelaine	**		**	*		**		*	*	**	**
15 Le mystère Silkwood	**	**	*	**		*	*	**	*	*	**
16 Pinot simple flic	*		**	**	**	*		**	*	*	*
17 Mississippi blues	*	□		*	**					**	**
18 Cannon ball 2	□		*		**		*			**	*
19 Utu	*			**	***		□		□	□	**
20 La femme publique	*	□	□	***	*	*	*	*	**	□	**
21 Mes chers amis n° 2	*			**	**		□		*		□
22 La Pirate	□	***	*	**	□	□	□	***	*	□	*

35 Comment s'appelle le film que les journalistes ont aimé le moins?

1 "Under fire" 3 "Il était une fois en Amérique"
2 "Viva la vie" 4 "La Pirate"

35 _____

(c) DIRECTIONS: **(36–40):** In the following passage there are five blank spaces numbered 36 through 40. Each blank space represents a missing word or expression. For each blank space, four possible completions are provided. Only one of them makes sense *in the context of the passage.*

First, read the passage in its entirety to determine its general meaning. Then read it a second time. For each blank space, choose the completion that makes the best sense and write its *number* in the space provided.

Beaucoup d'Américains ont des difficultés à utiliser avec précision notre système de mesures. C'est pourtant simple.

En 1742, Anders Celsius proposait une échelle thermométrique fondée sur une différence de 100 degrés entre ____(36)____ où l'eau gèle et celle où elle bout. Voici comment vous débrouiller dans cet aspect du monde métrique: A 21 degrés, on se sent bien chez soi. Ne vous inquiétez pas si l'infirmière vous dit que votre température est de 37 degrés, c'est tout à fait ____(37)____. Mais attention! A 40 degrés, vous avez une forte fièvre. En août, le soleil vous caresse agréablement de ses 30 degrés, et vos patins mordent la glace à 10 degrés sous zéro en ____(38)____. Malgré toutes ces différences il y a une mesure identique en Fahrenheit et en Celsius, mais seulement par très grand ____(39)____: à 40 degrés sous zéro!

Il y a donc convergence des deux systèmes, mais uniquement à cette température. Dans la

vie de tous les jours, la précision scientifique
n'est pas absolument nécessaire.

Ceux qui veulent à tout prix _____(40)_____
peuvent multiplier la température Celsius par 9,
diviser ensuite par 5 et enfin ajouter 32. Mais la
façon la plus facile de bien s'entendre avec le
thermomètre Celsius, c'est tout simplement
d'oublier le thermomètre Fahrenheit.

(36) 1 l'altitude   3 la température
     2 l'océan   4 la saison   36_____

(37) 1 dangereux   3 extraordinaire
     2 faux   4 normal   37_____

(38) 1 janvier   3 juillet
     2 septembre   4 mai   38_____

(39) 1 vent   3 matin
     2 froid   4 soleil   39_____

(40) 1 parler   3 convertir
     2 explorer   4 rire   40_____

PART FOUR   *Compositions*

DIRECTIONS: *Write two compositions in French as directed below. Sample compositions appear in the* **ANSWERS SECTION, PART FOUR,** *at the end of this examination.*   [20 credits]

Choose TWO of the three topics (*A*, *B*, *C*). Be sure to follow the specific instructions for each topic you select. Identify the topics by their letters (*A*, *B*, *C*).

For *each* of the two topics you choose, write a well-organized composition of at least 10 clauses. To qualify for credit, a clause must contain a verb, a stated or implied subject, and additional words necessary to convey meaning. The 10 clauses may be contained in fewer than 10 sentences if some of the sentences have more than one clause.

Examples:
    One clause: Il a acheté la chemise bleue.
    Two clauses: Il a acheté la chemise bleue et laissé la blanche.
    Three clauses: Il a acheté la chemise bleue et laissé la blanche parce qu'elle coûtait trop cher.

Topic A: In French, write a STORY about the situation shown in the picture below. Do *not* merely describe the picture.

Topic B

You are going on vacation with your family. Write a note in French asking your French-speaking friend to take care of the mail while you are away.

You <u>must</u> accomplish the purpose of the note which is *to try to have your French-speaking friend take care of the mail.*

After you have explained the reason for your note, you may wish to indicate why this help is important to you, when to check the mail, which important piece of mail you are expecting, what to do with it, and when you will be back. You may also wish to express your gratitude.

You may use any or all of the ideas suggested above *or* you may use your own ideas. **Either way, you must try to have your French-speaking friend take care of the mail.**

Use the following:

Dateline:	le 19 juin 1989
Salutation:	Cher/chère (Name)
Closing:	A bientôt

Topic C

You have to do a project on the city of Bordeaux for your French class. Write a letter in French to the tourist office in Bordeaux and ask for some information.

You <u>must</u> accomplish the purpose of the letter which is *to ask for some information about the city of Bordeaux for your project.*

After you have identified yourself and the reason for your letter, you may wish to ask for information about Bordeaux's history, geography, products, points of special interest, and climate and request other sources of information.

You may use any or all of the ideas suggested above *or* you may use your own ideas. **Either way, you must explain the situation well enough for the reader to be able to give you an answer.**

Use the following:

Dateline:	le 19 juin 1989
Salutation:	Messieurs,
Closing:	Recevez, Messieurs, mes salutations distinguées

Note: This examination consists of PARTS ONE through FOUR, a total of 90 credits.

PART FIVE *Skill in Speaking French*

This part of the examination was evaluated prior to the date of this written examination. [10 credits]

Answers   June 1989

French Level 3 (Comprehensive)

PART ONE   *Listening Comprehension*

The following passages are to be read aloud to the students according to the directions given for this part at the beginning of this examination. They are not dictations. They are designed to test listening comprehension. The correct answer is given at the end of each paragraph.   [30 credits]

1. Pourquoi Richard Dacoury ne participera-t-il pas aux matchs de basketball?

   Le joueur de Limoges, Richard Dacoury, ne participera pas aux championnats d'Europe de basketball avec l'équipe de France du 5 au 16 juin car il préfère donner la priorité à ses études. Malgré la possibilité qui lui était offerte de passer ses examens en septembre, Dacoury a préféré renoncer et sera remplacé par Christian Garnier.   (**Answer 4**)

2. Quel est le problème de ce garçon?

   J'ai quinze ans et j'ai un problème depuis un an. J'ai quelques kilos en trop. . . . Je mesure un mètre soixante-deux et je pèse soixante kilos. On m'a dit que je devrais perdre sept ou huit kilos. Mais, ne me dis pas de faire du sport — je déteste le sport! En plus de ça, ma grande passion, c'est les pâtisseries! Que faire?   (**Answer 2**)

3. Quel est le but de ce programme?

   Le Québec consacrera 150 millions de dollars cette année à une série de mesures pour aider les jeunes Québécois sans emploi à surmonter les difficultés économiques actuelles. Le gouvernement estime que ces mesures devraient toucher directement quelque 55.000 jeunes. Le Premier ministre a souligné que ce programme était modeste et loin de régler tous leurs problèmes.   (**Answer 1**)

4. A quelle condition peut-on bénéficier de cette réduction de prix?

   Téléphoner à votre famille ou à une personne en France que vous aimez n'a jamais été aussi économique. Un appel d'une minute ne vous coûte que $1.42 et chaque minute supplémentaire 80 cents. Ce qui vous permet de bavarder assez longtemps sans vous ruiner. Il vous suffit de composer vous-même le numéro entre 6h00 du soir et 7h00 du matin, et le plaisir d'entendre des voix familières vous fera oublier les distances.   (**Answer 4**)

5. Comment vous suggère-t-on de visiter le Parc olympique?

Au Parc olympique, on sait recevoir!
Nous avons mis sur pied tout un choix d'activités qui combleront les plus exigeants. La visite guidée, par exemple, c'est la meilleure façon de tout voir. Un guide compétent vous attend à l'arrivée et parcourt avec vous l'ensemble du site. Pendant votre visite, il vous fera des commentaires sur tous les détails des installations, de leur architecture jusqu'aux records mondiaux qui y ont été battus.   (**Answer 3**)

6. Qu'est-ce que cette expédition a accompli?

Une expédition de 23 enthousiastes de canoë de la région de Chicago a descendu la vallée du Mississippi jusqu'à la Nouvelle Orléans. Ce groupe qui s'appelait "La Salle 2" a suivi les traces de l'explorateur français René Cavelier de la Salle. Ils étaient partis huit mois plus tôt de Montréal et ont parcouru plus de 6.000 kilomètres déjà explorés par La Salle il y a près de trois cents ans.   (**Answer 3**)

7. Qu'est-ce que les jeunes skieurs acrobatiques peuvent faire en France?

Un nouveau sport a fait son apparition en France, le ski acrobatique. Au début, les adeptes de ce sport ont connu le succès réservé aux clowns. Depuis, ils se sont fait admettre et respecter. Les cinq stations pilotes dans ce domaine en France offrent des cours. On a même ouvert une classe spéciale pour eux dans un lycée sport-études où les matières principales sont le sport.   (**Answer 2**)

8. Qu'est-ce qu'on vous propose?

Une merveilleuse excursion dans l'une des plus grandes villes du Canada. Vous verrez plus de 200 sites pittoresques ou historiques. Votre autocar climatisé vous promène dans le Vieux Montréal par les vastes boulevards de la cité moderne et jusque sur le verdoyant Mont-Royal, au coeur de la métropole. Vous vous souviendrez longtemps de cette excursion dans une des plus grandes villes francophones du monde!   (**Answer 4**)

9. Quelles personnes aimeraient cet appareil?

Le réveil sonne. Vous désirez prolonger votre sommeil. Rien de plus simple: vous appuyez sur un bouton spécial. La sonnerie s'arrête pour vous alerter quatre minutes plus tard. Ce radio-réveil est plein de possibilités. Vous pouvez aussi vous endormir en musique; il s'arrêtera automatiquement au bout d'une heure.   (**Answer 2**)

10. Pourquoi cet oiseau est-il remarquable?

> Un pigeon au coeur fidèle vient de revenir à sa cage douze ans après l'avoir quittée. Le pigeon qui s'ennuyait dans sa cage avait disparu dès sa première année. Il a pu être formellement identifié grâce au numéro de la bague qu'il portait. (**Answer 1**)

11. Pourquoi les étudiants français vont-ils au café?

> Le café joue un rôle très important dans la vie sociale des étudiants français. Ces heures qu'un étudiant passe au café ne sont pas une perte de temps car elles répondent en réalité à un ensemble de besoins que l'étudiant cherche à satisfaire. Le café n'est pas simplement un refuge entre deux cours, c'est souvent le seul endroit où on peut combattre la solitude et se faire des amis. (**Answer 3**)

12. Pourquoi a-t-on conclu cet accord?

> Des représentants du Québec et du Wisconsin ont conclu un accord de collaboration sur diverses questions relatives à l'environnement, dont celui des pluies acides. L'accord comprend la création d'un comité Québec-Wisconsin qui se réunira au moins deux fois par an. Ce comité échangera des données et proposera l'adoption de programmes de recherches scientifiques et de décisions communes. (**Answer 2**)

13. Qu'est-ce que ce professeur a annoncé?

> Les Vosges pourraient produire 20 tonnes d'or par an et la France près de 180 tonnes. C'est ce qu'un professeur alsacien annonce dans un journal de province. Ce professeur est formel: "La France est riche en or". Après des années d'explorations scientifiques du territoire, il prévoit une production annuelle d'environ 200 tonnes d'or pour l'ensemble du pays au lieu des "maigres" 2 tonnes extraites actuellement. (**Answer 1**)

14. Qu'est-ce qu'on vous recommande?

> C'est une charmante petite auberge près du Palais-Royal. Elle a été injustement ignorée des guides. Et, pourtant, sa cuisine mérite attention. On pourrait reprocher au chef de cuisiner des plats un peu riches, mais ce qu'il sert est bon et souvent original. Le service est gentil mais un peu lent. (**Answer 1**)

15. Pourquoi la place de Paris change-t-elle dans cette liste?

Paris a été parfois au début de la liste et parfois à la fin de la liste des villes les plus chères du monde.

Les fluctuations des monnaies sont à l'origine de ces renversements de situation. A cause de la valeur du dollar, Chicago, San Francisco et New York se situent quelquefois parmi les villes les plus chères tandis que les capitales européennes sont classées parmi les moins chères. Ce classement tient compte du coût de l'alimentation et des services mais pas de celui du logement. Il dépend entièrement du taux de change des monnaies. (**Answer 4**)

PART TWO (A) *Listening Comprehension Combined with Writing Skill*

Write, in French, responses to the lines of dialogue that the teacher reads to you, according to the directions for this part at the beginning of this examination. Following are the 5 lines of dialogue that the teacher reads aloud to the students for listening comprehension. This is not a dictation. Write only an appropriate response in French, according to the instructions that the teacher gives you in English as to how to respond in written French to each line of dialogue. These instructions are given in English in parentheses. **SAMPLE ACCEPTABLE RESPONSES ARE GIVEN BELOW.** [5 credits]

Andrée est une élève française dans votre lycée. Vous la rencontrez dans un couloir à la fin des cours.

16. Andrée dit: Qu'est-ce que tu fais ce soir?
(Tell what.) _____

17. Andrée dit: Un de ces jours, j'aimerais bien faire des courses dans un centre commercial.
(Offer to help.) _____

18. Andrée dit: Formidable! Tu sais si je pourrai trouver des cassettes pour mon petit frère?
(Tell what you think.) _____

19. Andrée dit: Il faut aussi que j'achète quelque chose pour mes parents.
(Make a suggestion.) _____

20. Andrée dit: J'ai seulement vingt dollars!
(Give your reaction.) _____

SAMPLE ACCEPTABLE WRITTEN RESPONSES

(16) J'ai pas mal de devoirs à faire.

(17) Je pourrais t'emmener demain si tu veux.

(18) Il y a de tout dans un centre commercial!

(19) Je te montrerai le magasin où j'ai acheté des choses pour mes parents.

(20) Alors, tu n'auras pas un très grand choix.

PART TWO (B) *Listening Comprehension Combined with Writing Skill*

Here are the five situations that the teacher reads to you in French twice in succession for each situation. After the second reading of each situation, write an appropriate response in French. [5 credits]

21. Vous écoutez deux étudiants français qui parlent de vous. Un étudiant dit: "Les Américains ne comprennent pas le français." Vous lui dites: _____

22. Votre ami Marc s'est cassé la jambe. Vous expliquez au docteur comment c'est arrivé: _____

23. Vous avez pris le stylo d'une amie par erreur. Elle vous le demande. Vous dites: _____

24. Vous essayez une veste dans un magasin de vêtements, mais vous ne voulez pas l'acheter. Expliquez pourquoi au vendeur: _____

25. Au cinéma, vous allez acheter des bonbons pendant le film. Quand vous revenez, un monsieur a pris votre place. Vous lui dites: _____

SAMPLE ACCEPTABLE WRITTEN RESPONSES

(21) Faites attention à ce que vous dites!

(22) Il allait trop vite à bicyclette pendant une course, et il est tombé.

(23) Excuse-moi, je croyais que c'était le mien.

(24) Les manches sont beaucoup trop courtes.

(25) Je vous demande pardon monsieur, mais c'est ma place.

PART THREE *Reading Comprehension*

a (26)	4	b (31)	4	c (36)	3
(27)	2	(32)	3	(37)	4
(28)	3	(33)	2	(38)	1
(29)	2	(34)	1	(39)	2
(30)	1	(35)	4	(40)	3

PART FOUR *Sample Compositions*

For each topic, an example of a response worth 10 credits follows. The slash marks indicate how each sample composition has been divided into clauses.

Topic A

L'autre jour, mes parents étaient invités au mariage du patron de mon père./₁ J'ai été obligé de laver la voiture/₂ et mes parents se sont habillés/₃ comme il fallait pour l'occasion./₄ En route, ils ont été pris dans un embouteillage énorme,/₅ et ils sont restés bloqués dans leur voiture pendant plus d'une heure./₆ Quand ils sont arrivés au mariage,/₇ la cérémonie était terminée./₈ Je ne sais pas exactement/₉ ce qui est arrivé,/₁₀ mais quand ils sont rentrés à la maison, ils étaient fâchés.

Topic B

le 19 juin, 1989

Cher (Chère) —————————,

Nous allons être absents pendant une semaine/₁ et je vais te demander de me rendre un grand service./₂ Est-ce que tu pourrais prendre notre courrier chaque jour et le garder chez toi jusqu'à notre retour?/₃ Ce qui m'inquiète surtout,/₄ c'est que j'attends un grand colis de disques./₅ Comme il sera trop grand pour la boîte aux lettres,/₆ le facteur le laissera peut-être dehors/₇ et j'ai peur de le laisser là./₈ On ne sait jamais./₉ Il pourrait pleuvoir,/₁₀ ou quelqu'un pourrait l'emporter. Je passerai chez toi chercher tout notre courrier dimanche soir.

A bientôt.

Topic C

le 19 juin, 1989

Messieurs,

Je suis élève dans un lycée américain/₁ et je fais du français depuis trois ans./₂ Avant la fin de l'année, nous devons tous faire un rapport sur un aspect de la France./₃ J'ai choisi de faire un rapport sur votre ville/₄ parce que c'est un endroit/₅ que j'aimerais visiter un de ces jours./₆ Pourriez-vous m'envoyer tous les renseignements gratuits/₇ que vous avez sur votre ville et votre région./₈ Il me faut parler de l'histoire de la ville et de sa géographie,/₉ mais ce qui m'intéresse le plus,/₁₀ c'est le présent: la vie culturelle et économique de la ville, ce que font les jeunes et ce qui attire les touristes.

Recevez, Messieurs, mes salutations distinguées.

Examination   June 1990

French Level 3 (Comprehensive)

PART ONE   *Listening Comprehension*

DIRECTIONS: (**1–15**): *This part of the examination is designed to test listening comprehension. It consists of 15 questions and passages that the teacher will read aloud to the students. The teacher will read the first question and passage aloud in French at normal speed. Then the teacher will repeat the reading of the question and passage once. The students will be allowed one minute to read the question which is printed and to select the best answer. This procedure is repeated for each of the questions and passages.*

The students must listen carefully to what the teacher reads. They must not write anything. This is not a dictation. It is a test for listening comprehension. Only the question is printed and 4 suggested answers. The passages that the teacher reads to the students are not printed. After the students listen to each question and paragraph, they must write in the space provided the number of the suggested answers that best answers each question. The students must choose the correct answer that is based only on the content of the passage that is read aloud to them. The students must not read the question or suggested answers while the teacher is reading the passage! *The passages and the questions that the teacher will read aloud are found in the* **ANSWERS SECTION, PART ONE, at the end of this examination.** *This is not a dictation.*   [30 credits]

1 Que vous conseille-t-on?

  1 les voyages
  2 l'exemple du passé
  3 l'exercice physique
  4 l'importance des sciences

1____

2 Qu'est-ce que cette réclame décrit?

  1 des sites touristiques
  2 quelque chose à boire
  3 des vêtements
  4 quelque chose à manger

2____

3 Sur quoi utiliserait-on ce produit?
 1 les cheveux   3 le visage
 2 un chemisier   4 une voiture   3_____

4 Avant de participer, qu'est-ce que vous êtes
 obligé de faire?
 1 accepter d'être tenu responsable
 2 confier vos enfants au guide
 3 payer avec un chèque personnel
 4 porter un maillot de bain   4_____

5 A quelle condition peut-on gagner?
 1 si on entend son nom au micro
 2 si on peut répondre à des questions sur le
 rock
 3 si on a le bon numéro sur son billet
 4 si on a acheté son billet à l'avance   5_____

6 Selon la météo, quel temps fera-t-il?
 1 Il fera généralement beau.
 2 Il y aura un grand risque de pluie.
 3 Il neigera.
 4 Il fera beaucoup de vent.   6_____

7 A qui s'adresse ce guide?
 1 à ceux qui se perdent souvent en route.
 2 à ceux qui s'intéressent à la géographie
 française.
 3 à ceux qui aiment la cuisine française.
 4 à ceux qui vendent des produits alimentaires.   7_____

8 Pourquoi a-t-on fondé cette organisation?
 1 pour défendre des criminels
 2 pour soigner les vieux
 3 pour éduquer les jeunes
 4 pour aider des gens   8_____

9 Qu'est-ce qu'on apprend dans cette école?

   1 à écrire des livres
   2 à construire des habitations
   3 à parler plusieurs langues
   4 à planter des arbres   9_____

10 Pourquoi cet étudiant a-t-il dû retourner immédiatement en France?

   1 Il avait un faux passeport.
   2 Son passeport n'a pas été accepté.
   3 Sa photo d'identité était trop ancienne.
   4 Il n'avait pas payé son billet.   10_____

11 Pourquoi a-t-on inauguré ce programme?

   1 pour enseigner la lecture
   2 pour réduire le nombre des voitures
   3 pour diminuer les accidents des enfants
   4 pour construire de nouvelles autoroutes   11_____

12 Quel est l'avantage de ces glaces?

   1 Leur valeur nutritive est faible.
   2 Elles sont bon marché.
   3 Leur crème est naturelle.
   4 Leurs parfums sont variés.   12_____

13 Pourquoi beaucoup de gens font-ils leur cuisine eux-mêmes?

   1 Ils ont un régime sévère à suivre.
   2 Les restaurants coûtent trop cher.
   3 Ils se préparent à un métier prestigieux.
   4 C'est une activité de création esthétique.   13_____

14 De quoi ce livre traite-t-il?
  1 de la jeunesse   3 de la photographie
  2 de l'univers   4 du dessin   14____

15 Quel est l'aspect le plus important de la Suisse?
  1 ses écoles   3 ses banques
  2 ses hôtels   4 ses montagnes   15____

PART TWO (A)   *Listening Comprehension Combined with Writing Skill*

DIRECTIONS: (**16–20**): *Listen to your teacher read twice in succession the setting of one dialogue in French. Then the teacher will read aloud twice a line of the dialogue. Immediately after the second reading of each line of dialogue in French, you will hear instructions in English telling you how to respond in French. Sentence fragments as well as complete sentences in French will be acceptable, but ONLY if they are in keeping with the instructions that you hear. Numerals are NOT acceptable. If the response to the dialogue line includes a date, time, amount of money, number, etc., write out the number. The setting of the one dialogue in French, the five lines of dialogue in French that the teacher will read to you, and the instructions in English as to how to respond in written French to each line of dialogue are all found in the* **ANSWERS SECTION, PART TWO (A), at the end of this examination.** [5 credits]

The instructions for responding to dialogue lines 16 through 20 are as follows:

16 Tell what you would rather do instead.

17 Defend your own suggestion.

18 Agree, expressing your reluctance.

19 Tell what you must do first.

20 Tell where you will be.

PART TWO (B) *Listening Comprehension Combined with Writing Skill*

DIRECTIONS: (**21–25**): *Listen to your teacher read twice in succession a situation in French. Then the teacher will pause while you write in French an appropriate response for the situation. There are five different situations. Sentence fragments as well as complete sentences, questions, or commands in French will be acceptable, but* ONLY *if they are in keeping with the situation. Numerals are* NOT *acceptable. If the response includes a date, time, amount of money, number, etc., write out the number. The five different situations that the teacher will read to you in French (twice in succession for each situation) are all found in the* **ANSWERS SECTION, PART TWO (B)**, *at the end of this examination.*   [5 credits]

PART THREE *Reading Comprehension*

Answer all questions in Part 3 according to the directions for a, b, and c. [30 credits]

(a) DIRECTIONS: (**26–30**): *Below the following passage, there are five questions or incomplete statements. For each, choose the word or expression that best answers the question or completes the statement* according to the meaning of the selection, *and write its* number *in the space provided.*

Jeanne Calment est la personne la plus âgée de la maison de retraite du Lac à Arles. A 112 ans, elle est aussi la doyenne des Français. Les cheveux courts soigneusement coiffés, Jeanne Calment semble en excellente santé. "Elle va même mieux que l'année dernière, et elle a une très bonne mémoire," déclare son médecin. La doyenne nuance cependant ces propos: "J'y vois presque plus, j'entends presque plus," avant d'ajouter, philosophe: "C'est la rançon de mon âge."

Elle avoue, malgré tout, avoir eu "une très belle vie." "Je ne me suis jamais ennuyée, j'ai vécu comme tout le monde. Je n'ai jamais été malade! Et j'ai un bon appétit." Elle est née à Arles et elle n'en est jamais partie. Elle a fait ses études jusqu'au brevet à 16 ans. Puis, elle s'est mariée à 20 ans. "Mon mari et moi, on se connaissait depuis qu'on était tout petits. Voilà mon histoire; mon roman tout simple."

Quand elle était plus jeune, elle a pratiqué beaucoup de sports avec son époux: du tennis, de la bicyclette, de la natation, et même du patin à roulettes. Elle évoque également, avec émerveillement, les chasses au lapin qu'elle faisait avec son mari dans les collines de Provence.

Son plus grand regret reste de ne pas avoir pu fêter le centième anniversaire de son frère. "S'il avait vécu encore deux ans, je lui fêtais son centenaire avant le mien. Deux centenaires dans la famille, vous imaginez! Enfin, ma mère est morte à 90 ans, mon père à 96. Une famille comme cela, ça ne se voit pas tous les jours!"

Il y a encore deux ans, elle habitait chez elle. "J'étais toute seule. Il me fallait ma liberté. Je m'occupais de mon ménage, je jouais du piano. Et surtout je lisais à longueur de journée. J'étais abonnée à une bibliothèque et j'en avais moi-même une merveilleuse. J'aime beaucoup les auteurs anciens: Balzac, Anatole France. J'ai lu les modernes qui n'étaient pas mal, mais je préfère les classiques. Quand je m'ennuyais, que je ne savais pas quoi faire, je partais: j'allais faire le tour de la ville et je revenais," dit-elle en riant.

Elle parle aussi sans se faire prier, des célébrités qu'elle a eu l'occasion de rencontrer. Vincent Van Gogh d'abord. Le père de Jeanne avait un grand magasin de tissus. "Van Gogh venait chercher ses toiles chez nous pour ses tableaux. On me l'a présenté, mais c'est mon père qui le servait."

Maintenant, Jeanne vit dans une maison de retraite, légèrement en dehors d'Arles. Elle, l'ancienne grande lectrice, ne voit plus assez pour lire. La seule distraction qui lui reste, c'est la radio. Elle s'intéresse à tous les programmes, surtout musicaux et littéraires, et elle se passionne pour la politique. Les journalistes qui viennent lui rendre visite constituent l'un de ses divertissements préférés. "Ils viennent de partout. Et même la télé! Deux fois. Je suis une star! Moi à la télévision? Tout arrive: il suffit d'attendre."

26 Qu'est-ce qui distingue Mme Calment en France?

  1 C'est une grande championne.
  2 Elle a eu beaucoup d'enfants.
  3 C'est une artiste renommée.
  4 Elle est très vieille.   26____

27 Mme Calment trouve qu'elle a vécu une vie très

  1 normale   3 dangereuse
  2 agitée   4 isolée   27____

28 Comment Mme Calment et son mari passaient-ils une grande partie de leur temps?

  1 Ils voyageaient à l'étranger.
  2 Ils regardaient la télévision.
  3 Ils faisaient des études.
  4 Ils pratiquaient des sports.   28____

29 Quand elle vivait seule, Mme Calment
s'intéressait surtout

1 à la peinture   3 à sa famille
2 à la littérature   4 à la médecine   29____

30 Quel était le métier du père de Mme Calment?

1 Il était docteur.
2 Il était commerçant.
3 Il était auteur.
4 Il était journaliste.   30____

(b) DIRECTIONS: (31–35): *Below each of the five following selections,
there is either a question or an incomplete statement. For each, choose the
word or expression that best answers the question or completes the statement
according to the meaning of the selection, and write its number in the space
provided.*

31

Agence Internationale
CHANGE-VOYAGES

**Sur les Champs Élysées,
angle de la rue Galilée - Paris 8°
métro George V. ☎ 720-92-00
tous les jours (sauf le dimanche)
de 8 h 30 à 20 h - sans interruption -**

● Le bureau de change du "Crédit Commercial de France"
vous offre toutes facilités pour vos opérations de change,
achat et vente de billets de banque,
français et étrangers, travellers cheques, etc.

● Lors de votre visite, nous vous renseignerons
sur tous les autres services
que nous rendons aux étrangers.

31 What type of service does this agency offer
to foreigners?

1 souvenir shops   3 bilingual guides
2 walking tours of Paris   4 currency exchange   31____

32

CET APPARTEMENT-STUDIO AU COEUR DE PARIS A 398.000 F*

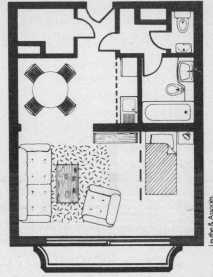

Le 26 RUE DE PARADIS bénéficie d'un environnement exceptionnel : central, bien desservi, tout proche des Gares du Nord et de l'Est, des Grands Magasins, de l'Opéra et de Beaubourg.

La rue de Paradis, jalonnée de somptueuses vitrines, est, de longue tradition, le domaine de la Porcelaine et de la Cristallerie, connu de la France entière.

Studios et 2 pièces ont des surfaces qui permettent de les aménager comme de vrais appartements et les prestations sont à la hauteur : vidéophone, parking.

Cet immeuble construit en 1975, est la propriété des caisses de retraite de Imperial Chemical Industries PLC, qui en ont confié la commercialisation par appartement à COGEDIM Vente.

Au 2ᵉ étage, cave et parking compris.

Leuthe & Associés

Exemple d'aménagement d'un appartement-studio de 38 m².

32 The main advantage of this studio is its

  1 furniture   3 location

  2 new construction   4 large windows   32 ____

33

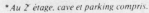

Vous en avez assez d'être au volant de votre voiture ? Détendez-vous à bord du traversier Princess of Acadia de CN Marine ! Et épargnez-vous quatre heures de conduite et plusieurs litres d'essence ! Laissez-nous vous amener jusqu'à la superbe vallée de l'Annapolis en Nouvelle-Écosse, un véritable paradis pour les vacanciers.

33 Who would be most interested in this advertisement?

1 people who do not like to drive
2 people who have too many cars
3 people who like royalty
4 people who want to be sailors

33 _____

34

Les requins, les poissons exotiques ou indigènes, les tortues et les manchots observent leurs visiteurs à travers les parois transparentes de grands bassins. Ces derniers ont été aménagés pour reproduire différentes régions telles que les récifs de coraux de l'Atlantique ou de l'Indo-Pacifique, l'Amazone, les grands lacs africains, les étangs de l'Asie du Sud-Est, les rivières de l'Eurasie, les lacs du Québec, le golfe du Saint-Laurent, les côtes de la Colombie-britannique et les mers froides de l'Antarctique.

34 This notice is for people who are interested in

1 oil exploration   3 marine life
2 professional golf   4 gourmet cooking

34 _____

35

LES JEUNES JOURNALISTES

Le pain

Le vendredi 22 janvier 1988, les élèves de 6ᵉ année de l'école Notre-Dame-du-Sacré-Coeur de Saint-Jean-sur-Richelieu sont devenus des petits cuisiniers. Eh oui! ils ont fait du pain.

Monique leur professeur était le chef cuisinier. Une fois les pains dans le four, un arôme de bons pains chauds se répandait dans toute l'école. Après l'école les jeunes cuisiniers ont apporté leurs petits chefs-d'oeuvre chez eux pour les faire goûter à leurs parents.

C'était Mélanie Bergeron pour le club des «Jeunes journalistes».

35 What did these students do?

  1 They toured a local bakery.
  2 They made bread for their families.
  3 They invited their parents to lunch.
  4 They visited a famous church.   35 _____

(c) DIRECTIONS: (**36–40**): *In the following passage there are five blank spaces numbered 36 through 40. Each blank space represents a missing word or expression. For each blank space, four possible completions are provided. Only one of them makes sense* in the context of the passage.

First, read the passage in its entirety to determine its general meaning. Then read it a second time. For each blank space, choose the completion that makes the best sense and write its number in the space provided.

Mon grand-père paternel est né en 1889 en Guadeloupe, d'une famille congolaise arrivée dans l'île après l'abolition de l'esclavage. Du côté maternel, mon arrière grand-mère était une esclave affranchie.

J'ai eu la chance de grandir à la campagne et dans une ____(36)____ de dix enfants, très unie, dans laquelle on trouve des musiciens, des comiques, des conteurs. Nous sommes tous mariés maintenant, mais nous nous retrouvons chaque dimanche chez nos parents avec nos dix-sept enfants.

Du côté de chez nous, on pouvait écouter des contes au moins trois fois par semaine, mais la campagne n'était pas encore électrifiée quand j'étais tout petit. Les grands prenaient un malin plaisir à effrayer les petits, en donnant libre cours à leur imagination pour expliquer les bruits peu rassurants de la nuit. On tremblait de ____(37)____ lorsqu'on rentrait à la maison par des nuits très noires, avec une petite lampe à pétrole, après avoir écouté des contes chez tonton, cousin ou grand-mère. Ça ne nous

empêchait nullement d'y retourner la nuit
suivante.

Dès l'âge de huit ans, j'ai fréquenté les aînés.
Etant d'un naturel curieux, je leur posais pas mal
de _____(38)_____ sur leur enfance, et, en guise de
réponse, ils ne se lassaient jamais de me raconter
des anecdotes vécues ou entendues. Mon cousin
Albert m'a pris en amitié à cet âge-là. Chez lui
on est conteur de père en fils et il m'a raconté
plus de 50 contes et légendes des Antilles, tous
les faits divers et anecdotes qui ont marqué son
enfance, ceci sous forme de contes.

Je suis devenu instituteur, et je me suis
retrouvé loin de chez moi à enseigner dans une
école primaire. J'ai commencé à dire des contes
aux enfants, et à partager avec eux les joies de
mon enfance. Pendant neuf ans, j'ai ainsi
perfectionné l'art de raconter, d'inventer des
histoires. Afin que tous les _____(39)_____ de
l'école puissent profiter du voyage dans le monde
merveilleux des contes, je leur programmais un
conte par semaine. Mes collègues m'ont demandé
d'enregistrer sur cassette les histoires que je
racontais. Puis, j'ai décidé de passer au théâtre,
ce qui m'a amené à écrire mon premier conte.
Une petite troupe est née et nous avons eu 5.100

entrées à notre spectacle en six jours. Alors je me
suis dit "il faut tout mettre par écrit."

Beaucoup d'enfants me connaissent, m'écrivent,
me téléphonent, m'interpellent dans la rue. J'ai
aussi beaucoup d'amis dans les milieux du théâtre
et de la musique. A Fonds-Cacao, où je demeure,
je ____(40)____ tout le monde. On y trouve des
musiciens, des blagueurs, des conteurs . . . et
c'est l'un des rares endroits où l'on garde encore
les traditions d'autrefois.

(36) 1 famille   3 organisation
     2 école   4 ville   36_____

(37) 1 froid   3 peur
     2 faim   4 joie   37_____

(38) 1 rendez-vous   3 pièges
     2 questions   4 problèmes   38_____

(39) 1 élèves   3 parents
     2 administrateurs   4 artistes   39_____

(40) 1 soigne   3 connais
     2 caricature   4 décris   40_____

PART FOUR   *Compositions*

DIRECTIONS: *Write two compositions in French as directed below. Sample compositions appear in the* **ANSWERS SECTION, PART FOUR,** **at the end of this examination.** [20 credits]

Choose TWO of the three topics (*A, B, C*). Be sure to follow the specific instructions for each topic you select. Identify the topics by their letters (*A, B, C*).

For *each* of the two topics you choose, write a well-organized composition of at least 10 clauses. To qualify for credit, a clause must contain a verb, a stated or implied subject, and additional words necessary to convey meaning. The 10 clauses may be contained in fewer than 10 sentences if some of the sentences have more than one clause.

Examples:
One clause: Il a acheté la chemise bleue.
Two clauses: Il a acheté la chemise bleue et laissé la blanche.
Three clauses: Il a acheté la chemise bleue et laissé la blanche parce qu'elle coûtait trop cher.

Topic A: In French, write a STORY about the situation shown in the picture below. Do *not* merely describe the picture.

Topic B: Some of your classmates would like to have pen pals. Write a letter in French asking your friend in Switzerland to find pen pals for your classmates.

You <u>must</u> accomplish the purpose of the letter, which is *to try to convince your friend to find pen pals for your classmates.*

After you have explained the purpose of your letter, you may wish to mention how interested your classmates are, the number of classmates involved, information about your classmates, possible advantages, and follow-up activities. You may also wish to express your own gratitude and how thankful your teacher may be.

You may use any or all of the ideas suggested above *or* you may use your own ideas. **Either way, you must try to convince your friend to find pen pals for your classmates.**

Use the following:

Dateline: le 20 juin 1990
Salutation: Cher/Chère (Name),
Closing: Très amicalement,

Note: The dateline, salutation, and closing will *not* be counted as part of the 10 required clauses.

Topic C: You have just learned that you are going to France for a few weeks this summer. Write a letter in French to your teacher to ask for advice for your trip.

You <u>must</u> accomplish the purpose of the letter, which is *to ask for advice for your trip to France*.

After you have stated that you are taking the trip, you may wish to ask for advice to prepare for the trip, what not to do, places to visit, people to see, special events to attend, and things to bring back.

You may use any or all of the ideas suggested above *or* you may use your own ideas. **Either way, you must explain the situation well enough for the reader to be able to give you an answer.**

Use the following:

Dateline: le 20 juin 1990
Salutation: Madame/Mademoiselle/Monsieur (Name),
Closing: Avec mes meilleurs sentiments,

Note: The dateline, salutation, and closing will *not* be counted as part of the 10 required clauses.

Note: **This examination consists of PARTS ONE through FOUR, a total of 90 credits.**

PART FIVE   *Skill in Speaking French*

This part of the examination was evaluated prior to the date of this written examination. [10 credits]

Answers   June 1990

French Level 3 (Comprehensive)

PART ONE   *Listening Comprehension*

The following passages are to be read aloud to the students according to the directions given for this part at the beginning of this examination. They are not dictations. They are designed to test listening comprehension. The correct answer is given at the end of each paragraph. [30 credits]

1. Que vous conseille-t-on?

Si la devise des années 60 était peut-être de "jouir de la vie", celle des années 70 et 80 serait sans doute de "jouir d'une bonne forme physique". Le jogging, la natation, le ski, le vélo, et même la marche, sont aujourd'hui des distractions très importantes pour des milliers de gens qui s'inscrivent de plus en plus nombreux dans les centres de conditionnement physique. (**Answer 3**)

2. Qu'est-ce que cette réclame décrit?

Les savoureux bonbons anglais MACKINTOSH'S QUALITY STREET. Un nom prestigieux, synonyme de tradition, de qualité! Qui ne connaît ces gourmandises enrobées de chocolat? Remis au goût du jour, essayez le nouvel assortiment, encore plus riche, plus délicieux, de 14 pralines habillées de papiers colorés et scintillants. Un cadeau gourmand qui fera craquer petits et grands! (**Answer 4**)

3. Sur quoi utiliserait-on ce produit?

C'est un truc en tube pour laver les textiles fragiles. Pour éviter les accidents sur les vêtements de cachemire, de soie ou de dentelle qui étaient si jolis avant et si désespérants après. C'est un produit en exclusivité. Il ne contient ni agent assouplissant, ni détergent. Ce qu'il contient, nul le sait. Mais il est efficace. (**Answer 2**)

4. Avant de participer, qu'est-ce que vous êtes obligé de faire?

Le jet boating dans les rapides du fleuve St. Laurent est une activité de plein air sensationelle, mais il existe toujours un élément de risque. Bien que votre sécurité soit notre premier souci, vous êtes responsable en cas d'accident ou de perte de biens personnels. C'est pourquoi, une exemption de responsabilités devra être signée par tous les participants. Pour tout enfant et adolescent âgé de moins de 18 ans, une autorisation signée par les parents est exigée. (**Answer 1**)

5. A quelle condition peut-on gagner?

Bonsoir, tout le monde. Nous vous souhaitons la bienvenue au concert de rock de Richard Marx. Avant de commencer, nous aimerions offrir son plus récent microsillon à trois spectateurs. Si vous avez un des numéros suivants, vous êtes gagnant. Etes-vous prêts? Numéro F42. Je répète F42. Numéro T65–T65. Numéro B98–B98. Ces gagnants sont priés de se présenter immédiatement au guichet à l'entrée du stade pour recevoir leurs prix. (**Answer 3**)

6. Selon la météo, quel temps fera-t-il?

Maintenant la météo. Pour la région parisienne, temps généralement ensoleillé; des vents modérés, un maximum de dix-neuf à vingt-deux degrés. Les risques de précipitation sont de vingt pour cent. (**Answer 1**)

7. A qui s'adresse ce guide?

Grâce au Guide Michelin, le touriste qui visite la France peut facilement prévoir quelques étapes gastronomiques à des prix très abordables, quelle que soit sa destination. Il pourra découvrir les restaurants et les spécialités de n'importe quelle région: les fromages de chèvre du Val de Loire, la choucroute d'Alsace, ou la bouillabaisse provençale. (**Answer 3**)

8. Pourquoi a-t-on fondé cette organisation?

Voyager quand on est jeune et en bonne santé, ça n'est pas difficile! Mais quand on souffre d'une déficience physique à cause d'un accident ou d'une maladie, cela devient un peu plus compliqué. C'est pourquoi l'Association du Développement Touristique pour les Personnes Handicapées a été créée. Son rôle est d'informer les personnes handicapées des possibilités de tourisme qui existent et de défendre leurs intérêts. (**Answer 4**)

9. Qu'est-ce qu'on apprend dans cette école?

Après avoir construit sa propre maison en bois rond, Monsieur Mackie a écrit un livre sur ce sujet. Il a eu tellement de succès qu'il a décidé de fonder une école construite, bien sûr, en bois rond au Québec. Après un cours théorique, les étudiants se rendent en forêt pour passer à la pratique où ils coupent des arbres pour construire eux-mêmes des maisons. (**Answer 2**)

10. Pourquoi cet étudiant a-t-il dû retourner immédiatement en France?

Muni d'un tout nouveau passeport européen qui vient d'être mis en circulation, un élève de l'Ecole Supérieure de Commerce du Havre se rendait en Côte-d'Ivoire pour y effectuer un stage en entreprise. A la douane de l'aéroport à Abidjan, on l'a intercepté! Explication: "Nous ne connaissons pas ce passeport. Nous sommes désolés." Le jeune a été obligé de rentrer en France par le premier avion. (**Answer 2**)

11. Pourquoi a-t-on inauguré ce programme?

Chaque jour soixante-dix enfants sont victimes d'un accident de la circulation. Aussi, pour sensibiliser parents, élèves et professeurs, les Ministères des Transports et de l'Education Nationale lancent une grande campagne d'éducation à la responsabilité de futur automobiliste intitulée "Apprenons la rue". (**Answer 3**)

12. Quel est l'avantage de ces glaces?

La gourmandise sans les calories, les douceurs sans les kilos, on attendait avec impatience. . . .

Alors est arrivée "Gourmandise si légère" de Paladine: des glaces onctueuses mais sans matière grasse, des sorbets forçant sur le fruit et pas sur le sucre.

Résultat: 25 calories par boule, au lieu de 40 d'habitude. C'est à vous faire fondre! (**Answer 1**)

13. Pourquoi beaucoup de gens font-ils leur cuisine eux-mêmes?

Pour beaucoup de cuisiniers amateurs, la préparation d'un plat est une activité aussi noble, aussi totalement satisfaisante que la peinture, la sculpture ou la musique. Ils y trouvent un moyen d'exprimer leur personnalité. Ils utilisent les condiments et les sauces comme d'autres utilisent les couleurs. Pour eux, il n'est pas question de vulgaire cuisine, mais bien d'un art véritable. (**Answer 4**)

14. De quoi ce livre traite-t-il?

Cette petite encyclopédie répond à toutes les questions posées par les enfants à partir de 10 ans: l'histoire de l'astronomie, le soleil et le système solaire, la lune, les étoiles, les autres galaxies pour terminer par l'homme dans l'espace. Dessins, cartes, schémas, photos et illustrations en couleurs terminent l'ouvrage. (**Answer 2**)

15. Quel est l'aspect le plus important de la Suisse?

La Suisse est connue dans le monde entier pour bien des choses, mais pour beaucoup de gens, la Suisse est avant tout synonyme d'un excellent système scolaire. En accueillant des milliers d'enfants et d'adolescents de toutes les parties du monde, l'enseignement privé suisse a largement contribué à développer un esprit de tolérance et de compréhension. (**Answer 1**)

PART TWO (A)   *Listening Comprehension*
Combined with Writing Skill

Write, in French, responses to the lines of dialogue that the teacher reads to you, according to the directions for this part at the beginning of this examination. Following are the 5 lines of dialogue that the teacher reads aloud to the students for listening comprehension. This is not a dictation.

Write only an appropriate response in French, according to the instructions that the teacher gives you in English as to how to respond in written French to each line of dialogue. These instructions are given in English in parentheses. **SAMPLE ACCEPTABLE RESPONSES ARE GIVEN BELOW.** [5 credits]

Vous faites des projets pour passer le samedi après-midi avec Claude.

16. Claude dit: Si on allait faire une partie de tennis?
(Tell what you would rather do instead.) _____
_____

17. Claude dit: Mais le temps est idéal pour jouer au tennis!
(Defend your own suggestion.) _____
_____

18. Claude dit: Tu pourras faire ce que tu veux un autre jour.
(Agree, expressing your reluctance.) _____
_____

19. Claude dit: Eh bien, c'est d'accord. On y va tout de suite?
(Tell what you must do first.) _____
_____

20. Claude dit: Bon alors, je passe te chercher vers quatre heures.
(Tell where you will be.) _____
_____

SAMPLE ACCEPTABLE WRITTEN RESPONSES:

(16) Moi, j'avais envie d'aller au cinéma.

(17) Oui, mais je suis trop fatigué.

(18) Oh, bon, d'accord, puisque tu insistes.

(19) Non, d'abord, je vais faire une sieste.

(20) Je t'attendrai devant chez moi.

PART TWO (B)   *Listening Comprehension
Combined with Writing Skill*

Here are the five situations that the teacher reads to you in French twice in succession for each situation. After the second reading of each situation, write an appropriate response in French. [5 credits]

21. Vous allez à la poste, et vous vous perdez. Vous arrêtez un passant et vous demandez: _____
_____

22. Votre ami arrive avec une heure de retard pour aller au cinéma. Vous dites: _____

23. Votre professeur vous demande de suggérer une idée pour un projet de classe. Vous dites: _____

24. Un touriste français a du mal à comprendre le menu. Vous dites: ____

25. Vous téléphonez à une amie. Sa mère répond qu'elle n'est pas là. Vous dites: _____

SAMPLE ACCEPTABLE WRITTEN RESPONSES:

(21) Pardon! Vous pouvez me dire où est la poste?

(22) Dis donc! Qu'est-ce qui t'est arrivé?

(23) On pourrait organiser un voyage à Montréal.

(24) Je peux vous expliquer le menu si vous voulez.

(25) Vous savez quand elle va rentrer?

PART THREE *Reading Comprehension*

a	(26) 4	*b*	(31) 4	*c*	(36) 1
	(27) 1		(32) 3		(37) 3
	(28) 4		(33) 1		(38) 2
	(29) 2		(34) 3		(39) 1
	(30) 2		(35) 2		(40) 3

PART FOUR *Sample Compositions*

For each topic, an example of a response worth 10 credits follows. The slash marks indicate how each sample composition has been divided into clauses.

Topic A (Picture)

L'autre jour, mes voisins ont reçu un colis/₁ qu'ils n'attendaient pas./₂ L'adresse sur le colis était bien la leur,/₃ mais l'adresse de l'expéditeur n'était pas indiquée./₄ Ils n'avaient pas la moindre idée de ce/₅ que ça pouvait être,/₆ ou de qui ça venait./₇ Monsieur Dupont, qui est très prudent,/₈ a suggéré de le renvoyer à la poste./₉ Sa fille, elle, est très curieuse,/₁₀ et elle voulait l'ouvrir immédiatement. C'est son beau-fils qui a deviné que c'était son rasoir électrique qu'il avait oublié dans un hôtel pendant les vacances.

Topic B (Letter)

le 20 juin 1990

Cher/Chère ——————,

   Tu dois te demander/₁ pourquoi je t'écris une deuxième lettre aussitôt
après celle de la semaine dernière./₂ Voilà ce qui se passe:/₃ J'ai trois camarades de classe/₄ qui voudraient aussi correspondre avec des jeunes de ton
école./₅ Je leur ai montré les journaux et les disques/₆ que tu m'as envoyés,/₇
et maintenant, ils veulent faire la même chose./₈ Ils sont tous fous de Rock,/₉
et ils aimeraient échanger des disques et des cassettes./₁₀ Est-ce que tu
pourrais trouver trois copains ou copines qui voudraient correspondre avec
eux?

Très amicalement,

Topic C (Letter)

le 20 juin 1990

Madame/Mademoiselle/Monsieur ——————,

   J'ai une grande nouvelle à vous annoncer:/₁ je vais passer trois semaines en
France au mois d'août./₂ C'est mon correspondant français/₃ qui m'a invité./₄
Je ne m'y attendais pas,/₅ mais j'ai assez d'argent avec ce/₆ que j'ai gagné cette
année et ce/₇ que mes parents peuvent me donner./₈ J'ai donc décidé d'accepter l'invitation./₉ Je vous écris surtout pour vous demander/₁₀ si vous avez
des conseils à me donner. J'aimerais savoir ce que je devrais emporter
comme vêtements et ce que je devrais essayer de voir pendant mon séjour en
France. J'ai vraiment besoin de votre aide.

Avec mes meilleurs sentiments,

Examination　　June 1991

French Level 3 (Comprehensive)

PART ONE　*Skill in Speaking French*

This part of the examination was evaluated prior to the date of this written examination. [24 credits]

PART TWO　*Listening Comprehension*

Answer all questions in this part according to the directions for *a* and *b*. [30 credits]

(**a**)　DIRECTIONS (1–9): *For each question, you will hear some background information in English once. Then you will hear a passage in French twice and a question in English once. After you have heard the question, the teacher will pause while you read the question and the four suggested answers. Choose the best suggested answer and write its number in the space provided. The passages that the teacher will read aloud to you are found in the* **ANSWERS SECTION, PART TWO, at the end of this examination.** [18]

1　What service is the teller recommending?
  1　a credit card
  2　savings bonds
  3　a checking account
  4　traveler's checks

1_____

2　What do you have to do to use this telephone?
  1　Wait for a special operator.
  2　Be ready with the exact change.
  3　Purchase a card in advance.
  4　Limit your call to 3 minutes.

2_____

3　Why would you tell your friend to go to this store?
  1　The ski equipment is going on sale.
  2　An Olympic champion is going to sign autographs.
  3　The store is going out of business.
  4　Bernard Poitier is going to have a party.

3_____

4 Where are the bathrooms?
   1 across from the staircase
   2 across from the gift shop
   3 across from the waiting room
   4 across from the customs counter   4____

5 Which of these goals is most important to
   Isabelle Noah?
   1 to make more money than her brother
   2 to achieve her own identity
   3 to improve her relationship with her family
   4 to help her sister get ahead   5____

6 Where should you go now?
   1 to the airline office
   2 to the departure gate
   3 to the luggage claim area
   4 to the taxi stand   6____

7 Which is an advantage of buying this product at
   Roland's?
   1 It comes with a good warranty.
   2 No money is required at the time of purchase.
   3 The service is quick.
   4 The store has a large inventory.   7____

8 What is this gadget?
   1 a word processor
   2 a coin dispenser
   3 a pocket dictionary
   4 a currency converter   8____

9 What is the special feature of this cassette
   player?
   1 It works on rechargeable batteries.
   2 It has a built-in alarm clock.
   3 It is water resistant.
   4 It comes with a free tape.   9____

(**b**) DIRECTIONS (**10–15**): *For each question, you will hear some background information in English* once. *Then you will hear a passage in French* twice *and a question in French* once. *After you have heard the question, the teacher will pause while you read the question and the four suggested answers. Choose the best suggested answer and write its* number *in the space provided. The passages that the teacher will read aloud to you are found in the* **ANSWERS SECTION, PART TWO, at the end of this examination.**
[12]

10 Qu'est-ce que Gilles Vigneault compare?

  1 les vêtements   3 la cuisine

  2 les coutumes   4 le climat   10_____

11 Qu'est-ce qu'elle vous demande de faire en ville?

  1 une visite   3 un tour

  2 un échange   4 une réparation   11_____

12 Pourquoi cette lettre est-elle remarquable?

  1 Elle est venue de très loin.

  2 Elle a mis longtemps à arriver.

  3 Elle est écrite en lettres majuscules.

  4 Elle est très longue.   12_____

13 Pourquoi faut-il aller vite à sa chambre?

  1 parce que la lumière s'éteint rapidement

  2 parce que quelqu'un vous attend

  3 parce que vous êtes en retard

  4 parce que vous devez vous lever de bonne heure   13_____

14 Qu'est-ce que son père lui propose?

  1 de trouver du travail pour gagner un peu d'argent

  2 de bien se reposer pendant les vacances

  3 de faire des études supplémentaires

  4 de rester chez lui   14_____

15 De quoi dépend le prix du camping?
1 de l'équipement qu'on utilise
2 de la saison où on campe
3 de la grandeur du terrain
4 du nombre de campeurs   15_____

PART THREE   *Reading Comprehension*

Answer all questions in Part 3 according to the directions for **a**, **b**, and **c**. [30 credits]

(**a**) DIRECTIONS (**16–20**): *Below the following passage, there are five questions or incomplete statements. For each, choose the word or expression that best answers the question or completes the statement according to the meaning of the passage and write its number in the space provided.* [10]

Les touristes qui visitent le Grand Nord canadien pourront bientôt de nouveau faire des excursions en traîneaux tirés par les légendaires chiens esquimaux.

Depuis plusieurs années, l'utilisation de plus en plus répandue de l'avion et de la motoneige par les Esquimaux semblait rendre pratiquement inutile l'élevage de ces chiens. Ce n'était pas l'opinion de M. Carpenter qui décida de sauver cette race de chien qui avait presque disparu. Il pensait en effet, qu'un jour ou l'autre, l'augmentation du prix de l'essence et de l'entretien des motoneiges changerait cette situation. Son objectif principal est de maintenir cette race aborigène et d'assurer la production d'une lignée de chiens esquimaux à pedigree.

Son programme d'élevage a déjà permis de fournir 200 chiens à des chasseurs et à des trappeurs des postes éloignés de la zone Est de l'Arctique. Il considère aussi comme important de fournir gratuitement aux peuplades des Territoires-du-Nord-Ouest des chiens de traîneaux et des chiens pour la reproduction. Ces nomades en ont besoin pour revenir à leur mode de vie traditionnel.

La race de chien qu'élève M. Carpenter est un animal unique d'une lignée de chiens primitifs qui n'a pas évolué depuis 2000 ans. Son nom exact devrait être "chien eskimo canadien." Il ne faut pas le confondre avec le malamute d'Alaska, ni avec le husky sibérien qui sont de plus petite taille. Ce chien esquimau peut peser jusqu'à 38 kilos et mesurer 0,71 mètre à partir de l'épaule. Au Canada, on l'utilise surtout comme chien d'attelage de traîneaux. Il peut parcourir de 30 à 60 kilomètres par jour pendant 40 jours en tirant une charge maximum de 50 kilos pour chaque chien de l'équipage. Ce ne sont pas des chiens d'agrément et ils ne doivent pas être adoptés pour vivre en appartement. C'est un chien du Grand Nord.

16 Pourquoi cette race de chiens a-t-elle
   pratiquement disparu?
   1 Les Esquimaux les ont tués.
   2 Les touristes les ont emportés.
   3 Des inventions modernes les ont remplacés.
   4 Des hivers très froids les ont rendus malades.   16____

17 Quelle est l'intention de M. Carpenter?
   1 de préserver une race de chiens
   2 de dresser des chiens de cirque
   3 d'ouvrir un musée du chien
   4 d'acheter tous les chiens esquimaux   17____

18 Pour qui M. Carpenter élève-t-il des chiens?
   1 pour les producteurs de films
   2 pour les pilotes
   3 pour les Esquimaux
   4 pour les directeurs de zoos   18____

19 En comparaison avec le malamute et le husky,
   le chien esquimau est plus
   1 gris   3 docile
   2 grand   4 délicat   19____

20 Quel est le rôle principal de ce chien?
   1 C'est un chien de salon.
   2 C'est un chien de garde.
   3 Il surveille les troupeaux.
   4 Il assure les transports.   20____

   (b) DIRECTIONS (**21–25**): *Below each of the following selections, there is
either a question or an incomplete statement. For* each, *choose the word or
expression that best answers the question or completes the statement* according to the meaning of the selection *and write its* number *in the space provided.* [10]

21

> LES CENTRES SONT OUVERTS GRATUITEMENT A TOUS LES PARISIENS.
>
> ILS SONT SITUES DANS DES INSTALLATIONS SPORTIVES OU DES PARCS DE LA VILLE DE PARIS.
>
> DES MONITEURS ACCUEILLENT LES PERSONNES QUI SE PRESENTENT A L'UNE OU L'AUTRE DES DEUX SEANCES (9h30 ET 10h45) ET LEUR PROPOSENT DES SEANCES DE MISE EN FORME, COURSE, ASSOUPLISSEMENT, GYMNASTIQUE.
>
> LES INSCRIPTIONS SE FONT SUR PLACE AUPRES DES MONITEURS DE LA VILLE DE PARIS. TOUS LES RENSEIGNEMENTS COMPLEMENTAIRES PEUVENT ETRE OBTENUS EN TELEPHONANT A «ALLO-SPORTS» - MAIRIE DE PARIS 276.54.54.

What do these centers offer?
1 concerts in the park
2 guided tours of Paris
3 free tickets for soccer games
4 organized physical exercise   21_____

22

Cabine 8

. . . SANS SUPPLEMENT DE PRIX

Cette nouvelle façon de voyager la nuit s'adresse plus particulièrement aux voyageurs qui circulent habituellement en places assises, et qui veulent se déplacer de manière plus confortable mais aussi économique.

Chaque compartiment offre 8 places semi-allongées de type "relax". L'utilisation d'une place en cabine 8 est gratuite.

La réservation est possible aux prix et conditions des places assises.

Renseignez-vous dans les gares ou dans les agences de voyages.

What do you get with this service?
1 more speed   3 extra luggage space
2 a reclining seat   4 a meal   22_____

23

MP 1

ADMINISTRATION DES POSTES
DE FRANCE

MANDAT DE POSTE INTERNATIONAL

Cours du change[1]

Montant en monnaie étrangère (en chiffres)

Somme payée[1]

S'il y a lieu
application des
timbres-poste ou
indication de
la taxe perçue

(En toutes lettres)

Nom du bénéficiaire

Rue et n°

Lieu de destination

Pays de destination

[1] A porter par
l'Administration de
paiement lorsqu'elle
opère la conversion.

Timbre du bureau
d'émission

Indications du bureau d'émission

N° du mandat

FF

Somme versée

Bureau

Date

Signature de l'agent

What is this form used for?

1 to make a bank deposit
2 to order a magazine
3 to send money overseas
4 to request a change of address

23_____

24

Jeu-concours de France-Amérique

Tirage le 25 mai

Bonne nouvelle pour les participants à notre jeu-concours : à la demande de plusieurs d'entre eux, le tirage a été repoussé de près d'une semaine. Initialement prévu le jeudi 19 mai, il aura finalement lieu le mercredi 25 dans les salons de l'hôtel Novotel à New York.

France-Amérique publiera ensuite la liste des 25 gagnants (20 étudiants, 5 professeurs) du voyage et du séjour d'une semaine en France offerts par Air France, l'Office du Tourisme français aux Etats-Unis, et les hôtels de la chaîne ACCOR. Figureront également les noms des gagnants des nombreux autres lots.

POUR RECEVOIR LE JOURNAL DU TIRAGE

Ecrivez-nous dès maintenant pour commander le numéro de France-Amérique dans lequel seront publiés les résultats du concours.

Joignez à votre commande un chèque d'$1 par exemplaire et adressez-la à **France-Amérique, 330 W. 42nd. Street, Suite 2600, New York, NY 10036.**

What has been changed in this contest?

1 The number of winners has been reduced.
2 The drawing has been postponed.
3 A new requirement has been added.
4 Teachers have been excluded.

24_____

25

MONDIAL ASSISTANCE

C'est notre métier de prévoir le pire. Où que vous soyez, à chaque heure du jour ou de la nuit, nous sommes là et nous agissons aussitôt. Quoi qu'il arrive, téléphonez-nous. Aussitôt, nos correspondants médicaux et techniques arrivent à votre secours. Partez tranquille jusqu'au bout du monde. Pour nous, l'urgence est une routine. Pour tous renseignements: Mondial Assistance 16 (1) 42 57 12 22, et sur Minitel 3615 code Mondial Assistance.

You would take advantage of this service if you

1 had a medical emergency
2 were looking for a job in a health profession
3 needed a foreign telephone number
4 wanted foreign time schedules

25_____

(c) DIRECTIONS (**26–30**): *In the following passage, there are five blank spaces numbered 26 through 30. Each blank space represents a missing word or expression. For each blank space, four possible completions are provided. Only one of them makes sense* in the context of the passage.

First, read the passage in its entirety to determine its general meaning. Then read it a second time. For each blank space, choose the completion that makes the best sense and write its number *in the space provided.* [10]

"Moi, j'ai trouvé une place de pompiste." "Moi, je vais être postière." "Moi, j'espère obtenir une place de vendeuse" . . . 16, 17, 18 ans, c'est généralement à cet âge que les adolescents manifestent le désir _____(26)_____ pendant l'été. Comment éviter qu'ils ne soient franchement exploités? Voici leurs droits:

Salaire: Comme tout travailleur, l'adolescent doit être payé au salaire horaire minimum, avec cependant certaines exceptions: Certains emplois s'accompagnent d'avantages en nature (nourriture, logement), qui seront déduits du salaire. Si vous avez entre 14 et 16 ans, votre employeur a le droit de vous _____(27)_____ 20% de moins; entre 16 et 18 ans, 10% de moins. Dans la région parisienne où les transports coûtent cher, vous recevrez une prime de 23 francs en _____(28)_____ pour payer ces transports. Au-delà de quatre semaines de travail, les congés payés sont dus à raison de deux jours par mois.

Sécurité Sociale: Si vous travaillez au moins 120 heures par mois, vous serez assuré personnellement. Si vous n'arrivez pas à ce minimum vous êtes couvert par votre famille et vous ne perdez pas les bénéfices de leur Sécurité Sociale. Quelle que soit la durée de l'engagement, votre _____(29)_____ doit vous déclarer à la Sécurité Sociale dès qu'il commence à vous payer un salaire.

Impôts: Si vous gagnez moins de 1500 francs, vous n'aurez pas d'impôts à payer. Au-delà, si vous êtes rattaché fiscalement à vos parents, vos gains seront additionnés à leur revenu, mais vous bénéficierez d'une réduction de 10%. Si vous êtes fiscalement _____(30)_____ ou si vous êtes étudiant, vous devez déclarer vous-même vos salaires, comme tous ceux qui paient des impôts.

(26) 1 d'étudier   3 de nager
     2 de voyager   4 de travailler   26_____

(27) 1 payer   3 employer
     2 encourager   4 nourrir   27_____

(28) 1 nourriture   3 vêtements
     2 supplément   4 loisirs   28_____

(29) 1 employeur   3 ami
     2 professeur   4 médecin   29_____

(30) 1 irresponsable   3 indépendant
     2 naïf   4 conservateur   30_____

PART FOUR   *Compositions*

Write your answers to Part 4 according to the directions for **a** and **b**. [16 credits]

(**a**) DIRECTIONS: *Write **one** well-organized note in French as directed below.* [6]

Sample compositions appear in the **ANSWERS SECTION, PART FOUR**, at the end of this examination.

Choose **either** question 31 **or** 32. Write a well-organized note, following the specific instructions given in the question you have chosen. Your note must consist of **at least six clauses**. To qualify for credit, a clause must contain a verb, a stated or implied subject, and additional words necessary to convey meaning. The six clauses may be contained in fewer than six sentences if some of the sentences have more than one clause.

31   Your friends from France asked you to meet them at their hotel to go to the movies. You go to the hotel, but your friends are not there. Write them a note in French telling them what you are going to do next.

In the note, you may wish to tell them how long you waited, how you feel, where you are going, and when you will see them again. Be sure you accomplish the purpose of the note, which is *to tell your friends what you are going to do next*.

Use the following:

        Salutation: Chers amis
        Closing   A plus tard!

Note: The salutation and closing will *not* be counted as part of the six required clauses.

32   You are living with a host family in France. In their absence, a neighbor who needs help has asked you to come over. Write a note in French to your host family, explaining the situation.

In your note, you may wish to tell where you are, what you are doing, and when you will be back. Be sure you accomplish the purpose of the note, which is *to explain the situation to your host family*.

Use the following:

        Salutation: (no salutation needed)
        Closing: [your first name]

Note: The salutation and closing will *not* be counted as part of the six required clauses.

(b) DIRECTIONS: *Write **one** well-organized composition in French as directed below.* [10]

Choose **either** question 33 **or** 34. Write a well-organized composition, following the specific instructions given in the question you have chosen. Your composition must consist of **at least 10 clauses.** To qualify for credit, a clause must contain a verb, a stated or implied subject, and additional words necessary to convey meaning. The 10 clauses may be contained in fewer than 10 sentences if some of the sentences have more than one clause.

33 In French, write a **story** about the situation shown in the picture below. It must be a story relating to the picture, **not** a description of the picture.

34 Something special happened in your school. Write a letter in French about it to a friend in France.

You <u>must</u> accomplish the purpose of the letter, which is *to inform your friend about what happened in your school.*

After you have explained the reason for your letter, you may wish to indicate why this information may be of interest; who was involved; what happened, where, and when. You may also include your personal feelings about it and reactions to it.

You may use any or all of the ideas suggested above, or you may use your own ideas. **Either way, you must inform your friend about what happened in your school.**

Use the following:

Dateline:	Mardi, le 18 juin 1991
Salutation:	Cher (Chère) [name]
Closing:	Bien amicalement,

Note: The dateline, salutation, and closing will *not* be counted as part of the 10 required clauses.

Answers   June 1991

French Level 3 (Comprehensive)

PART ONE   *Skill in Speaking French*

This part of the examination was evaluated prior to the date of this written examination.

PART TWO   *Listening Comprehension*

The following passages are to be read aloud to the students according to the directions given for this part at the beginning of this examination. The correct answer is given at the end of this section.   [30 credits]

1. You are in a bank and you overhear the teller explain an available service to another customer:

    Pour votre sécurité, je vous conseille d'emporter des chèques de voyage. Ils sont simples à utiliser et ils sont acceptés partout. A l'étranger, vous aurez beaucoup plus de tranquillité d'esprit. En cas de perte ou de vol, ils vous seront remplacés ou remboursés rapidement. Votre séjour sera plus facile.

    What service is the teller recommending?

2. Your French friend is explaining to you how to use a public telephone:

    Ce n'est pas du tout difficile. On n'a même pas besoin de parler à l'opératrice. D'abord, il faut acheter une Télécarte au tabac ou à la poste. Peu de cabines acceptent la monnaie. Décroche, mets la carte dans la fente et ferme le volet. Il faut attendre un moment avant de composer le numéro. Quand tu as fini ton appel, raccroche l'appareil et ouvre le volet. Un petit panneau vert indique le nombre d'unités qui te reste sur ta carte!

    What do you have to do to use this telephone?

3. You hear the following advertisement on television and think of your friend who might be interested:

    "Le Ski Boom" commence lundi chez Bernard Poitier. Ça sera explosif! Bernard Poitier vous offre en solde un équipement comprenant skis, bottes, fixations et bâtons à prix réduits. Avec tout achat, les clients qui se présenteront entre 8h et 10h recevront un cadeau-surprise. "Le Ski Boom" c'est aussi des réductions de 50 à 80 pour cent. C'est fou, mais c'est vrai! N'oubliez pas—lundi prochain—"Le Ski Boom," chez Bernard Poitier.

    Why would you tell your friend to go to this store?

4. When you arrive at the Paris airport, you ask where the bathrooms are. You are told:

Voyons, prenez l'escalier juste après la douane et tournez à gauche. Vous verrez une boutique de cadeaux. Continuez, un peu plus loin, il y a une salle d'attente. Les toilettes sont en face. Attention de ne pas dépasser la sortie. Vous ne pourrez pas revenir sans passer par le contrôle de sécurité.

Where are the bathrooms?

5. You are watching a television interview with Isabelle Noah, sister of the famous tennis champion. She has just starred in her first movie. She says:

Ce film m'a offert une nouvelle perspective sur la vie. Je m'entends très bien avec ma famille, mais c'est parfois difficile d'avoir un frère si célèbre. Pour beaucoup de gens, je ne suis que sa petite soeur. Avec ce film, j'espère être reconnue pour moi-même.

Which of these goals is most important to Isabelle Noah?

6. While waiting at an airport in the Caribbean for a connecting flight back to the United States, you hear the following announcement about your flight:

Attention passagers du vol Air Caraïbe numéro 110 à destination de Miami: Ce vol est annulé pour des raisons techniques. Les passagers sont transférés sur le vol numéro 210—départ demain matin à 9h30. Les passagers sont priés de se présenter au bureau Air Caraïbe au premier étage pour obtenir leurs tickets de repas et de logement gratuits. Notre personnel sera à votre disposition pour toute assistance ou renseignements.

Where should you go now?

7. You are listening to a radio station and hear the following commercial for an electronics store:

Votre nouveau magnétoscope vous attend chez Roland. Achetez-le aujourd'hui. C'est si facile! Aucun paiement préliminaire; aucun intérêt avant '92; aucun paiement avant mai '92! N'attendez pas une minute de plus! Rendez-vous chez Roland aujourd'hui.

Which is an advantage of buying this product at Roland's?

8. A clerk is helping you select a gift for your host family before you leave France. The clerk says:

Vous avez dit qu'ils voyagent beaucoup? Dans ce cas, je vous suggère ce convertisseur de monnaie. A l'étranger, après le problème de langue, il vous reste le calcul des prix en francs français. Avec ce gadget, vous avez la réponse tout de suite. Vous y enregistrez le taux de change, vous tapez le montant à calculer, et voilà!—il indique le coût dans votre monnaie. C'est un véritable banquier de poche qui peut vous éviter bien des ennuis.

What is this gadget?

9. Your friend is showing off the new cassette player she has just bought. She says:

Ce baladeur est super! On peut passer de la salle de bains à la piscine sans s'inquiéter de l'humidité ni de l'eau. Il est très pratique, avec radio FM, avance rapide de la cassette, et arrêt automatique en fin de cassette. Il est léger et il coûte seulement 750 francs.

What is the special feature of this cassette player?

10. You are listening to the radio in Paris. Gilles Vigneault, a singer from Québec, is comparing Paris to Québec. He says:

. . . Par exemple, je pense au mot "hiver". Ici, à Paris, c'est de la pluie, c'est humide, il vente, c'est un mot gris. Chez nous, par contre, c'est de la neige, de la poudrerie. C'est la tempête, mais c'est comme si elle était en robe de mariée, c'est beaucoup plus joli, plus drôle, plus . . . euh . . . chaleureux, quoi. C'est plus joyeux parce qu'on a appris à s'en servir et à l'apprécier.

Qu'est-ce que Gilles Vigneault compare?

11. You are living with a French family and you are planning to go downtown. Your host mother says to you:

Pourrais-tu faire une commission pour moi pendant que tu es en ville? Ça me rendrait service. La semaine dernière, j'ai acheté ce pull aux Galeries Lafayette. J'étais trop pressée pour l'essayer. Malheureusement il est trop petit. C'est une taille petite, et j'ai besoin d'une taille moyenne. Voici le reçu. Ça ne te dérange pas trop?

Qu'est-ce qu'elle vous demande de faire en ville?

12. You are listening to the mail carrier chatting with the concierge. The mail carrier says:

Tu te rends compte? Ce matin j'ai livré une lettre à un vieux monsieur du quartier. Elle avait été mise à la poste dans un quartier de la ville le 6 septembre 1941! Il paraît qu'elle était restée dans la boîte d'un bureau de poste fermé depuis longtemps. On l'a retrouvée récemment pendant des travaux. Elle a traversé la ville en cinquante ans! C'est un record!

Pourquoi cette lettre est-elle remarquable?

13. You return to your hotel in the evening. As you walk across the lobby to the staircase, the desk clerk says to you:

> Utilisez la minuterie . . . Vous voyez ce bouton au mur, juste à côté de l'escalier? Appuyez sur ce bouton et la lumière s'allumera, mais elle s'éteint automatiquement après quelques minutes. Alors montez vite et ne restez pas trop longtemps dans le couloir.

Pourquoi faut-il aller vite à la chambre?

14. You are living with a French family. School has just ended and you hear the father talking to his son. The father says:

> Tes résultats en maths ne sont pas extraordinaires et en français c'est à peine meilleur. Ça m'inquiète, tu sais. J'ai téléphoné au directeur de ton école et il m'a conseillé de t'envoyer dans les Pyrénées pour faire un cours d'eté. Il y en a un de trois semaines avec deux heures de travail scolaire par jour. Quand tu n'es pas en classe, tu peux participer à des activités organisées, ou faire du sport. Qu'en penses-tu?

Qu'est-ce que son père lui propose?

15. You are calling a campground to inquire about its prices. The director says:

> Le prix varie selon le nombre de personnes. Un emplacement au bord de l'eau occupé par deux personnes en caravane ou en tente vous coûterait 45 francs. Le prix augmente de 15 francs par personne supplémentaire et de 10 francs par enfant de moins de 7 ans.

De quoi dépend le prix du camping?

PART TWO *Listening Comprehension*

(1) 4	(4) 3	(7) 2	(10) 4	(13) 1
(2) 3	(5) 2	(8) 4	(11) 2	(14) 3
(3) 1	(6) 1	(9) 3	(12) 2	(15) 4

PART THREE *Reading Comprehension*

a		b		c	
(16) 3		(21) 4		(26) 4	
(17) 1		(22) 2		(27) 1	
(18) 3		(23) 3		(28) 2	
(19) 2		(24) 2		(29) 1	
(20) 4		(25) 1		(30) 3	

PART FOUR *Sample Compositions*

(a) Notes in writing
For each note, an example of a response worth six credits follows. The slash marks indicate how each sample note has been divided into clauses.

31. Chers amis,

Qu'est-ce qui se passe?/₁ Je suis arrivé(e) à sept heures./₂ J'attends depuis plus d'une demie heure/₃ et vous n'êtes toujours pas là./₄ Je vais prendre un sandwich/₅ avant d'aller au cinéma./₆ Si vous voulez toujours voir ce film, vous pouvez me rencontrer au café en face du cinéma avant le début du film.

A plus tard!

32. Je suis chez les voisins./₁ Je suis allé(e) chez eux/₂ parce qu'ils avaient besoin de mon aide./₃ Ils ont acheté un nouveau magnétoscope/₄ et ils ne savent pas/₅ comment le faire marcher./₆ Ça ne va pas prendre très longtemps, et je serai rentré(e) avant le dîner.

(Your first name)

(b) Narrative based on picture/letter
For each narrative/letter, an example of a response worth 10 credits follows. The slash marks indicate how each sample narrative/letter has been divided into clauses.

33. (Picture)

Robert est resté au lit aujourd'hui/₁ parce qu'il a la grippe./₂ Comme il n'était pas à l'école,/₃ son copain Hervé est venu le voir chez lui./₄ Hervé lui a raconté/₅ qu'ils se sont bien amusés en classe de géographie/₆ parce que le professeur était absent./₇ Il a la grippe lui aussi./₈ Ils n'ont pas de devoirs à faire/₉ parce que trop d'élèves sont absents./₁₀ Hervé a peur d'attraper la grippe et il n'est pas resté longtemps chez Robert.

34. (Letter)

Mardi, le 18 juin 1991

Cher Jean (Chère Jeanne),

Je n'écris pas très souvent,/₁ mais il faut que tu saches/₂ ce qui se passe en ce moment dans notre lycée./₃ Notre prof a décidé d'organiser un voyage en France pour les élèves de quatrième année./₄ J'aimerais bien y aller/₅ si j'arrive à gagner assez d'argent./₆ Je ne connais pas encore les détails de l'itinéraire,/₇ mais je suis certain(e)/₈ qu'on aura l'occasion de se rencontrer./₉ Dès que j'aurai plus de détails,/₁₀ je te les enverrai.

Bien amicalement,
(Your name)

Examination   June 1992

French Level 3 (Comprehensive)

PART ONE   *Skill in Speaking French*

This part of the examination was evaluated prior to the date of this written examination.   [24 credits]

PART TWO   *Listening Comprehension*

Answer all questions in this part according to the directions for *a* and *b*. [30 credits]

(a) DIRECTIONS (**1–9**): *For each question, you will hear some background information in English once. Then you will hear a passage in French twice and a question in English once. After you have heard the question, the teacher will pause while you read the question and the four suggested answers. Choose the best suggested answer and write its* number *in the space provided. The passages that the teacher will read aloud to you are found in the* **ANSWERS SECTION, PART TWO, at the end of this examination.** [18]

1 Who would find this program appealing?

  1 those interested in the great outdoors
  2 those interested in ancient cultures
  3 those interested in the refinements of city life
  4 those interested in modern art   1_____

2 What does this report announce?

  1 a strike   3 a recession
  2 an additional tax   4 a water shortage   2_____

3 What does your friend need?

  1 a place to live
  2 an opportunity to exercise
  3 a scholarship
  4 an airline ticket   3_____

4 What does this announcement suggest you should do?

   1 Leave the ship.

   2 Stay up later.

   3 Go to your cabin.

   4 Prepare for bad weather.   4____

5 What type of business does your friend work for?

   1 a messenger service

   2 a moving company

   3 an advertising firm

   4 a bicycle repair shop   5____

6 What does your friend want you to do?

   1 Borrow a car.   3 Pick a spot.

   2 Fix some food.   4 Help his mother.   6____

7 When does the clerk tell you to come back?

   1 next week   3 this afternoon

   2 in two days   4 tomorrow   7____

8 What type of cuisine is featured at this restaurant?

   1 salads   3 steaks

   2 seafood   4 fast food   8____

9 Where will your pen pal meet you?

   1 at your hotel

   2 at the airport

   3 at the train station

   4 at the bus station   9____

(**b**) DIRECTIONS (**10–15**): *For each question, you will hear some background information in English once. Then you will hear a passage in French twice and a question in French once. After you have heard the question, the teacher will pause while you read the question and the four suggested answers. Choose the best suggested answer and write its number in the space provided. The passages that the teacher will read aloud to you are found in the **ANSWERS SECTION, PART TWO, at the end of this examination.*** [12]

10 Qu'est-ce qu'elle veut faire ce soir?

    1 partir en voyage
    2 aller au cinéma
    3 faire ses devoirs
    4 dîner au restaurant   10_____

11 Qu'est-ce que le guide demande aux visiteurs?

    1 de donner à manger aux animaux
    2 de laisser le parc comme il est
    3 de planter des arbres
    4 de rester sur le chemin   11_____

12 Qu'est-ce qu'elle vous demande de faire?

    1 de nettoyer la cuisine
    2 de l'emmener en ville
    3 de préparer votre propre déjeuner
    4 de faire des courses pour elle   12_____

13 Pourquoi a-t-il quitté la France?

    1 pour avoir du calme
    2 pour faire fortune
    3 pour retrouver des amis
    4 pour apprendre une autre langue   13_____

14 Qu'est-ce que le docteur recommande à votre ami?

    1 de payer l'ambulance
    2 de rouler plus lentement
    3 de voir un autre médecin
    4 de rester chez lui   14_____

15 Comment sa mère répond-elle?
  1 Elle n'a pas les clefs.
  2 Elle laisse la décision à son mari.
  3 Elle refuse absolument.
  4 Elle impose des conditions. 15_____

PART THREE *Reading Comprehension*

Answer all questions in Part 3 according to the directions for **a**, **b**, and **c**. [30 credits]

(**a**) DIRECTIONS (**16–20**): *Below the following passage, there are five questions or incomplete statements. For each, choose the word or expression that best answers the question or completes the statement according to the meaning of the passage and write its number in the space provided.* [10]

A 22 ans, Anick Graveline est connue partout dans le monde: championne de *funboard*, la planche à voile utilisée en compétition, elle a été troisième au classement général de la Coupe du Monde deux fois, et première dans plusieurs courses à travers le monde depuis quatre ans.

A la voir, on pourrait la croire californienne: bronzée, yeux vert-océan, cheveux dorés, couleur de sable. Pourtant, Anick, c'est une fille du Québec, et c'est sur le Lac-à-la-Tortue qu'elle a découvert la planche à voile. C'était en 1979. Cet été-là, la vie de toute la famille Graveline a changé. Les enfants qui étaient tous musiciens — Anick est pianiste et flutiste — se sont pris d'amour pour la planche à voile . . . au point de devenir les meilleurs du pays. Eric, 20 ans, a représenté le Canada aux derniers Jeux Olympiques, et Pierre, 18 ans, était aux Jeux du Commonwealth ce printemps. Anick, la grande soeur, a opté pour le circuit professionnel.

Pourtant, la vie des professionnels de la planche à voile, quoi qu'on en pense, ce n'est pas une partie de plaisir. "Il ne faut pas croire, raconte Anick, que je passe mon temps sur la plage sous un ciel toujours bleu." Sur le lieu des compétitions, les concurrents sont regroupés autour de la tente de leur équipe. Anick fait partie de l'équipe F2, celle d'un fabriquant autrichien de planches à voile. Sur la plage, les athlètes peuvent passer des heures, parfois des jours, à attendre le vent: Il doit souffler avec une force d'au moins 25 kilomètres à l'heure pour que les véliplanchistes arrivent à atteindre une vitesse acceptable.

Anick fera une de ses rares apparitions sur la scène canadienne en septembre, à l'occasion des championnats nationaux dans la Baie Georgienne en Ontario. L'année dernière, elle n'a passé, au total, que sept semaines au pays. Entre les courses du championnat du monde, elle vit au soleil, à l'étranger, à la Guadeloupe, en Australie, en Nouvelle-Zélande, à Hawaï ou en République Dominicaine. La seule ombre au tableau, c'est d'avoir à se promener d'un aéroport à l'autre avec cinq ou six planches à voile et tout l'équipement nécessaire . . . et de faire face aux inévitables ennuis que cela cause! Pour le reste, c'est plutôt la belle vie. "J'ai de la chance de faire ce que j'aime, à plein temps . . . . Et, être sur la mer, seule sur ma planche, avec le vent et les vagues, c'est vraiment mon plaisir."

16 Qu'est-ce qui ferait croire qu'Anick est
californienne?

1 son accent
2 ses goûts
3 son apparence
4 ses vêtements   16_____

17 A quoi s'intéressaient les enfants de la famille
Graveline avant de découvrir la planche à voile?

1 aux voyages   3 à leurs études
2 à la musique   4 à leur famille   17_____

18 Comment les professionnels de la planche à
voile passent-ils beaucoup de leur temps
pendant les compétitions?

1 à aider les membres de leur équipe
2 à réparer leur équipement
3 à faire des publicités
4 à attendre des conditions favorables   18_____

19 Où Anick participera-t-elle à une compétition
au mois de septembre?

1 au Canada
2 à la Guadeloupe
3 à Hawaï
4 en Australie   19_____

20 Pourquoi est-ce qu'Anick continue à faire de la
planche?

1 Elle aime avoir des admirateurs.
2 Elle gagne beaucoup d'argent.
3 Elle espère vendre de l'**équipement** de sport.
4 Elle adore ce sport.   20_____

(**b**) DIRECTIONS (**21–25**): *Below each of the following selections, there is either a question or an incomplete statement. For each, choose the word or expression that best answers the question or completes the statement* according to the meaning of the selection *and write its* number *in the space provided.* [10]

21

A l'aéroport Charles de Gaulle 2, les passagers d'Air France peuvent s'adresser au comptoir d'Air France Information des Terminaux A et B pour effectuer, sans supplément, des réservations fermes dans l'hôtel de leur choix, parmi les 40 hôtels sélectionnés par Air France.
Ces 40 hôtels vont du 2 étoiles au 4 étoiles luxe, et sont répartis dans différents quartiers de Paris.

What special service does Air France offer?
1 luggage transfer to and from passengers' hotels
2 transportation to hotels for passengers
3 airline ticket reservations from passengers' hotels
4 hotel room reservations for passengers   21_____

22

*... et l'accoutumance
n'a pas que des effets pervers.*

RECEVEZ
pour 2 achats **12F**

Pour recevoir votre remboursement de 12 F par virement (frais
d'envoi inclus), remplissez le bon ci-dessous ou recopiez-le sur
papier libre, joignez-y 2 preuves d'achat Fruisanes (dessus de
la boîte avec ovale découpé) et un relevé d'identité bancaire,
expédiez le tout sous enveloppe affranchie à Fruisanes,
Cedex 3047 - 99304 Paris Concours avant le 31/12/90.
Offre limitée à 1 foyer (même nom et même adresse).

NOM _____ _____ PRÉNOM _____

ADRESSE _____

CODE POSTAL _____ VILLE _____

MARIE FRANCE

What must you enclose to get your money back?
1 two proof-of-purchase boxtops
2 two receipts
3 a self-addressed envelope
4 a note endorsing the product

22_____

23

In which field of employment is this job opportunity?

1 personnel management
2 television production
3 interpreting and translating
4 school administration   23_____

24

Rappel

Les douilles des lampes de marque Eagle avec prise intégrée

L'Association canadienne de normalisation (ACNOR) signale que les douilles portant l'inscription *Eagle 660W 125 V* ont été rappelées parce qu'elles provoquaient des chocs électriques. Elles doivent être retournées à l'adresse suivante:
Eagle Electric of Canada Ltd.
44, Atomic Ave.
Toronto, Ontario
M8Z 5L1
Le fabricant les remplacera gratuitement.

Les douilles fabriquées depuis août 1981 ne présentent pas cette défectuosité. Elles peuvent être facilement identifiées, puisqu'un trait d'union apparaît entre *660W et 125V.*

The purpose of this notice is to
1 recall a defective product
2 introduce a new feature
3 announce a price increase
4 compare this product with its competition

24____

25

Cet appareil peut se révéler très
efficace si la température extérieure
est inférieure à celle de la maison,
comme cela arrive souvent pendant
les soirées et les nuits d'été. Pour le
rafraîchissement rapide et de courte
durée d'une seule pièce ou d'un petit
espace, placez-le de façon à ce qu'il
aspire l'air de l'extérieur.
Souvenez-vous cependant que la
ventilation la plus efficace consiste
toujours à expulser l'air chaud, ce qui
assure d'ailleurs un rafraîchissement
beaucoup plus durable dans le cas de
grandes pièces.

This notice must have been packed with a new
1 stove
2 fan
3 refrigerator
4 window   25_____

(c) DIRECTIONS (**26–30**): *In the following passage, there are five blank
spaces numbered 26 through 30. Each blank space represents a missing word
or expression. For each blank space, four possible completions are provided.
Only one of them makes sense* in the context of the passage.

*First, read the passage in its entirety to determine its general meaning.
Then read it a second time. For each blank space, choose the completion that
makes the best sense and write its* number in the space provided. [10]

TAXIS PARISIENS

Comment reconnaît-on les taxis à Paris? Ce sont des voitures comme les autres, mais elles ont sur le toit un signal blanc qui est éclairé quand le taxi est "libre". Un compteur est toujours visible de l'intérieur. Il indique le prix à payer. Une petite plaque, à l'arrière, marque l'heure prévue pour la rentrée du taxi au garage. A partir de trente minutes avant cette heure-là, le chauffeur peut refuser de prendre un ___(26)___. Le meilleur endroit où trouver un taxi, c'est à l'une des nombreuses stations de taxis indiquées par un panneau au bord de la chaussée. A la tête de beaucoup de ces stations, il y a un abri qui permet d'attendre plus à son aise. On peut, à tout endroit, faire signe à un taxi qui passe à vide, mais le ___(27)___ n'est pas obligé de s'arrêter.

Deux détails importants à savoir sur le petit drapeau qui se trouve sur le compteur, et qui est levé quand le taxi est libre:

— Si ce drapeau est recouvert par une gaine qui porte toujours le nom du garage, le chauffeur peut refuser de conduire un client.

— Quand on monte dans un taxi qu'on a appelé par téléphone, il ne faut pas s'étonner de voir ce drapeau baissé et le compteur marquer déjà quelques francs. Le taxi est considéré comme ____(28)____ et il est réservé à votre usage exclusif à partir du moment où il a répondu à votre appel. Cela reviendra donc un peu plus cher.

Combien doit-on payer? Il faut savoir que ____(29)____ de la course dépend de plusieurs conditions:

— de l'heure ("jour" ou "nuit") et du lieu ("Paris" ou "banlieue"). Tarif A, de jour dans Paris; Tarif B, de nuit dans Paris et de jour en proche banlieue, ainsi que le dimanche; Tarif C, de nuit en proche banlieue et de jour en grande banlieue;

— de la distance parcourue et du temps passé, y compris tous les arrêts;

— des bagages du client. Le client devra payer un léger supplément si ses bagages doivent être mis dans le coffre.

En général, on donne un pourboire au chauffeur. Le pourboire n'est pas ____(30)____, mais si l'on veut dire plus que simplement "merci", on peut donner au chauffeur les 12 ou 15% habituels en plus du prix indiqué au compteur.

(26) 1 bagage   3 client
     2 pourboire   4 café   26_____

(27) 1 chauffeur   3 gendarme
     2 patron   4 passager   27_____

(28) 1 certifié   3 bon marché
     2 occupé   4 en panne   28_____

(29) 1 la longueur   3 le prix
     2 le succès   4 la vitesse   29_____

(30) 1 recommandé   3 légal
     2 accepté   4 obligatoire   30_____

PART FOUR   *Compositions*

Write your answers to Part 4 according to the directions for **a** and **b**.
[16 credits]

(**a**) DIRECTIONS: *Write **one** well-organized note in French as directed below.* [6]

Sample compositions appear in the **ANSWERS SECTION, PART FOUR**, at the end of this examination.

Choose **either** question 31 **or** 32. Write a well-organized note, following the specific instructions given in the question you have chosen. Your note must consist of **at least six clauses**. To qualify for credit, a clause must contain a verb, a stated or implied subject, and additional words necessary to convey meaning. The six clauses may be contained in fewer than six sentences if some of the sentences have more than one clause.

31   Your school's exchange student from France is coming over to your
      home for dinner. Write a note in French to that exchange student giving
      directions to your home.

   In the note, you may choose to give directions using public transportation
(which bus to take and where, how much it will cost, where to get off, and
how to go from there), or you may choose to give details of the route to follow
(turns to take, landmarks, things to see along the way, cautions, and how long
it may take). Be sure you accomplish the purpose of the note, which is *to give
directions to your home*.

   Use the following:

      Salutation: [the exchange student's first name]
      Closing: [your first name]

   Note: The salutation and closing will *not* be counted as part of the six
required clauses.

32   You want to change your seat in your French class. Write a note in
      French to your teacher telling why you would like to change your seat.

   In your note, you may state one or more reasons why you want to change
your seat (uncomfortable condition due to heat, cold, draft, sunlight, etc.;
inability to see or hear; problem with students at neighboring desks). You may
also want to indicate where you would like to sit and why. Be sure you accomplish the purpose of the note, which is *to tell the teacher why you would like
to change your seat*.

   Use the following:

   Salutation: Monsieur/Madame/Mademoiselle [your teacher's last name]
   Closing: [your signature]

   Note: The salutation and closing will *not* be counted as part of the six
required clauses.

   (**b**) DIRECTIONS: *Write **one** well-organized composition in French as
directed below.* [10]

   Choose **either** question 33 **or** 34. Write a well-organized composition, following the specific instructions given in the question you have chosen. Your
composition must consist of **at least 10 clauses.** To qualify for credit, a
clause must contain a verb, a stated or implied subject, and additional words
necessary to convey meaning. The 10 clauses may be contained in fewer than
10 sentences if some of the sentences have more than one clause.

33   In French, write a **story** about the situation shown in the picture below.
     It must be a story relating to the picture, **not** a description of the picture.
     Do **not** write a dialogue.

34   The exchange student from France who spent the year in your school is
     about to return home. Write a farewell letter in French to that exchange
     student.

You <u>must</u> accomplish the purpose of the letter, which is *to bid farewell to
that exchange student*.

In your letter, you may choose to express your good wishes for the trip and
the future; to remember things that happened during the year: good, bad,
funny, or sad; or to comment on the influence of the exchange student's pres-
ence on you and your school. You may also express hope for the opportunity to
meet again, here or abroad, and you may extend an open invitation to visit you.

You may use any *or* all the ideas suggested above *or* you may use your own
ideas. Either way, you must write a farewell letter to that departing exchange
student.

Use the following:

Dateline:	Jeudi, le 18 juin 1992
Salutation:	Cher/Chère [the exchange student's first name]
Closing:	Ton copain/Ta copine [your signature]

Note: The dateline, salutation, and closing will *not* be counted as part of
the 10 required clauses.

Answers   June 1992

French Level 3 (Comprehensive)

PART ONE   *Skill in Speaking French*

This part of the examination was evaluated prior to the date of this written examination.   [24 credits]

PART TWO   *Listening Comprehension*

The following passages are to be read aloud to the students according to the directions given for this part at the beginning of this examination. The correct answer is given at the end of this section.   [30 credits]

1. A travel agent is explaining an unusual vacation to you and says:

    Les ours ne seront peut-être pas au rendez-vous, mais avec le voyage au "pays de l'ours" en voiture quatre-quatre, vous serez sûrs de découvrir la grande forêt canadienne. Nuits sous la tente ou en chalet très rustique, pêche, observation d'animaux, balades en canoë sur les lacs et rivières, aventure garantie au coeur d'une nature intacte. Il y a cinq circuits cet été, du 2 juillet au 27 août.

    Who would find this program appealing?

2. You hear this short report in a news program.

    Trop tard! Même s'il pleut, la France va aborder l'été avec ses réserves d'eau au plus bas. Dans le Sud, c'est la veillée d'armes: restrictions d'irrigation, usines au ralenti, interdiction d'arrosage. Mais pour gagner durablement la guerre de l'eau, agriculteurs, villes et industriels devront apprendre non seulement à protéger l'eau, mais surtout à la partager équitablement, et à la payer!

    What does this report announce?

3. You are talking with some French friends about plans for next year. Your friend says:

    Moi, je rentre à Paris le mois prochain. J'ai une bourse et j'aurai assez d'argent pour mon année scolaire, mais je ne sais pas où trouver un logement. Je n'ai pas envie de vivre en cité universitaire, et j'aimerais louer une chambre ou un petit appartement. L'idéal serait quelque chose près de

l'université dans un quartier tranquille avec tous les petits magasins pour faire mes courses à pied.
What does your friend need?

4. You are on a cruise ship, and you hear the following announcement:

Il est 23 heures. Surpris de l'heure qu'il est? Et pourtant, vous vous sentez en pleine forme et prêts à continuer? Eh bien allez-y! Tous les soirs à minuit, on sert un buffet, et la danse bat son plein dans le grand salon. La soirée ne fait que commencer! Bonne soirée!
What does this announcement suggest you should do?

5. You are talking with your French friend on the telephone. She is explaining her new summer job. She says:

Je travaille à Paris dans une grande agence publicitaire qui a eu une idée révolutionnaire: On attache des panneaux publicitaires derrière nos bicyclettes, et on pédale quatre heures par jour dans les rues de Paris. C'est génial. Il faudrait me voir: habillée tout en rouge avec cette grande affiche publicitaire derrière mon vélo. Mais ça marche. Les gens s'arrêtent pour regarder!
What type of business does your friend work for?

6. You are making plans for a picnic with a friend. Your friend says:

Je connais l'endroit idéal pour un pique-nique. Et il va faire beau demain. J'ai préparé un poulet froid, des oeufs durs et une salade. Le seul ennui, c'est que je n'aurai pas la voiture parce que ma mère en a besoin. Est-ce que tu peux prendre celle de quelqu'un de ta famille?
What does your friend want you to do?

7. You are at the dry cleaner's to pick up your clothes. The clerk says to you:

Je regrette, mais vos vêtements ne sont pas encore prêts. Normalement, il nous faut deux jours pour faire le nettoyage, mais il y a des retards cette semaine à cause de notre volume de travail. En tout cas, si vous voulez revenir demain après-midi, je suis sûr que nous aurons vos vêtements.
When does the clerk tell you to come back?

8. You are listening to the radio, and you hear the following announcement about a restaurant:

Chez Madeleine — le restaurant pour vous! Dans un cadre exceptionnel et typiquement provençal, dégustez nos fruits de mer, huîtres et coquillages, bouillabaisse, et naturellement, notre fameuse choucroute au poisson, servie toute l'année. Déjeuner, dîner, souper. Service tous les jours jusqu'à 1h. du matin.

What type of cuisine is featured at this restaurant?

9. You are planning to visit your French pen pal. You call her to make final arrangements. She says:

Quand tu seras arrivé à l'aéroport, prends un taxi jusqu'à la Gare Montparnasse. Là, tu prendras le train pour Chartres. Il y en a un qui part toutes les heures. Téléphone-moi avant ton départ et je viendrai te chercher à ton arrivée à Chartres. C'est compris?

Where will your pen pal meet you?

10. You are spending a school year in Belgium. On the way out of school, a classmate says to you:

Dis-donc, je dois rentrer immédiatement chez moi après les classes, mais après le dîner, je serai libre. Si tu veux, on peut se rencontrer en ville en face de la gare. Il y a sûrement un bon film à voir ce soir. Et ne t'en fais pas! Il n'y a pas de classes demain.

Qu'est-ce qu'elle veut faire ce soir?

11. You are about to start on a nature walk in a provincial park in Quebec. Before starting out, the guide says:

Cet environnement est très riche, mais il est aussi très fragile, et il exige un respect constant de la part des visiteurs. Voilà pourquoi nous vous demandons de ne pas introduire d'animaux dans le parc, ni de capturer, de nourrir ou d'apprivoiser les animaux du parc. Nous vous demandons aussi de ne pas introduire et de ne pas enlever de plantes.

Qu'est-ce que le guide demande aux visiteurs?

12. You are staying at your friend's house for the weekend. While you and your friend are having breakfast in the kitchen, your friend's mother comes in and says:

Dites-donc les enfants, je vais faire des courses en ville aujourd'hui avec mon amie Adèle. On va rester déjeuner en ville, et on va rentrer en fin d'après-midi. Vous n'aurez qu'à vous débrouiller pour le déjeuner. Il y a des tas de choses dans le frigo. A ce soir! Bonne journée!

Qu'est-ce qu'elle vous demande de faire?

13. You hear an interview with Axel Bauer, a French rock star. He says:

    Avec ma chanson "Cargo", j'ai tout eu en même temps, le succès, l'argent, l'adoration du public...ce après quoi des gens courent toute leur vie. Moi, ça a tué mes rêves. Alors j'ai quitté la France pour l'Angleterre. Pourquoi? Parce que personne ne me connaissait à Londres. J'ai pu y préparer mon dernier album en toute tranquillité. J'espère qu'il exprime ma nouvelle philosophie de la vie: une recherche de pureté et de sincérité, et la nécessité de cultiver son jardin intérieur...

Pourquoi a-t-il quitté la France?

14. While on a group bicycle tour in France, one of your friends has a bad fall. You take him to a doctor. The doctor examines him and says:

    J'ai bien peur que vous vous soyez cassé la jambe. Il y a peut-être une fracture mais je n'ai pas l'équipement pour vous faire une radio. Pour vérifier cela, il faut aller voir un spécialiste en ville. Je vais appeler une ambulance pour vous y emmener. Vos amis peuvent aller avec vous.

Qu'est-ce que le docteur recommande à votre ami?

15. Your friend wants to go out for the evening. He asks his mother for the car. His mother says:

    Il faut absolument être à la maison avant minuit. Tu connais bien le code de la route!...Et sois raisonnable: surtout pas de vitesse!...et pas d'imprudence! On te fait confiance, mais, tu sais bien que ton père et moi, ça nous inquiète beaucoup. Tiens, voilà les clefs.

Comment sa mère répond-elle?

PART TWO   *Listening Comprehension*

(1) 1	**(4)** 2	**(7)** 4	**(10)** 2	**(13)** 1
(2) 4	**(5)** 3	**(8)** 2	**(11)** 2	**(14)** 3
(3) 1	**(6)** 1	**(9)** 3	**(12)** 3	**(15)** 4

PART THREE   *Reading Comprehension*

(a)		(b)		(c)	
(16) 3		**(21)** 4		**(26)** 3	
(17) 2		**(22)** 1		**(27)** 1	
(18) 4		**(23)** 2		**(28)** 2	
(19) 1		**(24)** 1		**(29)** 3	
(20) 4		**(25)** 2		**(30)** 4	

PART FOUR *Sample Compositions*

(a) Notes in writing

For each note, an example of a response worth six credits follows. The slash marks indicate how each sample note has been divided into clauses.

31. Cher Robert,

C'est très facile de venir chez moi./₁ Quand tu sors de l'école,/₂ tourne à droite./₃ Passe le long du parc/₄ et continue jusqu'à la rue North./₅ Là tu prends ta gauche,/₆ et c'est la maison en face de l'église.

(Your first name)

32. Monsieur Lambert,

Je veux changer de place,/₁ si c'est possible,/₂ parce que je ne vois pas bien le tableau,/₃ et aussi parce que Paul me dérange beaucoup./₄ Il me parle tout le temps/₅ et je n'aime pas ça./₆

(Your signature)

(b) Narrative based on picture/letter

For each narrative/letter, an example of a response worth 10 credits follows. The slash marks indicate how each sample narrative/letter has been divided into clauses.

33. Picture

Hier, mon père s'est levé plus tard que d'habitude./₁ Ma mère lui a dit plusieurs fois de se dépêcher,/₂ mais il a mis longtemps à se préparer./₃ Enfin, il est parti vers 8h20./₄ Le bus partait à 8h30/₅ et quand il est arrivé là,/₆ le bus partait./₇ Il a couru,/₈ mais il était trop tard./₉ Il est rentré à la maison furieux./₁₀

34. Letter

Jeudi, le 18 juin 1992

Cher Robert,

Je te souhaite mes meilleurs voeux pour l'avenir./₁ Je me souviendrai toujours de cette année./₂ On a passé de bons moments ensemble,/₃ surtout quand toute la classe est allée à Washington./₄ On s'est bien amusé aussi/₅ quand tu es venu à la boum de mon anniversaire./₆ Tu m'as beaucoup aidé/₇ quand je faisais mes devoirs de français,/₈ et maintenant je parle beaucoup mieux le français./₉ J'espère/₁₀ qu'on se verra bientôt. Tu peux peut-être venir chez moi pendant les vacances de l'année prochaine.

Ton copain/Ta copine,
(Your signature)

Examination   June 1993

French Level 3 (Comprehensive)

PART ONE   *Skill in Speaking French*

This part of the examination was evaluated prior to the date of this written
examination.   [24 credits]

PART TWO   *Listening Comprehension*

Answer all questions in this part according to the directions for *a* and *b*.
[30 credits]

(**a**)   DIRECTIONS (**1–9**): *For each question, you will hear some background
information in English once. Then you will hear a passage in French twice and
a question in English once. After you have heard the question, the teacher will
pause while you read the question and the four suggested answers. Choose the
best suggested answer and write its* number *in the space provided. The passages that the teacher will read aloud to you are found in the **ANSWERS SEC-
TION, PART TWO, at the end of this examination.***   [18]

1 What does this student miss because of her
work?
   1 sleeping late
   2 her family
   3 her friends
   4 home-cooked meals   1____

2 What motivated Stéphane Grappelli to become a
jazz musician?
   1 listening to performances
   2 working in record stores
   3 playing with toy instruments
   4 performing on stage   2____

1

3 What did the waiter say?

  1 They are not serving lunch anymore.
  2 There is no table ready.
  3 You may sit where you want.
  4 He will bring you the menu.   3_____

4 What are you going to feed the child?

  1 a snack   3 lunch
  2 breakfast   4 dinner   4_____

5 What must you do now?

  1 Eat lunch.
  2 Sit securely.
  3 Get ready to land.
  4 Watch the flight attendant.   5_____

6 Why must your friend stay home?

  1 to wait for his parents
  2 to do some housecleaning
  3 to take care of his brothers
  4 to accept a delivery   6_____

7 What is the main advantage of shopping at the
outdoor market?

  1 The hours are more convenient.
  2 The prices are lower.
  3 The customers are more friendly.
  4 The quality is consistently better.   7_____

8 What does the agent explain?

  1 schedule changes   3 ticket prices
  2 refund policies   4 route connections   8_____

9 What is the first thing you must do?

  1 Dial 11.   3 Look up the menu.
  2 Call the operator.   4 Wait for the "beep."   9_____

(b) DIRECTIONS (**10–15**): *For each question, you will hear some background information in English once. Then you will hear a passage in French twice and a question in French once. After you have heard the question, the teacher will pause while you read the question and the four suggested answers. Choose the best suggested answer and write its number in the space provided. The passages that the teacher will read aloud to you are found in the* **ANSWERS SECTION, PART TWO, at the end of this examination.** [12]

10 Pourquoi est-ce qu'il n'a pas fait ses devoirs?
  1 Il a oublié.
  2 Il est tombé malade.
  3 Il est rentré très tard chez lui.
  4 Il avait trop de devoirs à faire.   10____

11 Pourquoi est-il content d'aller chez son grand-père?
  1 Il va pouvoir se reposer.
  2 Il va bien s'amuser.
  3 Il n'aura pas à aller au lycée.
  4 Il n'a pas vu son grand-père depuis longtemps.   11____

12 Qu'est-ce qu'on offre?
  1 du travail dans les magasins
  2 des activités pour les vacances
  3 des cours spéciaux à l'université
  4 des visites de la capitale   12____

13 Qu'est-ce que cette personne explique?
  1 qu'on peut rester là jusqu'à midi
  2 qu'on a le droit de faire du camping
  3 qu'il faut avoir un permis de pêche
  4 qu'il faut quitter la plage le soir   13____

14 Pourquoi cet événement sportif est-il
important?
  1 Les gagnants seront champions du monde.
  2 C'est un grand succès diplomatique.
  3 De nombreux sports différents sont
    représentés.
  4 Le grand prix est un voyage à l'étranger.   14_____

15 Comment la France a-t-elle réduit le nombre
de chômeurs?
  1 en augmentant le salaire minimum
  2 en offrant de l'emploi dans les services
    publics
  3 en diminuant les heures de travail par
    semaine
  4 en réduisant l'immigration illégale   15_____

PART THREE   *Reading Comprehension*

Answer all questions in Part 3 according to the directions for **a**, **b**, and **c**.
[30 credits]

(a) DIRECTIONS (**16-20**): *Below the following passage, there are five questions or incomplete statements. For each, choose the word or expression that best answers the question or completes the statement* according to the meaning of the passage *and write its* number *in the space provided.* [10]

Cher Matt,
    Toute ma famille attend ton arrivée en France avec impatience. Il y a si longtemps qu'on s'écrit que j'ai l'impression de bien te connaître. Maintenant, finalement, on va faire connaissance en personne!
    J'ai bien reçu ta lettre qui indique l'heure d'arrivée et le numéro de ton vol. Je vais aller te chercher à l'aéroport, mais il y a un petit problème: ton avion va arriver à l'aéroport bien avant moi. Je n'arriverai pas à l'aéroport avant neuf heures et demie ou dix heures. En voiture, il me faut bien au moins quatre heures de route pour aller de chez moi à l'aéroport. Alors, ne t'affole pas. Il y a une sorte de café au premier étage où tu peux aller prendre quelque chose à boire et lire un journal pour passer le temps. C'est là que j'irai te chercher. Tu me reconnaîtras facilement quand j'arriverai: je serai le seul à porter un blouson de ton école, celui que tu m'as envoyé l'année dernière avec les initiales de ton école dans le dos et des écussons sur les manches.
    Mes parents voulaient prendre deux jours de congé pour aller te chercher. Malheureusement, ce n'est pas possible parce qu'ils ont trop de travail et je vais venir tout seul. Si tout va comme prévu, on aura le temps de s'arrêter déjeuner en route et on devrait arriver chez moi en fin d'après-midi.

Pendant ton séjour chez moi, tu auras la chambre de mon frère. Il fait son service militaire et il ne sera pas là cet été. Avec toutes ses affaires, il y a un désordre incroyable dans cette chambre, mais il y a un très bon lit et une grande fenêtre qui donne sur le jardin. En plus, le soleil rentre dans cette chambre pendant toute la matinée. C'est très agréable. Malheureusement, il te faudra déménager pendant quelques jours car mon père va refaire les peintures dans toutes les pièces du premier étage pendant le mois de juillet. Ça ne prendra pas trop longtemps, j'espère, et, pendant ce temps-là, il faudra s'arranger d'une autre façon. Quand il peindra ma chambre, moi, j'ai l'intention de dormir au salon dans un sac de couchage. Tu pourras faire la même chose, si tu veux.

Malheureusement, tu ne pourras pas faire la connaissance de tous mes amis parce que beaucoup d'entre eux seront partis pendant l'été quand tu seras là. Isabelle va toujours passer l'été en Bretagne, chez sa grand-mère. Olivier va en Angleterre. Thierry va chez son oncle qui a un élevage de moutons dans le Midi. Il ne restera que Michel, Marc, et Cécile. On pourra sortir en ville avec eux. Mes parents me laissent aussi prendre la voiture quand ils n'en ont pas besoin.

Comme d'habitude, toute la famille va passer les deux premières semaines d'août dans les Landes, du côté d'Arcachon. C'est vraiment bien. On parlera de tout ça quand tu arriveras.

A bientôt! Ton ami,
Jacques

16 Qu'est-ce que **Matt** devra faire quand il arrivera à l'aéroport?
1 aller à l'école   3 attendre Jacques
2 prendre l'autobus   4 écrire une lettre   16_____

17 Comment Matt pourra-t-il reconnaître Jacques?
1 Jacques portera une veste spéciale.
2 Jacques aura un drapeau à la main.
3 Jacques sera dans un groupe.
4 Jacques tiendra une grande carte avec son nom dessus.   17_____

18 Pourquoi les parents de Jacques ne vont-ils pas aller à l'aéroport?
1 Il n'y a pas de place dans la voiture.
2 Ça coûte trop cher.
3 Ils doivent préparer le repas.
4 Ils n'ont pas le temps.   18_____

19 Pourquoi Matt doit-il quitter sa chambre
pendant quelques jours?

  1 Il y a beaucoup de bruit dans cette chambre.
  2 Il fait trop chaud dans cette chambre.
  3 Il faut repeindre cette chambre.
  4 Il faut laisser cette chambre au frère de
    Jacques.   19____

20 Pourquoi est-ce que Matt ne verra pas certains
amis de Jacques?

  1 Ils sont fâchés avec Jacques.
  2 Ils sont en vacances.
  3 Ils font des cours d'été.
  4 Ils préfèrent rester chez eux.   20____

(**b**) Directions (**21–25**): *Below each of the following selections, there is either a question or an incomplete statement. For each, choose the word or expression that best answers the question or completes the statement according to the meaning of the selection and write its number in the space provided.* [10]

21

J'ai acheté dans une boutique d'habillement pour enfants un très joli pull-over en solde. Malheureusement, au bout d'un après-midi, il s'est mis à boulocher comme le font les pull-overs de mauvaise qualité après quelques mois. Dans la boutique, une pancarte spécifiait que les soldes ne sont ni repris ni échangés. Que puis-je faire?

Virginia Cousin
92100 Boulogne

Why is this woman writing this letter?

  1 She is dissatisfied with a purchase.
  2 She is ordering a sweater.
  3 She is applying for a job in a shop.
  4 She is selling hand-knit sweaters.   21____

22

UNE ROUE D'AVANCE

Avez-vous sorti votre bicyclette? Selon PARTICIPaction, 8 510 259 personnes roulent à vélo au Canada. Pour ceux et celles qui font de l'embonpoint, la bicyclette constitue un excellent choix car elle permet de brûler des calories sans demander trop d'efforts.

Mais peu importe la durée de la randonnée, il est important de bien s'hydrater pour éviter la fatigue et les crampes musculaires. Buvez un bon verre d'eau une demi-heure avant le départ, et n'oubliez pas de prévoir des arrêts pour vous désaltérer.

What advice is being given to cyclists?
1 Participate in the Tour du Québec.
2 Eat a high-calorie meal.
3 Stop every half hour.
4 Drink enough liquids.   22____

23

CONDUITE A TENIR EN CAS D'INCENDIE

1° En cas d'incendie dans votre chambre, gardez votre sang-froid, ne criez pas Au feu.

Si vous ne pouvez maîtriser le feu, quittez votre chambre en ayant bien soin d'en refermer la porte.

Prévenez le garçon d'étage (ou la femme de chambre ou la Direction).

2° Si vous entendez le signal d'alarme donnant l'ordre d'évacuation de l'hôtel, quittez votre chambre dans les plus brefs délais, refermez votre porte et gagnez la sortie sans affolement en empruntant l'escalier (à droite à gauche) en sortant.

Décret N° 73-1007 du 31 Octobre 1973.

In both cases, what are you asked to do?
1 Put out the fire.
2 Activate the alarm.
3 Leave your room.
4 Notify the management.

24 *Les vacances scolaires en France*

	ZONE A	ZONE B	CORSE
Hiver	du jeudi 14 fév. au lundi 4 mars	Du jeudi 21 fév. au lundi 11 mars	Du vend.15 fév. au lundi 4 mars
Printemps	Du sam. 20 avril au lundi 6 mai	Du sam. 27 avril au lundi 13 mai	Du sam.20 avril au lundi 6 mai
Eté	Du samedi 6 juillet au mardi 10 septembre		Du sam. 6 juillet au jeudi 12 sept

ZONE A : Académies de Bordeaux, Caen, Clermont-ferrand, Créteil, Grenoble, Montpellier, Nancy, Metz, Nantes, Paris, Rennes et Versailles.
ZONE B : Académies d'Aix-Marseille, Amiens, Besançon, Dijon, Lille, Limoges, Lyon, Nice, Orléans-Tours, Poitiers, Reims, Rouen, Strasbourg et Toulouse.

In Paris, on which day are schools closed?
1 Friday, February 22
2 Friday, March 8
3 Friday, May 10
4 Friday, September 13   24_____

25

LES AUTRES SERVICES SNCF

LES TRAINS AUTOS ACCOMPAGNÉES

Pour vos voyages en famille, c'est la solution alliant le confort, la sécurité et la tranquillité. Le train effectue à votre place la plus grande partie du trajet vous évitant la fatigue d'un long parcours sur route. A l'arrivée, votre voiture, dans laquelle vous avez pu laisser vos bagages, est rapidement mise à votre disposition.

Les trains assurant le Service TAA sont repérés par le symbole

What is the advantage of this service?
1 You have access to your luggage at all times.
2 It is less expensive than traveling by car.
3 Your family can meet you at your destination.
4 It keeps you from having to drive long distances.   25_____

(c) DIRECTIONS (**26–30**): *In the following passage, there are five blank spaces numbered 26 through 30. Each blank space represents a missing word or expression. For each blank space, four possible completions are provided. Only one of them makes sense* in the context of the passage.

First, read the passage in its entirety to determine its general meaning. Then read it a second time. For each blank space, choose the completion that makes the best sense and write its number *in the space provided.* [10]

Le Mali, pays de langue française, est le plus grand Etat de l'Afrique de l'ouest. Il s'étend sur plus d'un million de kilomètres carrés, mais il souffre de l'absence de ressources minérales et de débouché maritime. Situé au coeur du continent, c'est un pays intérieur qui est entouré de tous côtés par d'autres pays et il n'a donc aucun accès direct à la mer.

Le Mali compte seulement 8 millions d'habitants qui sont répartis de manière très inégale sur son territoire. Le Nord du pays est désertique: sur cette moitié du pays, il tombe moins de 200 mm ___(26)___ par an. Dans la zone sahélienne, il en tombe un peu plus, c'est le domaine de la steppe parcourue par les troupeaux des nomades. Il n'y a qu'au Sud qu'il pleut assez pour permettre des cultures. Au total, les zones cultivées représentent moins de 2% de la surface du pays. L'agriculture produit surtout des céréales (millet, maïs, sorgho et riz), mais l'irrégularité des pluies menace sans cesse ces récoltes. Les productions agricoles du pays restent insuffisantes, et le Mali doit toujours

_____(27)_____ du grain à l'étranger pour nourrir sa population.

Pour l'ensemble du tiers-monde, l'eau, c'est la vie. L'eau crée les conditions qui permettent de pratiquer l'agriculture, la source principale de revenus et de vie dans ces régions. Quand le relief et la nature du sol sont favorables, il est possible de retenir l'eau des rivières mais cette eau n'est pas potable. Il est impossible de la boire mais on peut _____(28)_____ pour irriguer les cultures ou pour laver le linge. Dans certaines zones, la seule solution est de collecter l'eau de pluie dans des citernes individuelles ou collectives. L'inconvénient principal de ce système vient encore de la mauvaise

_____(29)_____ de cette eau: elle contient souvent des parasites, organismes microscopiques, qui causent des maladies et affaiblissent l'organisme de ceux qui la consomment.

Dans ces régions où les habitants souffrent le plus du manque d'eau, les pays riches ne devraient pas seulement fournir une aide alimentaire. Ils devraient aussi fournir une aide financière et technique pour que les

_____(30)_____ de ces régions prennent en charge
eux-mêmes le fonctionnement de leurs propres
solutions à ces problèmes agricoles. Ces solutions
devraient être variées et adaptées aux conditions
géographiques et aux habitudes de la population
locale.

(26) 1 de pluie   3 de sable
     2 de poussière   4 de graines   26_____

(27) 1 vendre   3 fabriquer
     2 acheter   4 confisquer   27_____

(28) 1 l'analyser   3 l'évaporer
     2 l'utiliser   4 l'exporter   28_____

(29) 1 pression   3 densité
     2 couleur   4 qualité   29_____

(30) 1 militaires   3 villageois
     2 européens   4 docteurs   30_____

PART FOUR   _Compositions_

Write your answers to Part 4 according to the directions for **a** and **b**.   [16 credits]

(**a**) DIRECTIONS: _Write **one** well-organized note in French as directed below._ [6]

Sample compositions appear in the **ANSWERS SECTION, PART FOUR**, at the end of this examination.

Choose **either** question 31 **or** 32. Write a well-organized note, following the specific instructions given in the question you have chosen. Your note must consist of **at least six clauses**. To qualify for credit, a clause must contain a verb, a stated or implied subject, and additional words necessary to convey meaning. The six clauses may be contained in fewer than six sentences if some of the sentences have more than one clause.

31   You are watching the children of your French-speaking neighbors for the afternoon. You decide to take the children out. Write a note in French to your neighbors telling them about your plans.

In your note, you may wish to tell them where you are going, why you are going, and when you will return. Be sure you accomplish the purpose of the note, which is *to tell your neighbors about your plans*.

Use the following:

Salutation:	M et Mme Couture,
Closing:	[your first name]

Note: The salutation and closing will *not* be counted as part of the six required clauses.

32   An exchange student from Belgium is spending the year in your school. Next week your French Club is holding a special event. Write a note in French inviting the exchange student to the special event.

In your note, you may wish to identify yourself, describe the club's purpose and activities, give the date, time, and place of the event, and encourage the student to attend. Be sure you accomplish the purpose of the note, which is *to invite the exchange student to the club's special event*.

Use the following:

Salutation:	Sophie,
Closing:	[your first name]

Note: The salutation and closing will *not* be counted as part of the six required clauses.

(**b**) DIRECTIONS: *Write **one** well-organized composition in French as directed below.* [10]

Choose **either** question 33 **or** 34. Write a well-organized composition, following the specific instructions given in the question you have chosen. Your composition must consist of **at least 10 clauses.** To qualify for credit, a clause must contain a verb, a stated or implied subject, and additional words necessary to convey meaning. The 10 clauses may be contained in fewer than 10 sentences if some of the sentences have more than one clause.

33 In French, write a **story** about the situation shown in the picture below. It must be a story relating to the picture, **not** a description of the picture. Do **not** write a dialogue.

34 Your friends gave you a present on a special occasion. Write a letter in French to your French pen pal telling about the present.

You <u>must</u> accomplish the purpose of the letter, which is *to tell your pen pal about the present your friends gave you.*

In your letter, you may wish to explain what the present is, who gave it to you, why they gave it to you, who was there when they gave it to you, what people said and what they did, and how you feel about the present.

You may use any *or* all the ideas suggested above *or* you may use your own ideas. Either way, you must tell your pen pal about the present your friends gave you.

Use the following:

        Dateline: [your town], le 28 juin 1993
        Salutation: Cher _____ / Chère _____,
        Closing: Ton ami / Ton amie,

Note: The dateline, salutation, and closing will *not* be counted as part of the 10 required clauses.

Answers   June 1993

French Level 3 (Comprehensive)

PART ONE   *Skill in Speaking French*

This part of the examination was evaluated prior to the date of this written examination.   [24 credits]

PART TWO   *Listening Comprehension*

The following passages are to be read aloud to the students according to the directions given for this part at the beginning of this examination. The correct answers are given after number 15.   [30 credits]

1. You overhear a conversation between two students in Québec. One of them says:

    Oui, je suis contente d'avoir du travail, mais ça me cause vraiment des difficultés de travailler dans le restaurant de mon oncle. Mes journées ne sont pas particulièrement longues. Je commence en fin d'après-midi et d'habitude je finis bien avant minuit. Le plus difficile pour moi, c'est que je ne vois jamais mes amis. Quand ils travaillent, moi je suis libre, et quand ils sont libres, moi je travaille.

    What does this student miss because of her work?

2. Jazz violinist Stéphane Grappelli, who is over 80 years old, is being interviewed on television. He says:

    La musique, d'abord, ça m'a amusé, comme un jouet. C'est ça qui m'a intéressé au début dans la musique. Après, tout doucement, j'ai entendu les premiers disques qui arrivaient à Paris. Finalement, j'ai entendu un orchestre de jazz sur scène. La première fois que j'ai entendu ça, j'avais une quinzaine d'années, je me suis dit: ça c'est ma musique!

    What motivated Stéphane Grappelli to become a jazz musician?

3. You enter a restaurant and you are waiting to be seated. A waiter comes over to you and says:

    Bonjour. Vous n'avez pas besoin d'attendre. Vous pouvez vous mettre à la table que vous voulez. Il n'y a pas beaucoup de monde aujourd'hui

15

et je passerai dans un instant prendre votre commande. Le menu est sur la table, et nos plats du jour sont indiqués sur le tableau.

What did the waiter say?

4. You arrive to babysit for the child of a French neighbor. The child's mother says:

Le bébé dort pour l'instant, mais d'habitude il se réveille vers trois heures. Quand il se réveillera, il va avoir faim et soif, mais il faut lui donner seulement un biscuit et un peu de jus de fruit. Ne lui donne pas trop à manger parce que nous allons dîner de bonne heure et je préfère qu'il mange bien le grand repas que je vais lui préparer ce soir.

What are you going to feed the child?

5. You are on a French airline flight when you hear this announcement:

Les passagers sont priés de demeurer à leur place et d'attacher leur ceinture de sécurité. Nous allons traverser une zone de turbulences. Le déjeuner qui était prévu pour midi sera remis à plus tard. En attendant que les conditions s'améliorent, nous allons vous présenter un film. Si vous avez besoin de nos services, veuillez appuyer sur le bouton. L'hôtesse viendra immédiatement. Nous vous remercions de votre attention.

What must you do now?

6. You call your friend to ask him to go to the beach with you. He answers:

A la plage? Oui, je voudrais bien, mais je ne peux pas y aller avec toi ce matin. On va nous livrer la nouvelle machine à laver aujourd'hui et il faut que j'attende à la maison. Papa et maman sont au travail et mes frères sont déjà partis pour la journée. Je ne sais pas du tout à quelle heure le camion des livreurs va arriver.

Why must your friend stay home?

7. A produce merchant at an open-air market in Dijon is being interviewed on television about the competition between her business and local supermarkets. She says:

Ici, au moins, il y a le contact avec les clients. Les gens ont l'habitude de venir ici et on discute. Surtout, je pense que nos produits sont plus frais. Ils viennent des maraîchers qui ont des champs ici dans la région. On a cueilli nos produits hier pour les vendre ce matin. Alors que les grandes surfaces...bon, quand c'est jour d'arrivage, c'est frais, mais enfin, c'est pas jour d'arrivage tous les jours.

What is the main advantage of shopping at the outdoor market?

8. You go to the train station to purchase a railroad ticket. As the agent prepares your ticket, he explains:

Si vous décidez de ne pas faire le voyage, votre argent n'est pas perdu. Vous pouvez vous faire rembourser le prix de votre billet dans n'importe quelle gare. Ce remboursement est possible jusqu'à deux mois après la fin de la période de validité du billet.

What does the agent explain?

9. You want to use your friend's Minitel to look up a telephone number. Your friend explains how to do it:

Le Minitel? C'est très facile! Pour le service des renseignements, d'abord tu composes le 11 sur le téléphone. Tu attends le bip. Ensuite, tu appuies sur "connexion", et voilà, le menu apparaît sur l'écran. C'est gratuit pendant les quatre premières minutes. Après, c'est 30 centimes la minute.

What is the first thing you must do?

10. A classmate is explaining to your French teacher why he has not done his homework. He says:

Je regrette, mais je n'ai pas fait mes devoirs. Ma grand-mère est tombée malade hier soir et il a fallu l'emmener à l'hôpital. On est restés là avec elle jusqu'à onze heures du soir. Quand on est rentrés à la maison, j'étais trop fatigué pour travailler.

Pourquoi est-ce qu'il n'a pas fait ses devoirs?

11. You are spending some time with a French family. The son of the family says to you:

Grand-père vient de téléphoner. Il nous invite à passer le weekend chez lui à Paris. Il y aura des tas de choses à faire: On va aller à un match de football et au théâtre. Grand-père m'a aussi promis de nous emmener dîner dans un grand restaurant samedi soir. On ne s'ennuie jamais quand on est chez lui.

Pourquoi est-il content d'aller chez son grand-père?

12. You are attending a meeting at a youth center with your French friend. The official addressing the meeting says:

La Mairie de Paris se préoccupe des vacances des jeunes de 3 à 17 ans et elle organisera une centaine de séjours en dehors de la capitale pendant l'été. Près de 10.000 places sont disponibles. Le programme permettra aux jeunes de partir à la découverte de la nature, des sports, des arts ou des sciences. C'est un programme très varié. Pour tout savoir, lisez la brochure "Vacances de l'aventure" que nous allons distribuer à la fin de cette présentation.

Qu'est-ce qu'on offre?

13. You are at a public beach with some friends. A lifeguard comes over and says:

En général la plage n'est pas dangereuse, mais en cas de besoin, je serai là jusqu'à dix-huit heures. Vous pouvez piqueniquer, mais n'oubliez pas que le camping n'est pas permis sur la plage. Vous pouvez rester ici toute la journée, mais pas la nuit — c'est interdit.

Qu'est-ce que cette personne explique?

14. You are watching television in Québec when a sportscaster makes this announcement:

Attention les fanas de baseball junior. Rendez-vous à Trois-Rivières du 10 au 20 août. Les équipes nationales de 12 pays vont s'affronter pour remporter la médaille d'or du championnat mondial de baseball junior. Ce sera l'occasion de voir les équipes de Cuba, d'Australie, de Chine, du Japon, des Etats-Unis et du Canada participer à une compétition intense. Le baseball, c'est super!

Pourquoi cet événement sportif est-il important?

15. A French business expert is discussing the problem of unemployment on a radio talk show. She says:

La France fait partie des pays où l'on travaille le moins: la durée légale de la semaine de travail est maintenant de l'ordre de 37 ou 38 heures. Dans certaines administrations, on travaille encore moins. Ça a été d'ailleurs un des moyens de réduire le nombre de chômeurs: si on travaillait toujours 40 ou 50 heures par semaine, comme autrefois, il y aurait encore plus de gens sans travail.

Comment la France a-t-elle réduit le nombre de chômeurs?

PART TWO *Listening Comprehension*

(1) 3	(4) 1	(7) 4	(10) 3	(13) 4
(2) 1	(5) 2	(8) 2	(11) 2	(14) 1
(3) 3	(6) 4	(9) 1	(12) 2	(15) 3

PART THREE *Reading Comprehension*

(a) (**16**) 3   (b) (**21**) 1   (c) (**26**) 1
    (**17**) 1   (**22**) 4   (**27**) 2
    (**18**) 4   (**23**) 3   (**28**) 2
    (**19**) 3   (**24**) 1   (**29**) 4
    (**20**) 2   (**25**) 4   (**30**) 3

PART FOUR   *Sample Compositions*

(a) **Notes in writing**

For each note, an example of a response worth six credits follows. The slash marks indicate how each sample note has been divided into clauses.

31. M et Mme Couture,

Nous sommes tous sortis cet après-midi./$_1$ Il fait tellement beau aujourd'hui/$_2$ et les enfants ont envie de s'amuser dehors./$_3$ D'abord nous allons au jardin zoologique/$_4$ et puis après nous irons chercher une glace chez le marchand du coin./$_5$ Ça dépendra des enfants,/$_6$ mais je crois que nous serons rentrés vers quatre heures de l'après-midi. A tout à l'heure.

                                                 Jim

32. Sophie,

Je m'appelle Marie Lucas./$_1$ Je suis présidente du cercle français./$_2$ Je t'invite à notre prochaine réunion./$_3$ Comme tous les ans nous allons célébrer Mardi Gras./$_4$ Tout le monde va venir en costume./$_5$ La fête aura lieu le mardi 7 février de 15 h. à 17 h. dans la salle 137./$_6$ J'espère que tu pourras venir.

                                                 Marie

(b) **Narrative based on picture/letter**

For each narrative/letter, an example of a response worth 10 credits follows. The slash marks indicate how each sample narrative/letter has been divided into clauses.

33. **Picture**

L'autre jour, mes voisins ont laissé leurs enfants chez eux,/$_1$ pendant qu'ils sont allés faire des courses au supermarché./$_2$ Quand ils sont partis,/₃ leurs enfants ont décidé de faire un gâteau./₄ Ils ont tout sorti du frigidaire et des placards/₅ pour trouver les ingrédients./₆ Ils ont renversé toutes sortes de choses par terre et sur la table,/₇ mais ils n'ont pas pu faire de gâteau./₈ Quand ils sont rentrés du supermarché,/₉ les parents étaient furieux en voyant leur cuisine./₁₀ Pour punir leurs enfants, ils les ont obligés à tout nettoyer avant le dîner.

34. Letter

Champlain, le 18 juin 1993

Chère Catherine,

L'autre jour, mon copain Bill m'a demandé de venir chez lui/₁ pour l'aider à faire ses devoirs de chimie./₂ Quand je suis arrivé,/₃ tous mes amis étaient là./₄ Quand j'ai ouvert la porte,/₅ ils se sont tous mis à crier mon nom et à chanter,/₆ et ils m'ont donné une grande boîte/₇ Dans la boîte, j'ai trouvé un maillot de bain et un grand chapeau de paille./₈ C'était pour fêter mon admission à l'Université de Floride./₉ Je suis très heureux/₁₀ d'aller à l'université que j'avais choisie, mais je suis triste aussi de quitter tous mes bons amis. J'espère que j'aurai l'occasion de les revoir de temps en temps. Quand je serai arrivé là-bas, cet été, je t'enverrai ma nouvelle addresse.

Ton ami,
Bob

Examination   June 1994

French Level 3 (Comprehensive)

PART ONE   *Skill in Speaking French*

This part of the examination was evaluated prior to the date of this written examination.   [24 credits]

PART TWO   *Listening Comprehension*

Answer all questions in this part according to the directions for *a* and *b*. [30 credits]

(a) DIRECTIONS (**1–9**): *For each question, you will hear some background information in English once. Then you will hear a passage in French twice and a question in English once. After you have heard the question, the teacher will pause while you read the question and the four suggested answers. Choose the best suggested answer and write its number in the space provided. The passages that the teacher will read aloud to you are found in the ANSWERS SECTION, PART TWO, at the end of this examination.*   [18]

1 What is your friend complaining about?
   1 the quality of the food
   2 the weather
   3 the service
   4 the time of departure   1_____

2 What will you be in charge of?
   1 publicity   3 sets
   2 costumes   4 ticket sales   2_____

3 How can you qualify to participate in this sporting event?
   1 sign up at the visitors' center
   2 remain available all weekend
   3 pay an entry fee
   4 take a test   3_____

1

4 What does your neighbor want you to do?
1 deposit a check at the bank
2 pay a bill
3 help fix the kitchen table
4 return the call as soon as possible   4_____

5 What do you have to do for your assignment?
1 listen to a news broadcast
2 report about a video by Friday
3 read the newspaper every night
4 make a video of a news item   5_____

6 Why do some people want to change the national anthem?
1 They find some notes difficult to sing.
2 They find the words objectionable.
3 They disagree with its religious tone.
4 They think it is childish.   6_____

7 How can you get an additional 10% off?
1 make payment in cash
2 make a minimum purchase
3 use store coupons
4 open an account with the store   7_____

8 What was just announced?
1 extended store hours
2 additional discounts on clothing
3 free gifts
4 free delivery   8_____

9 Where do they usually go?
1 to the museum   3 to the movies
2 to the park   4 to the country   9_____

(b) Directions (**10–15**): *For each question, you will hear some background information in English once. Then you will hear a passage in French twice and a question in French once. After you have heard the question, the teacher will pause while you read the question and the four suggested answers. Choose the best suggested answer and write its number in the space provided. The passages that the teacher will read aloud to you are found in the* **ANSWERS SECTION, PART TWO,** *at the end of this examination.* [12]

10 De quoi se plaint votre ami?

1 Micheline a un téléphone qui ne marche pas.
2 Micheline ne répond pas à ses messages.
3 Micheline est toujours au téléphone.
4 Micheline travaille pendant le week-end.   10____

11 A qui s'adresse cette annonce?

1 aux touristes étrangers
2 aux voyageurs handicapés
3 aux groupes scolaires
4 aux passagers transcontinentaux   11____

12 Pourquoi est-ce qu'il est en retard?

1 Il a oublié quelque chose.
2 Il s'est trompé de bus.
3 Il a perdu sa montre.
4 Il ne savait pas où aller.   12____

13 Pourquoi est-elle sûre que la rumeur est vraie?

1 Des professeurs en ont parlé dans leurs
classes.
2 La directrice lui a donné la nouvelle.
3 Ça a été annoncé dans la presse.
4 Le chauffeur d'autobus en a parlé.   13____

14 De quoi est-ce qu'il parle?

1 de programmes avec des pays étrangers
2 des résultats des élèves aux examens
3 des professeurs de géographie
4 de ses projets pour l'avenir   14____

15 Quelle est la mission de cette organisation?
1 de soutenir une communauté religieuse
2 d'offrir aux jeunes un entraînement militaire
3 de créer une structure politique
4 d'assurer un service médical   15_____

PART THREE   *Reading Comprehension*

Answer all questions in Part 3 according to the directions for **a**, **b**, and **c**.
[30 credits]

(a) DIRECTIONS (**16–20**): *Below the following passage, there are five questions or incomplete statements. For each, choose the word or expression that best answers the question or completes the statement according to the meaning of the passage and write its number in the space provided.* [10]

Pendant les sept premières années de ma vie, j'étais un enfant frêle et souffreteux. J'ai reçu une éducation bourgeoise avec leçons de piano et voyages à bord du bateau de mon père. L'eau m'a toujours fasciné, et à 4 ans j'adorais déjà son contact. A Marseille, où j'ai passé mon enfance, je restais des heures à contempler la mer du haut d'une falaise. Vers 10 ans, en vacances au bord du lac Harvey, dans le Connecticut, j'ai eu la révélation de la plongée en retirant des branches mortes au-dessous du plongeoir. C'était toute une aventure!

J'ai commencé à me sentir concerné par l'écologie au début des années 50, quand l'homme s'est mis à détruire la nature: Il y avait par exemple les pêches illégales comme la pêche à la dynamite. D'explorateur je suis devenu écologiste. Pour évaluer la pollution, j'ai étudié la pluie, la neige, la glace, les lacs, les rivières, l'eau souterraine et tous les grands fleuves du monde.

Je n'ai pas toujours été très bon père car j'ai beaucoup navigué pendant les vingt-sept années que j'ai passées dans la Marine nationale puis à bord de la *Calypso*. J'adorais mes deux enfants, Philippe et Jean-Michel, mais je ne pouvais pas les voir souvent. J'en ai eu des remords. Cependant, dès l'âge de 4 ans, ils plongeaient eux aussi avec le scaphandre autonome, l'appareil que je venais d'inventer. Ça a été une révélation pour eux aussi et plus tard ils se sont décidés à suivre la même carrière que moi.

Il faut apprendre à nos enfants à respecter et à protéger la Terre. Pour cela, il n'y a pas de meilleure recette que l'amour. Un enfant qui, en rentrant chez lui, trouve l'affection, apprendra à aimer la vie qui l'entoure. Malheureusement trop d'enfants sont seuls quand ils rentrent de l'école et ils s'abrutissent devant la télé avec des films de violence comme "Les Tortues Ninja" ou "Les Conquérants de l'espace".

Pour nous, adultes, le moyen le plus simple de respecter la nature, c'est de s'habituer à faire des relations de cause à effet sur tout ce qui touche à notre environnement. Par exemple l'autre jour, notre avion en partance pour New York était en vingt-quatrième position pour le départ. Vingt-quatre avions ont attendu trois quart d'heure sur la piste, leurs moteurs en marche, avant de partir! On a brûlé deux cents tonnes de carburant pour rien! Les responsables doivent réfléchir aux conséquences d'un tel fait.

Le fait de me battre prouve que j'ai de l'espoir. Le but n'est pas de survivre, mais de léguer aux générations futures une terre où il fera bon vivre. Ça fait plaisir quand on obtient des résultats. L'Antarctique est sauvé en partie grâce à nous. On a stoppé en Alaska l'exploitation minière. Hélas, j'ai appris que tout est à refaire car il y a là-bas une nouvelle offensive pour détruire l'une des rares forêts primitives du globe! Mais je ne me sens pas découragé, bien au contraire! Seuls une tragédie personnelle ou un accident de santé pourraient me faire arrêter. Je me suis inquiété, mais je n'ai jamais été découragé. J'aime trop la vie et les êtres humains pour cela.

— D'après une interview avec Jacques Cousteau

16 Quand la mer a-t-elle commencé à jouer un rôle important dans la vie de l'auteur?

1 pendant son enfance
2 pendant son service militaire
3 après l'université
4 après son mariage   16_____

17 Pourquoi l'auteur s'est-il intéressé à l'écologie?

1 Des guerres avaient tout dévasté.
2 Des films documentaires l'ont influencé.
3 La nature commençait à souffrir.
4 La planète manquait d'eau.   17_____

18 Quel genre de père était l'auteur?

1 Il était très strict sur la discipline.
2 Il passait tout son temps en avion.
3 Il était trop souvent absent.
4 Il s'inquiétait de la santé de ses enfants.   18_____

19 D'après l'auteur, pour préserver l'environnement, il faut

1 réduire le nombre des avions
2 penser aux conséquences de ses actes
3 protester contre la violence
4 imposer des contrôles gouvernementaux   19____

20 Quelle est l'attitude de l'auteur vis-à-vis de
l'avenir?

1 optimiste
2 découragé   20____
3 indifférent
4 vaincu

(b) DIRECTIONS (**21–25**): *Below each of the following selections, there is either a question or an incomplete statement. For each, choose the word or expression that best answers the question or completes the statement according to the meaning of the selection and write its number in the space provided.* [10]

21

UN CADEAU PERSONNEL

Pour son anniversaire, pour sa fête, offrez-lui **un exemplaire authentique d'un journal français de la date de votre choix, de 1880 à nos jours.** Un cadeau original, rare, puisé dans un stock unique de journaux de collection.

OFFREZ-LUI LE JOURNAL DU JOUR DE SA NAISSANCE

Un document authentique

Bon de commande à envoyer, accompagné d'un chèque bancaire, CCP ou mandat du montant de votre commande à **la Galcante, 43, rue de l'Arbre-Sec, 75001 Paris.**

VSD

Dates des journaux demandés		
Jour	Mois	Année

Nom

Prénom

Adresse

Ville   Code postal

Prix: 45 F un journal, 40 F chacun des suivants (frais de recherches et d'expedition compris).

Ci-joint un paiement de

What does this advertisement suggest you give as a present?

1 an art object
2 a French textbook
3 a bank account
4 an old newspaper

21____

22

L'OURCQ

Croisière d'une journée "hors du temps", avec transfert en autocar. Contraste entre l'animation de la grande ville et le calme bucolique jusque dans la campagne briarde. Vous naviguerez sur un canal à gabarit réduit, passerez les plus petites écluses navigables de France et découvrirez des paysages aux teintes transparentes d'aquarelles. Vous longerez le parc forestier de Sevran, vous ferez halte dans un village au bord de l'eau : à votre gré, pique-nique ou restaurant.

Départs et Retours : Bassin de la Villette, 5 bis, quai de la Loire (19e), M° Jaurès à 100 m, lignes 2-5-7b.

8 h 30 : Samedi - Dimanche - Lundi - Mardi - Jeudi - Vendredi.

A noter : Le transfert en autocar (50 mn) se fait le soir après la croisière (retour à 19 h), ou le matin avant la croisière (arrivée à Paris en bateau à 18 h).

Prix : par personne (sans repas) : **195 F** (sur réservation). Enfants déconseillés.

What is unusual about this tour?
1 It is available every day.
2 You travel by boat.
3 All meals are included.
4 It is designed especially for children.   22____

23

> ### Pierre, 14 ans, part à Londres apprendre l'anglais
>
> "Mes parents hésitaient à me laisser partir avec de l'argent liquide: alors ils m'ont donné des Travelers Cheques American Express. On peut s'en servir à n'importe quel âge; il suffit de savoir signer. Ainsi, ils sont rassurés. Ils savent que si je les perds, American Express me les remplace immédiatement. Moi, je compte bien profiter de mon argent de poche jusqu'à la fin du séjour."

What information does this advertisement give about these traveler's checks?

1 They can be used at any age.
2 They can be sent by mail.
3 They allow parents to control how their children spend their money.
4 They are rarely lost or stolen.   23____

24

« J'AI VÉCU UN CYCLONE »

J'ai vécu trois ans en Guadeloupe, et j'ai subi le cyclone du siècle : Hugo. Le 17 septembre 1989, c'était l'apocalypse. Nous étions impuissants devant cette nature détruite, devant nos voisins qui cherchaient entre les tôles et les arbres couchés un fauteuil, un matelas. Nous avons eu la chance de ne pas subir de dégâts. Alors, pendant un mois de répit obligé (mon lycée étant à 90 % endommagé), nous récupérions les vêtements que les métropolitains envoyaient et nous les distribuions aux défavorisés. J'ai au moins le sentiment d'avoir fait le maximum pour aider les milliers de sans-abri.

Karine, 16 ans

How did Hurricane Hugo affect this young person?

1 She was severely injured during the storm.
2 She lost all her possessions.
3 She was able to help others who were less fortunate.
4 She had to go to a different school.

24____

—POUR RÉPONDRE À VOS QUESTIONS... —

VOICI VOTRE NUMÉRO
DE COMPTE-CLIENT !

LE CODE DE VOTRE
PRODUIT SÉLECTION

Aidez-nous à vous servir ! Lorsque vous communi-
quez avec nous au sujet de votre abonnement à
Sélection, veuillez nous donner votre numéro de
compte-client et le code de produit. Ces deux numéros se trouvent au recto de cette carte, tel qu'illustré
ci-dessus. Ces précisions nous aideront à consulter
votre dossier et nous permettront de vous répondre
avec plus de rapidité et d'efficacité.

Why are these numbers important?

1 They allow you to enter a contest sponsored by
the magazine.
2 They inform the company of the expiration date
of your subscription.
3 They indicate what telephone number to call if
you have a question.
4. They will enable the company to provide faster
service. 25____

(**c**) Directions (**26–30**): *In the following passage, there are five blank spaces numbered 26 through 30. Each blank space represents a missing word or expression. For each blank space, four possible completions are provided. Only one of them makes sense* in the context of the passage.

First, read the passage in its entirety to determine its general meaning. Then read it a second time. For each blank space, choose the completion that makes the best sense and write its number *in the space provided.* [10]

C'est très naturellement et tout aussi discrètement que les marchands de fast-food vous poussent à la consommation. Des études scientifiques révèlent que le glucose absorbé au début du repas donne faim. C'est pourquoi le ketchup et le pain des hamburgers sont légèrement sucrés pour stimuler votre

_____(26)_____ . C'est une réaction chimique que les fast-foods entretiennent minutieusement. Le résultat: on s'offre un dessert. Comme les burgers sont également salés pour vous donner soif, c'est avec un soulagement certain qu'on prend une boisson. Le sucre et le sel sont bien les deux

_____(27)_____ principaux du succès de l'industrie du fast-food. Comme le reconnaît le directeur de la revue des fast-foods, "Le ketchup aiguise l'appétit, c'est vrai, mais il ne faut rien exagérer".

En tous cas, les fast-foods sont experts quand il s'agit de vous faire adopter leur rythme qui est établi au chronomètre. Tout est prévu pour vous presser et il est _____(28)_____ de prendre son temps à table: l'absence d'intimité provoquée par la proximité des tables, le bruit constant, le tourbillon d'activité au comptoir, la présence assidue du personnel qui ne perd pas une occasion de nettoyer les tables ou de vider les plateaux. Tout cela n'incite pas à traîner à table.

On utilise les mêmes ____(29)____ dans certaines chaînes de restaurants où les formules "une entrée et un plat" ont un grand succès: Il n'y a pratiquement pas de temps d'attente entre le plat principal et la présentation de la carte des desserts. La nervosité des serveurs et l'impatience des clients qui attendent votre place font le reste: on mange, parfois trop vite, et on

____(30)____ . Pour faire partir plus vite du restaurant les clients qui auraient envie de s'attarder un peu sur le fromage, il y a même un autre stratagème: des chaises qui ont les pieds de devant un peu plus courts que ceux de derrière. Avez-vous jamais eu, au restaurant, l'impression de jambes lourdes, l'irrésistible besoin de vous lever et de faire quelques pas? Ces quelques centimètres qui manquent aux pieds de devant de votre chaise sont la cause de cette situation. D'après un fabricant de sièges pour hôtels et restaurants, c'est, paraît-il un stratagème très courant.

(26) 1 créativité   3 curiosité
     2 impatience   4 appétit   26____

(27) 1 résultats   3 ingrédients
     2 mystères   4 ennemis   27____

(28) 1 difficile   3 illégal
     2 recommandé   4 à la mode   28____

(29) 1 prix   3 employés
     2 techniques   4 réclames   29____

(30) 1 se rappelle   3 s'en va
     2 nettoie   4 regarde   30____

PART FOUR *Compositions*

Write your answers to Part 4 according to the directions for **a** and **b**. [16 credits]

(a) DIRECTIONS: *Write **one** well-organized note in French as directed below.* [6]

Sample compositions appear in the **ANSWERS SECTION, PART FOUR**, at the end of this examination.

Choose **either** question 31 **or** 32. Write a well-organized note, following the specific instructions given in the question you have chosen. Your note must consist of **at least six clauses**. To qualify for credit, a clause must contain a verb, a stated or implied subject, and additional words necessary to convey meaning. The six clauses may be contained in fewer than six sentences if some of the sentences have more than one clause.

31   While you were on vacation, you had a problem. Write a note in French to your pen pal telling him or her about what happened.

In your note, you may wish to write about where you were, what the problem was, how the problem was solved, who helped you, whether or not money was needed, and what the rest of your vacation was like. Be sure you accomplish the purpose of the note, which is *to tell your pen pal about the problem you had during your vacation.*

Use the following:

Salutation:	Cher/Chère (your pen pal's first name)
Closing:	Amitiés, (your first name)

Note: The salutation and closing will *not* be counted as part of the six required clauses.

32   You are an exchange student in France. A teacher in your host school is organizing a field trip. Write a note in French to that teacher expressing your interest in participating in this trip.

In the note, you may want to mention how you heard about the trip, express your interest in the trip and the reasons for your interest, and tell how you would benefit from the trip. You may also wish to express your hope to participate and indicate how the teacher may contact you. Be sure you accomplish the purpose of the note, which is *to express your interest in participating in the trip.*

Use the following:

Dateline:	le 17 juin 1994
Salutation:	Cher monsieur Duval,
Closing:	Très sincèrement, (your name)

Note: The dateline, salutation and closing will *not* be counted as part of the six required clauses.

(**b**) DIRECTIONS: *Write* **one** *well-organized composition in French as directed below.* [10]

Choose **either** question 33 **or** 34. Write a well-organized composition, following the specific instructions given in the question you have chosen. Your composition must consist of **at least 10 clauses.** To qualify for credit, a clause must contain a verb, a stated or implied subject, and additional words necessary to convey meaning. The 10 clauses may be contained in fewer than 10 sentences if some of the sentences have more than one clause.

33   In French, write a **story** about the situation shown in the picture below. It
     must be a story relating to the picture, **not** a description of the picture.
     Do **not** write a dialogue.

7-5

©1993 Bil Keane, Inc.
Dist. by Cowles Synd., Inc.

34   The school year is almost over. In French, write a letter to your friend in
     France telling him or her about the school year.

   You <u>must</u> accomplish the purpose of the letter, which is *to tell your friend
about your school year*.

   In your letter, you may wish to mention the following: the friends you made,
the subjects you studied, the subject you liked best, athletic activities or sports
events, after-school clubs, final examinations, and your impressions of the
school year in general.

   You may use any *or* all the ideas suggested above *or* you may use your own
ideas. Either way, you must tell your friend about the school year.

   Use the following:

          Dateline: le 17 juin 1994
          Salutation: Cher/Chère (your friend's name)
          Closing: Ton ami (e), (your first name)

   Note: The dateline, salutation, and closing will *not* be counted as part of the
10 required clauses.

Answers   June 1994

French Level 3 (Comprehensive)

PART ONE   *Skill in Speaking French*

This part of the examination was evaluated prior to the date of this written examination.   [24 credits]

PART TWO   *Listening Comprehension*

The following passages are to be read aloud to the students according to the directions given for this part at the beginning of this examination. The correct answers are given after number 15.   [30 credits]

1. You have just met your friend at the airport. He is telling you about his flight. He says:

   Oh, ça s'est assez bien passé. L'avion est parti à l'heure et on n'a pas eu de mauvais temps . . . La nourriture était bonne et bien chaude. Ça m'a surpris. Le service, par contre était déplorable. On ne m'a rien donné à boire, et j'ai attendu près d'une demi-heure avant qu'on ne me débarrasse de mon plateau.

   What is your friend complaining about?

2. You are talking with your friend about a show your drama club is planning. Your friend says to you:

   Bon, alors, voilà comment ça se présente: Ma soeur et ses amis vont s'occuper des décors. Le prof de dessin a promis de les aider. Moi, je me charge des costumes. Toi, il faut que tu t'occupes de la vente des billets. Je vais te donner une liste de volontaires qui vont t'aider à les vendre au lycée et en ville, et aussi à l'entrée. Naturellement tu seras responsable de l'argent. La publicité, c'est le prof qui s'en charge.

   What will you be in charge of?

3. You are at the Aqua Park, an amusement park in Montreal, and you hear this announcement:

> Nous invitons toutes personnes âgées de 16 ans ou plus à participer à un tournoi de volleyball sur sable. Nous vous prions de vous présenter au centre des visiteurs à midi pour former les équipes. Le centre des visiteurs est à l'entrée du parc. Le tournoi aura lieu à 14 heures cet après-midi. Il n'y a aucun frais de participation mais il est nécessaire de vous inscrire pour pouvoir participer.

How can you qualify to participate in this sporting event?

4. You are listening to a message your neighbor left on your answering machine. The message says:

> Dis donc, tu peux me rendre un petit service? Je suis en vacances jusqu'à la semaine prochaine et je viens juste de me rappeler que j'ai oublié de payer la note du téléphone. J'ai écrit le chèque avant de partir, mais j'ai oublié de le mettre à la poste. Le chèque est dans le tiroir de mon bureau et la note est sur la table de la cuisine avec une enveloppe toute prête. Tu n'as qu'à mettre le tout dans l'enveloppe et la mettre au courrier. Je te remercie d'avance.

What does your neighbor want you to do?

5. Your French teacher is giving a homework assignment to the class. Your teacher says:

> Bon, alors, voilà ce que je vous demande de faire: D'abord, formez des groupes de deux personnes. Choisissez un événement qui est rapporté dans le journal d'aujourd'hui, et imaginez que vous allez présenter les informations à la télévision. Vous allez écrire le texte de votre reportage sur cet événement et vous allez l'enregistrer sur magnétoscope comme si vous le présentiez au journal télévisé du soir. Votre reportage doit durer exactement trois minutes. Donnez-moi vos cassettes vendredi.

What do you have to do for your assignment?

6. The next television show is going to be a panel discussion. The moderator introduces the topic by saying:

> Au cours des années, les paroles belliqueuses de l'hymne national ont parfois irrité la sensibilité de certains Français. A plusieurs reprises, on a suggéré d'adoucir ces paroles. Plus récemment, aux Jeux Olympiques, une jeune écolière de 10 ans a chanté «La Marseillaise.» Le contraste entre

l'innocence de sa voix enfantine et la violence des paroles chantées a choqué et a provoqué de nombreux éditoriaux dans la presse française.

Why do some people want to change the national anthem?

7. You are in Eaton's Department Store in Montreal and hear this announcement:

Au deuxième étage, les prix de tous nos vêtements d'été sont réduits de 25% aujourd'hui – et aujourd'hui seulement. Cette vente ne dure qu'une seule journée. Venez voir notre grand choix à des prix imbattables! Si vous faites une demande de crédit Eaton aujourd'hui, vous aurez 10% de réduction de plus! Demandez à n'importe quel vendeur ou vendeuse de vous donner une fiche à remplir.

How can you get an additional 10% off?

8. You are in a department store in Paris and you hear this announcement:

Les Galeries Lafayette ont le plaisir de vous annoncer que notre magasin sera ouvert exceptionnellement jusqu'à 22h aujourd'hui. Vous pouvez en profiter pour prendre tout votre temps pour acheter vos cadeaux de Noël. Les employés vêtus en gris seront à votre disposition pour envelopper gratuitement vos achats. Merci, et Joyeux Noël!

What was just announced?

9. Two of your friends are talking about where to go. One of them says:

Oui, eh bien moi, je commence à en avoir assez de passer tous mes samedis après-midi au cinéma! Le cinéma, ce n'est pas tout dans la vie! Je sais que le cinéma c'est ta passion, mais quand même! Je ne sais pas, moi; on pourrait faire autre chose: on pourrait aller faire un tour en bicyclette à la campagne; on pourrait aller jouer au foot avec les copains dans le parc; on pourrait même aller au musée une fois, pour changer. Pourquoi pas?

Where do they usually go?

10. Two of your friends seem to be arguing about something. One of them says:

Ecoute, Micheline, j'en ai assez. Tu me demandes de te téléphoner en fin de semaine. Je te téléphone, et chaque fois je tombe sur un répondeur. Je te laisse un message, et c'est toujours la même histoire: tu ne me rappelles jamais! C'est le troisième week-end que ça arrive!

De quoi se plaint votre ami?

11. While traveling in Québec on vacation, you hear this announcement:

VIA, le service canadien de trains voyageurs, met tout en œuvre pour aider les clients qui ont besoin d'une attention particulière – embarquement prioritaire, fauteuil roulant, etc. Ceux-ci sont priés de donner à VIA un préavis d'au moins 24 heures. Dans le cas des civières et des appareils respiratoires, les clients sont priés de donner un préavis d'au moins 48 heures de sorte que les dispositions nécessaires puissent être prises.

A qui s'adresse cette annonce?

12. You are at a birthday party. One of your friends arrives very late. He says:

Ah, si tu savais ce qui m'est arrivé! J'étais dans l'autobus. On était presqu'arrivé et, tout d'un coup, je me suis rendu compte que j'avais laissé mon cadeau à la maison. Je suis descendu à l'arrêt suivant, et je suis retourné chez moi chercher mon cadeau. Ça m'a pris plus d'une heure, mais je ne pouvais pas venir sans mon cadeau pour Gabrielle!

Pourquoi est-ce qu'il est en retard?

13. Your friends are discussing the rumor that school is going to be closed unexpectedly. One of your friends says:

Je suis sûre que c'est vrai parce que je l'ai lu dans le journal ce matin. C'est ma mère qui m'a montré l'article avant que je parte de la maison. Et puis après, dans l'autobus, une copine m'a dit qu'elle l'a entendu à la radio, et qu'il y avait même une interview avec un professeur de l'école, et en plus, quand je suis arrivée à l'école, la directrice était en train de discuter avec tout un groupe de professeurs.

Pourquoi est-elle sûre que la rumeur est vraie?

14. You are part of a student exchange program at a school in Nice, France. The principal of the school is making a speech to your group. He says:

Notre établissement fait beaucoup d'échanges avec d'autres établissements . . . Euh, . . . nous avons un échange avec la Réunion – ce qui n'est pas exactement la porte à côté. Nous avons eu un échange avec l'Angleterre, un échange avec l'Italie, . . . parce que la proximité nous le rend plus facile. C'est la première fois que nous avons un échange avec un établissement des Etats-Unis. Et en tout cas, . . . euh, . . . je dirais que plusieurs professeurs d'anglais ici m'ont poussé à cet échange, et ils ont eu raison de le vouloir . . .

De quoi est-ce qu'il parle?

15. You are listening to the radio and hear this public service announcement:

Mettez-vous au service de la collectivité! Soyez à l'écoute des autres! Mettez en pratique vos connaissances du secourisme en situation réelle! Soyez prêt à apporter votre aide à vos voisins! Vous pouvez améliorer la santé et la qualité de vie dans votre communauté et vous aurez la satisfaction de savoir que vous avez rendu service. Il y a une place pour vous dans la Brigade de l'Ambulance Saint-Jean. Pour tout renseignement, contactez le bureau de votre localité! Joignez-vous à la Brigade!

Quelle est la mission de cette organisation?

PART TWO *Listening Comprehension*

(**1**) 3	(**4**) 2	(**7**) 4	(**10**) 2	(**13**) 3
(**2**) 4	(**5**) 4	(**8**) 1	(**11**) 2	(**14**) 1
(**3**) 1	(**6**) 2	(**9**) 3	(**12**) 1	(**15**) 4

PART THREE *Reading Comprehension*

(a)		(b)		(c)	
(**16**) 1		(**21**) 4		(**26**) 4	
(**17**) 3		(**22**) 2		(**27**) 3	
(**18**) 3		(**23**) 1		(**28**) 1	
(**19**) 2		(**24**) 3		(**29**) 2	
(**20**) 1		(**25**) 4		(**30**) 3	

PART FOUR *Sample Compositions*

(a) Notes in writing

For each note, an example of a response worth six credits follows. The slash marks indicate how each sample note has been divided into clauses.

31. Chère Monique,

Quel désastre! Mon vol a été annulé./₁ J'ai attendu six heures à l'aéroport./₂ En plus on a perdu mes bagages./₃ Heureusement, on m'a trouvé une place dans un autre avion/₄ et ma valise est arrivée le lendemain./₅ Maintenant tout va très bien./₆

Amitiés,
Jessica

le 17 juin 1994

32. Chez monsieur Duval,

J'ai entendu dire/₁ que vous organisez un voyage en montagne au mois de décembre/₂ pour aller faire du ski./₃ J'aimerais bien y aller avec vous./₄ J'ai une nouvelle paire de skis/₅ et je voudrais les essayer./₆ Vous pouvez me téléphoner chez la famille Dupont.

Très sincèrement,
Frank Porter

(b) Narrative based on picture/letter

For each narrative/letter, an example of a response worth 10 credits follows. The slash marks indicate how each sample narrative/letter has been divided into clauses.

33. Picture

La famille Le Blanc avait décidé d'aller à la plage./₁ Malheureusement, ce matin-là, il pleuvait./₂ Les enfants ont commencé à se plaindre,/₃ et les parents ne savaient pas quoi faire./₄ Tout d'un coup la maman a eu une bonne idée./₅ Elle a dit à ses enfants de mettre leurs maillots de bain/₆ pour aller jouer sous la pluie./₇ Les enfants se sont amusés comme des petits fous./₈ Mais le lendemain ils avaient tous un gros rhume/₉ et ils ont été obligés de rester au lit pendant une semaine./₁₀

34. Letter

le 17 juin 1994

Cher Jean,

C'est presque la fin de l'année scolaire./₁ Ça a été une année formidable./₂ J'ai fait la connaissance de beaucoup de nouveaux amis/₃ et j'ai participé à beaucoup d'activités./₄ Cette année j'ai suivi des cours d'anglais, de sciences, de mathématiques, de musique et/₅ j'ai fait du français aussi, naturellement./₆ J'adore mon professeur de français./₇ Il est génial./₈ L'année prochaine il va organiser un voyage à Paris./₉ Je commence à faire des économies déjà pour le voyage./₁₀ J'espère te rendre visite à Paris.

Ton amie,
Michelle

NOTES

NOTES

NOTES

3 Foreign Language Series From Barron's!

The **VERB SERIES** offers more than 300 of the most frequently used verbs. The **GRAMMAR SERIES** provides complete coverage of the elements of grammar. The **VOCABULARY SERIES** offers more than 3500 words and phrases with their foreign language translations. Paperback, $5.95, Can. $7.95

Barron's Educational Series, Inc.
250 Wireless Blvd., Hauppauge, NY 11788
Call toll-free: 1-800-645-3476
In Canada: Georgetown Book Warehouse
34 Arrnstrong Ave., Georgetown, Ont. L7G 4R9
Call toll-free: 1-800-247-7160

Books may be purchased at your bookstore or by mail from Barrons. Enclose check or money order for total amount plus sales tax where applicable and 10% for postage and handling (minimum charge $1.75, Canada $2.00). Prices subject to change without notice.   ISBN PREFIX: 0 8120   R 6/94